Benno Erdmann

Die Axiome der Geometry;

eine philosophische Untersuchung der Riemann-Helmholtzschen Raumtheorie

Benno Erdmann

Die Axiome der Geometry;
eine philosophische Untersuchung der Riemann-Helmholtzschen Raumtheorie

ISBN/EAN: 9783743336902

Hergestellt in Europa, USA, Kanada, Australien, Japan

Cover: Foto ©ninafisch / pixelio.de

Manufactured and distributed by brebook publishing software
(www.brebook.com)

Benno Erdmann

Die Axiome der Geometry;

DIE

AXIOME DER GEOMETRIE.

EINE PHILOSOPHISCHE UNTERSUCHUNG

DER

RIEMANN-HELMHOLTZ'SCHEN RAUMTHEORIE.

VON

DR BENNO ERDMANN.

PRIVATDOCENTEN DER PHILOSOPHIE AN DER UNIVERSITÄT ZU BERLIN.

LEIPZIG,

VERLAG VON LEOPOLD VOSS.

1877.

Vorwort.

Die vorliegende Schrift stellt sich die Aufgabe, eine Auffassung der vielbesprochenen geometrischen Theoreme von Riemann und Helmholtz zur Geltung zu bringen, welche geeignet scheint, die einander oft direkt widersprechenden Urteile über die analytische Berechtigung und die philosophische Tragweite derselben zu vereinigen. Die Wahrheit liegt allerdings nur selten in der Mitte, die extremsten Vorläufer sind ihr da, wo eine gleichmäfsige wissenschaftliche Entwicklung vorhanden ist, sehr oft am nächsten: es scheint jedoch, dass dieser seltene Fall hier wirklich einmal vorliegt. Denn die extreme Anerkennung und Fortbildung, welche jene Untersuchungen gefunden haben, weist nicht minder deutlich als der bittere Tadel, den sie als metamathematische Speculationen über sich haben ergehen lassen müssen, auf Misverständnisse der Auffassung hin, deren sich gegenüber einer wesentlich neuen Gedankenreihe selbst der beste schuldig machen kann.

Der formale Nachweis, dass die neue geometrische Raumlehre lediglich in psychologischer Hinsicht zu positiv wertvollen Consequenzen führt, sofern sie der empiristischen Raumtheorie der modernen Physiologie zur Bestätigung dient, dass sie dagegen für die Erkenntnistheorie nur die negative Bedeutung besitzt, die rationalistische Auffassung des Raumes als einer notwendigen und allein möglichen Form der Sinnlichkeit auszuschliefsen, bildet den Hauptzweck der Schrift. Denn die erkenntnistheoretische Ueberzeugung, welche den philosophischen Ausführungen zu Grunde liegt, steht in ihrem Hauptpunkte, der besonderen Fassung des Gegensatzes zwi-

schen dem Apriorischen und Empirischen in unserer Erkenntnis, zu
den wesentlichen Gedanken der geometrischen Raumtheorie von
Riemann und Helmholtz in keiner notwendigen Beziehung, da jede
specielle Gestaltung der empiristischen Erkenntnistheorie, wie ich
ausführlicher zu erweisen versucht habe, von denselben unabhängig
ist. Ich glaubte jedoch von einer Verwertung jener Ueberzeugung
für die Klarstellung der einzelnen Fragepunkte um so weniger absehen zu sollen, als heutzutage in der Erkenntnistheorie jeder noch
das Recht besitzt, eine eigenartige Meinung zu haben.

Die Methode, durch welche ich jenen Zweck zu erreichen suchte,
war mir durch den gegenwärtigen Stand des Streites gegeben. Die
irrtümliche Auffassung des eigentlichen Sinnes sowie der philophi-
schen Bedeutung der geometrischen Theorie, welche in vielen philosophischen Schriften zu Tage getreten ist, machte es erforderlich,
in erster Reihe die logische Berechtigung der rein analytischen
Entwicklungen, sowie den Sinn ihrer anschaulichen Interpretation
darzutun, da gerade diese beiden Punkte, an deren eigenartigem
Fundament das Verständnis in den meisten Fällen gescheitert ist,
in der umfangreichen mathematischen Literatur am wenigsten zur
Klarstellung gekommen sind. Die gerade auch in dieser Frage
nicht seltene Vermischung der mannigfachen philosophischen Probleme, die sich an den Raumbegriff anschließen, gebot sodann, die
Besprechung der philosophischen Consequenzen in einer Form durch-
zuführen, welche die verschiedenartigen einzelnen Probleme, das
psychologische, erkenntnistheoretische, logische und allgemein mathematische möglichst scharf zu trennen erlaubte. Dass ich dabei
Gelegenheit genommen habe, die allgemein charakteristischen unter
den mir bekannt gewordenen Auffassungen kritisch zu würdigen,
entsprang lediglich der Absicht, an diesem geeigneten Orte möglichst viel zur Verständigung über eine dem Irrtum vorläufig noch
so mannigfach ausgesetzte Lehre beizutragen. Ich glaubte, durch
eine solche kritische Sichtung der abgegebenen Urteile der Theorie,
die sich das Bürgerrecht erst noch erwerben soll, am besten förder-
lich sein zu können.

Auf eine Discussion des Versuches von Zöllner, die allgemeinen
Gesichtspunkte der erweiterten analytischen Geometrie zu Gunsten
der Behauptung zu verwenden, dass die Welt der uns sinnlich gegebenen Körper nur ein Schattenbild der vierfach ausgedehnten

realen Welt der Dinge an sich oder Ideen sei, habe ich Verzicht
geleistet. Ich habe in den Erörterungen, welche die Einleitung zu
dem ersten Buch des ersten Bandes der „*Principien einer electro-
dynamischen Theorie der Materie*" enthält, keinen Grund entdecken
können, der diese wunderlichen Phantasien über eine körper- und
seelenlose Welt mit den wissenschaftlichen Gesichtspunkten der mathematischen Naturforschung in Verbindung zu bringen vermöchte.
Die ersten Maximen alles wissenschaftlichen Untersuchens werden
vielmehr durch solche Speculationen geradezu aufgehoben. Es müssten doch, wie mir scheint, Gründe von der eminentesten Bedeutung
sein, die dazu bestimmen könnten, die Schwierigkeiten der atomisti-
schen Theorie durch die fabelhafte Annahme aufzuheben, dass die
Atome und die complicirtesten ihrer Aggregate nichts anderes als
Schattenprojectionen einer vierfach ausgedehnten Welt von Dingen
seien, sofern wir unter Voraussetzung eines Raumes von vier Dimensionen ebenso wenig genötigt seien, uns die fundamentalen
Eigenschaften der Materie, d. h. Empfindung, Gedächtnis und eine
intellectuelle Fähigkeit zur Causalität in den Elementen unseres
dreidimensionalen Raumes localisirt vorzustellen, wie wir unseren
Schatten als den Sitz von Empfindungen und Vorstellungen betrachten, obschon alle Veränderungen dieser Schatten durch Empfindungs-
vorgänge in uns ihre Bedeutung erhalten. Dennoch besteht der
einzige unter den wenigen von Zöllner angeführten Umständen, der
als ein Grund im Ernst in Betracht kommen könnte, in der Tatsache, dass symmetrische Körper, wie etwa die rechte und linke
Hand, in unserem Raume nicht zur Congruenz gebracht werden
können. Wie aber daraus, dass symmetrische Figuren, etwa zwei
symmetrische ebene Dreiecke durch ein Umwenden in die dritte
Dimension congruent werden, folgen soll, dass eine vierte Dimension unseres Raumes für die Dinge an sich existiren muss, das
ist mir unfasslich geblieben. Selbst wenn es sachlich und logisch
gerechtfertigt wäre, hier einen Widerspruch zwischen begrifflich
identischen aber anschaulich verschiedenen Gebilden zu finden, so
könnte doch der Umstand, dass wir denselben bei den zweifach
ausgedehnten Figuren durch die dritte Dimension heben können,
für sich nicht zu dem Schluss berechtigen, dass wir ihn bei den
Körpern durch die Hypostasirung einer realen vierten Dimension
heben müssen. Ueberdies sehe ich nicht, warum dasselbe Problem

nicht bei der Supposition vierfach ausgedehnter Dinge an sich
wiederkehren sollte. Dies aber würde zu der Behauptung führen,
dass der reale Raum und die realen Dinge, oder der Raum und
die Dinge an sich n-fach, d. h. unbestimmt ausgedehnt seien, dass
also der *progressus in infinitum* das wahre Sein der Dinge repräsentire, eine Behauptung, die so lange widersinnig bleiben wird,
als unser Denken an den Satz vom Widerspruch gebunden ist.
Oder aber Zöllner müsste behaupten, in der vierfach ausgedehnten
Welt der Dinge an sich gebe es keine symmetrischen Dinge mehr;
daraus aber würde doch folgen, dass es keine symmetrischen Schatten
derselben, oder wie wir sagen würden, keine symmetrischen sinnlich
wahrnehmbaren Körper geben könne, eine Behauptung, welche die
Grundlage des Beweises selbst aufhebt.

In der Tat, solche Versuche machen es den Philosophen fast
zur Pflicht, die Naturforscher vor dem Bündnis mit der Philosophie
zu warnen.

Ich habe nur noch zu bitten, dass die Mathematiker, wo meine
Darstellung der Riemann-Helmholtz'schen Theorie und der Haupt-
momente ihrer Entwicklung Schwächen zeigen sollte, diejenige Nach-
sicht üben mögen, auf welche der Philosoph immer Anspruch erheben darf, wenn die besondere Natur seiner Wissenschaft ihn
zwingt, auf die Probleme einer anderen einzugehen.

Berlin, am 12. Januar 1877.

Der Verfasser.

Inhaltsverzeichnis.

Einleitung.

Gegenwärtiges Verhältnis zwischen Philosophie und Naturwissenschaften.

Seite

Aehnlichkeit der philosophischen Entwicklung der Gegenwart mit der eklektischen Periode des vorigen Jahrhunderts   1

Unterschied beider Zeiträume.

Die Ursachen des früheren Eklekticismus   3

Die Ursachen des gegenwärtigen Eklekticismus in der Entwicklung der Naturwissenschaften: Anschluss an Kant .   4

Verhalten der Philosophie: Zersetzung der älteren Schulen   5

Verhalten der Naturwissenschaften: Der Materialismus und seine Zersetzung   5

Zusammenhang beider Wissenschaften in der Gegenwart   6

Die Untersuchungen von Riemann und Helmholtz als ein Zeichen dieser Verbindung   8

Die Differenzen in der Auffassung dieser Untersuchungen als eine Folge jener Verbindung   9

Erstes Capitel.

Zur Entwicklungsgeschichte des Axiomensystems.

Die Voraussetzungen der Geometrie: Die Axiome der Gröfsengleichheit, die Axiome der Raumvorstellung, die Definitionen der Constructionsbegriffe   12

Doppeltes Problem bezüglich der Axiome der Raumvorstellung.

Die Unbestimmtheit ihres systematischen Zusammenhangs   13

Unklarheit ihres Ursprungs und ihres Wesens   15

Seite

Allgemeines über die Lösung von Riemann und Helmholtz .   17
Entwicklung der Probleme.
    Legendre   .   18
    Gauss   19
    Lobatschewsky .   24
    Bolyai   25
    Mängel in den Theorien von Lobatschewsky und Bolyai   27
    Reaction. Schopenhauer   28
    Herbart   29
    Riemann   30
    Helmholtz   . .   32

Zweites Capitel.

Die Axiome der euklidischen Geometrie.

Fragestellung.
    Die Definition des Raumbegriffs   34
    Unzulänglichkeit eines psychologischen Einwandes   35
    Die geometrischen Constructionen als Raumanschauungen. Raumbegriffe und Gröfsenbegriffe von Raumteilen   37
    Die Raumanschauung, der Raumbegriff, der Gröfsenbegriff vom Raum   38
    Beschränkung des Problems auf den Gröfsenbegriff vom Raum .   39
Die n-fach ausgedehnte Mannigfaltigkeit.
    Das Farbensystem   40
    Das Tonsystem   43
    Die n-fach bestimmte Mannigfaltigkeit   44
    Die n-fach ausgedehnte Mannigfaltigkeit   46
Arten der n-fach ausgedehnten Mannigfaltigkeit.
    Ausdehnungsverhältnisse und Mafsbeziehungen   49
    Mafsbeziehungen und Krümmungsmafs   50
    Beispiele an den ebenen, sphärischen, pseudosphärischen und ellipsoidischen Flächen   52
    Das Linienelement als Grundlage der Geometrie   56
    Krümmungsmafs und Linienelement für n Dimensionen. Arten der n-fach ausgedehnten Mannigfaltigkeit   57
Subsumtion des Gröfsenbegriffs vom Raume.
    Der Raum als eine Ausgedehntheit von constantem Krümmungsmafs .   58
    Helmholtz' Congruenzbedingungen: Vorgänger .   59
    Giltigkeit der Congruenz im Unmessbarkleinen   66
    Der Raum als eine Ausgedehntheit, deren Krümmungsmafs gleich Null ist   68
    Giltigkeit der Ebenheit im Unmessbargrofsen   .   . .   69

IX

Kritik des psychologischen Einwandes aus der Unendlichkeit: Unbegrenztheit und Unendlichkeit 70
Kritik von Zöllners Hypothese der Endlichkeit des Raumes . 74
Der Raum als eine Ausgedehntheit von drei Dimensionen . . 77
Drobischs Darstellung des Raumes als eines Grenzfalls eines kugelähnlichen Gebildes von drei Dimensionen . . . 78
Vergleich unseres Raumes mit dem sphärischen und pseudosphärischen: die allgemeinste Geometrie 80
Definition des Gröfsenbegriffs vom Raum und des Raumbegriffs . 82
Das Axiomensystem der euklidischen Geometrie . 83
Die Lücke beim Parallelenaxiom 84
Mathematische Bedeutung der Untersuchungen von Riemann und Helmholtz 85

Drittes Capitel. 9

Philosophische Consequenzen.

Das vierfache Raumproblem 89
Psychologische Consequenzen.
Nachweis des empirischen Ursprungs der Raumvorstellung 90
Begriff dieses psychologischen Empirismus.
Allgemeine Voraussetzungen 92
Die Raumvorstellung als apriorisch und empirisch 96
Die empirischen Bedingungen der Raumvorstellung . 98
Verhältnis zu Lotzes Raumtheorie . . 100
Verhältnis zu Helmholtz' Raumtheorie 101
Der Gedankengang in den philosophischen Consequenzen bei Riemann 106
Der Gedankengang in den philosophischen Consequenzen bei Helmholtz 107
Die Polemik von J. C. Becker und Tobias . . 109
Erkenntnistheoretische Consequenzen.
Die Probleme der Erkenntnistheorie und ihre möglichen Lösungen 113
Unzulänglichkeit rationalistischer Auffassung der Raumvorstellung 115
Indifferenz der geometrischen Theorie gegen die Arten des Empirismus 116
Riemanns formaler Empirismus keine Consequenz der geometrischen Theorie 117
Helmholtz' formaler Empirismus ebenfalls 119
Kritik der Auffassung von Liebmann . 122
Kritik der Auffassung von Felix Klein . . 125
Kritik der Auffassung von E. von Hartmann . 127
Logische Consequenzen.
Der Gröfsenbegriff vom Raum . . 132
Der Raumbegriff 133

Viertes Capitel.

Grundzüge einer Theorie der Geometrie.

Seite

Bedeutung der philosophischen Consequenzen für die allgemeine Theorie
der Mathematik 135
Die Stellung der Geometrie bedingt
durch die Besonderheit ihres Gegenstandes 137
durch die Eigenart ihrer Methode 139
Fragestellung.
Vorfrage: Inhalt und Form der Raumvorstellung 141
Logische Natur dieser Unterscheidung 143
Empirischer Ursprung der Axiome.
Ursprung des ersten Axioms 144
Ursprung des zweiten und dritten Axioms 145
Verhältnis der psychologischen und mathematischen Argumente . 145
Unzulänglichkeit rationalistischer Auffassung des ersten Axioms:
der Begriff des Apriori 146
Unzulänglichkeit rationalistischer Auffassung des zweiten Axioms:
die Begriffe der Bewegung und der Festigkeit 147
Unzulänglichkeit rationalistischer Auffassung des dritten Axioms:
das Kriterium der Erfahrung 152
Sinn der Notwendigkeit und Allgemeinheit der Axiome . 153
Empirischer Ursprung der Definitionen.
Allgemeines Argument 154
Die geometrischen Definitionen als vollendete 156
Die geometrischen Definitionen als empirische Ideale . . 157
Die Idealität kein Beweis rationalen Ursprungs 158
Erklärung der Idealität: das Experiment; die Gleichartigkeit der
Raumteile 159
Sinn der Notwendigkeit und Allgemeinheit der Definitionen . . . 160
Empirischer Ursprung der Axiome und Definitionen der Größen-
gleichheit.
Reduction der Axiome Euklids 162
Beweis ihres empirischen Ursprungs 164
Unzulässigkeit rationalistischer Erklärung . 165
Die Methode der Geometrie.
Unabhängigkeit von der Erfahrung; deductive Methode 167
Die Geometrie als synthetische Wissenschaft 167
Ihre Unabhängigkeit von der Erfahrung nur relativ . . . 170
Erklärung dieser Unabhängigkeit 171
Erklärung des deductiven Beweisverfahrens 172
Schluss: Stellung der Geometrie unter den übrigen Wissenschaften 173

EINLEITUNG.

Mit vollem Recht ist zur Charakterisirung der philosophischen
Bestrebungen der Gegenwart in Deutschland auf denjenigen Zustand der philosophischen Wissenschaften hingewiesen worden, der
dem geistigen Leben unserer Nation in der Zeit zwischen der Blüteperiode Wolff's und dem epochemachenden Auftreten Kants eigentümlich war. Hier wie dort ist die Entwicklung des intellektuellen
wie des praktischen Lebens nicht zu dem Grade fester Verbindung
der gegebenen Gedankenelemente gediehen, dass einer unter den
besten zu einer allgemeinen, wenn auch individuell ausgeprägten Ver-
tretung derselben auserwählt werden könnte. Viele Stimmen werden
auch jetzt wieder laut, die berechtigten und unberechtigten An-
sprüchen der Philosophie das Wort reden: allgemein also wird es
als ein Bedürfnis empfunden, sei es einen überlieferten Gedanken-
schatz für ein weites Gebiet nutzbar zu machen, sei es neu erwor-
benes, widerstrebendes Material altgewohnten Kategorien anzupassen. Auch gegenwärtig aber wird keine jener Stimmen weithin
vernommen; entweder also sind jene überkommenen Formen nicht
im Stande, den neuen, aus allen Wissensgebieten sich herandrän-
genden Stoff vollständig in sich aufzunehmen, oder aber dieses
Material lässt sich noch nicht so in Verbindung setzen, dass es eine
Neuordnung der gestaltenden Kräfte zu einem relativen Abschluss
bringen könnte.

Auch das wertschätzende Urteil über beide Perioden muss deshalb im wesentlichen das gleiche sein. So wenig wie jene frühere
Zerrissenheit der Ueberzeugungen darf diese neue Verwilderung der
Gedanken, wenn man den bunten Eklekticismus der letzten Jahr-
zehnte auf diese Weise bezeichnen darf, als ein Zeichen allgemeinen

geistigen Verfalls angesehen werden. Denn nur insofern ist ein solcher auch jetzt vorhanden, als allerdings in allen Gebieten der theoretischen Auffassung wie der praktischen Schätzung der Dinge nicht weniges früher Vernünftige zum Unsinn, manche alte Woltat zur Plage geworden ist. Die Zerstörung des alten Gebäudes gleicht jedoch auch in der Gegenwart nicht jenem trostlosen Process allmählicher Zerbröcklung, wie er einzelnen früheren Epochen eigen gewesen ist, sondern erfolgt durch einen im ganzen wolberechneten Abbruch, wie er einem bedürfnisreicheren Geschlecht, das umfassende Mittel zu einem Neubau zur Verfügung hat, erwünscht werden muss. Es ist überhaupt nur das Vorurteil einer unentwickelten Geschichtsauffassung, die durch den glänzenden Erfolg einzelner Persönlichkeiten geblendet ist, zu meinen, dass solche Perioden scheinbaren Verfalls die Aufmerksamkeit des Forschers nicht beanspruchen und seine Teilnahme nicht verdienen. Die Geschichte macht so wenig einen Sprung wie die Natur. Aller geschichtliche Fortschritt vollzieht sich in einer allmählichen, durch zahllose, kaum merkbare Uebergänge vermittelten Umbildung der Gedanken. Das anscheinend völlig Neue, das gelegentlich zum Vorschein kommt, einen bestimmten Zeitabschnitt charakteristisch zu beherrschen, ist in der Tat nur das Endresultat jenes langsamen Läuterungsprocesses; es zerreifst nicht die feinen Fäden des geschichtlichen Zusammenhangs, sondern bildet nur den Knotenpunkt, der einen gröfseren Teil des verwickelten Geflechtes zusammenhält. Allerdings lässt sich der Fortschritt des Wissens und Könnens keiner geraden Linie vergleichen, aber die gerade Linie ist auch nur im leeren Raume der kürzeste Weg; sie kann zum längsten werden, wenn eine noch so vielfach verschlungene Curve sicherer und bequemer an den Hindernissen vorbei führt.

Jener Vergleich der Gegenwart mit der eklektischen Periode des vorigen Jahrhunderts soll demnach nicht den Sinn haben, die Unproductivität, die man der letzteren so vielfach zum Vorwurf gemacht hat, auch als ein Merkmal unserer Zeit zu behaupten. So wenig in einem solchen Vergleich im Grunde ein Vorwurf liegen könnte, der gegen den einzelnen gerichtet wäre, da er unserer Zeit nur eine besondere geschichtliche Aufgabe zuerteilt, so ungerechtfertigt wäre es trotzdem, eine solche Meinung in denselben hineinzulesen. Denn es kommt noch hinzu, dass unsere Zeit trotz dieser

formalen Aehnlichkeit des geschichtlichen Processes, in dem sie lebt,
doch auch durch höchst bedeutsame materielle Differenzen von jener
Epoche geschieden ist. Diese ergeben sich nicht blofs daraus, dass
ein Zeitraum von mehr als hundert Jahren beide Perioden trennt,
dass also reichere und tiefere Aufgaben der Gegenwart zur Lösung
vorliegen, sondern vor allem daraus, dass ihr eine wesentlich verschiedene Leistung vorgeschrieben ist, da dem ähnlichen Entwick-
lungsgang nicht die gleichen Ursachen vorausgegangen sind.

Der Eklekticismus jenes Zeitalters, das der Blüteperiode Deutschlands in Literatur und Philosophie vorausging, entsprang aus dem
Ausbreitungsprocess der wolffischen Schule. Wolff hatte die leib-
nizischen Gedanken so systematisch geordnet und ausführlich entwickelt, dass seine zahlreichen Schüler, denen an dem System selbst
wenig zu verändern blieb, zu dem Versuch geführt wurden, dasselbe
auf die sogenannten positiven Wissenschaften zu übertragen. Damit
aber war der Anlass zur eklektischen Verflachung derselben gegeben.
Denn in der Beschäftigung mit den concreteren Fragen der einzelnen Disciplinen ging den Philosophen einerseits das Interesse an
den allgemeineren, für die Ansicht der Zeit im wesentlichen vollendeten Speculationen verloren, andrerseits aber beeinflusste das zu
formende Material der besonderen Wissenschaften die Kategorien,
die es ordnen sollten, in demselben Mafse, als es ihnen fügsam gemacht wurde, und zwar, wie die Natur einer solchen Wechselwirkung von selbst ergiebt, in der Weise, dass die ordnenden Begriffe
allmählich immer unbestimmtere Fassung erhielten. Es giebt nichts
biegsameres als den Gedanken. War somit die Richtung zum Eklekticismus gegeben, so erhielt derselbe sein spezifisches Gepräge durch
die systematischen Einflüsse, welche von aufsen her in die Gedanken-
reihen der Schule eindrangen. Diese gingen von der allmählich in
Deutschland sich verbreitenden empiristischen und sensualistischen
Philosophie Englands und Frankreichs aus, und sie konnten die
herrschenden Schulbegriffe um so leichter modificiren, als ihre eigenen Grundbegriffe den Erfahrungswissenschaften näher standen und
deshalb leichter auf dieselben übertragbar waren als jene. Diese
Verknüpfung der verschiedenartigen Gedankenmassen nun blieb eine
oberflächliche, eklektische, so lange der innere Gegensatz zwischen
ihnen, besonders der Antagonismus der rationalistisch-realistischen
Philosophie Deutschlands und der empiristisch-idealistischen Eng-

lands nicht zum Bewusstsein gelangte. Erst als die mannigfachen haltlosen Anpassungsversuche jenen Zwiespalt lebhafter offenbarten, konnte eine fundamentale Einigung beider erstrebt werden. So wurde Kant der Wortführer einer neuen Zeit.

Seinem Inhalt wie seinem Ursprung nach ist der Eklekticismus der Gegenwart von jener geistigen Bewegung wesentlich verschieden. Seine Ursachen liegen nicht in dem Versuch einer herrschenden philosophischen Schule, den allgemeinen Wissensschatz ihrem vermeintlich in sich vollendeten Gedankenapparat anpassen zu wollen, sondern vielmehr in dem Bedürfnis der besonderen Disciplinen, vor allem der Naturwissenschaften, sich über das in hohem Grade erweiterte und geläuterte Spezialwissen mit Hilfe philosophischer Theoreme zu orientiren, nicht blofs um ihren Besitzstand zu ordnen, sondern auch um sich die eigentliche Bedeutung desselben klar zu machen. Schon dieser Ursprung macht deutlich, dass das hauptsächlichste Ferment des neuen Processes in den neugewonnenen naturwissenschaftlichen Spezialergebnissen liegen werde, die zu allgemeinerer Fassung der Forschungsresultate drängen und dadurch die Frage nach den Grenzen ihrer Wirksamkeit entstehen lassen. Dasselbe ergiebt sich, sobald man den Zustand der philosophischen Wissenschaften in Betracht zieht, auf den diese naturwissenschaftlichen Bestrebungen trafen. Die herrschenden philosophischen Systeme huldigten ohne Ausnahme einem Rationalismus, der die lebensfrischen empirischen Bemühungen der Naturwissenschaften schon lange in einen schneidigen Gegensatz gegen alle philosophische Reflexion gebracht hatte. Da kein einziges derselben demnach den andersgearteten Bedürfnissen der empirischen Forschung genügte, so war es natürlich, dass diese sich demjenigen Systeme zuwandte, dessen glänzende, aber schnell vorübergehende Erfolge gerade die Teile seiner Lehrmeinungen am wenigsten hatte zur Entfaltung kommen lassen, welche die fruchtbarsten Keime einer gesunden Fortentwicklung in sich bargen: das philosophische Interesse der erstarkenden Naturwissenschaft richtete sich auf Kants kritischen Idealismus. Dasselbe war zwar, wie das Beispiel J. Müllers und Virchows beweist, gerade bei den hervorragendsten Vertretern der empirischen Forschung, auch in der Zeit vollständigster Abwendung von der Speculation, niemals ganz erloschen, aber erst Helmholtz gebührt das Verdienst, mit jenem glücklichen Takt, der überall das Ergebnis eindringender Durcharbeitung einer gegebenen Weltanschauung zu sein pflegt, auf Kants bedeutungsvolle Untersuchungen energisch hingewiesen zu haben. Gerade in dem Grenzgebiete der Sinnesphysiologie mussten philosophische Fragen, und zwar besonders psychologische und erkenntnistheoretische, zuerst rege werden.

Die Vertreter der tonangebenden rationalistischen Systeme verhielten sich dieser eben entstandenen Bewegung gegenüber anfangs begreiflicher Weise fast vollkommen ablehnend. Nur wenige, besonders unter den Anhängern Herbarts, denen psychologische Untersuchungen durch die Natur ihres Systems schon nahe lagen, wussten in das neu erschlossene Gebiet der Sinnesphysiologie fördernd einzugreifen. Nur einzelne unter den selbständigen Denkern jener Zeit, von denen statt vieler nur Fechner und Lotze zu nennen sind, nahmen an der neuen Arbeit hervorragenden, begründenden Anteil. Dennoch konnten sich auf die Dauer auch die übrigen der frischen Strömung nicht entziehen; selbst die Schule Hegels musste sich dazu verstehn, ihre constructiven Begriffsformen dem veränderten Wissensstand anzupassen. So begannen sich die alten Schulen allmählich aufzulösen. Erst die jüngere Generation aber nahm den neuerworbenen Boden, dessen Ausdehnung und unverkennbare Fruchtbarkeit reiche Ernte versprach, mit fast ungeteiltem Eifer in Besitz; und mit nicht geringerem Eifer suchte sie im Anschluss an jene Erinnerung, der Helmholtz am lebhaftesten Ausdruck verliehen, die Gesichtspunkte, die ihre Arbeit leiten sollten, in Kants Kritik der reinen Vernunft. Der gegenwärtige Erfolg dieses Anschlusses wird charakterisirt durch die vielfach einander durchkreuzenden philosophischen Ueberzeugungen, die nur durch ihr gemeinsames Interesse an der Psychologie und Erkenntnistheorie als zusammengehörig erscheinen, allmählich aber, und wie es scheint, immer entschiedener durch die Einflüsse der empirischen Schulen Englands in ein neues Bett geleitet werden. Es bleibt abzuwarten, in wie weit dadurch der kaum erst beackerte Boden, auf dem vorläufig noch manches Unkraut üppig emporwuchert, zu gleichmäfsiger Fruchtbarkeit gebracht werden kann.

Auch die naturwissenschaftlichen Forscher aber ahmten dem Beispiel, das die ersten unter ihnen gegeben hatten, nicht ohne weiteres nach. Der Gegensatz gegen die speculative Philosophie, welche

die Zeit ungebührlich beherrschte, und die empirische Vereinzelung
der Studien, die durch das überaus schnell anwachsende Material
des Naturwissens hervorgerufen war, machten die Gesammtstim-
mung einer philosophischen Vertiefung fürs erste wenig geneigt.
Nur wenige der tüchtigsten Forscher schlossen sich wenigstens im
allgemeinen den veränderten Forderungen an. Die grofse Masse
der übrigen trat sogar scheinbar in einen schroffen Gegensatz gegen
eine solche Anlehnung an die Philosophie; sie wandte sich jenem
Materialismus zu, der den naturwissenschaftlichen Bestrebungen der
Zeit von etwa 1850 bis ungefähr 1867 den Stempel aufgedrückt hat.
Jedoch dieser scheinbare Gegensatz gegen eine philosophische Durchdringung der Naturerkenntnis war in der Tat nur ein Zeichen des
Einflusses, den dieselbe auch in weiteren Kreisen bereits gewonnen
hatte. Denn der Materialismus ist nicht sowol eine Beruhigung des
sogenannten gesunden Menschenverstandes bei den Spezialergebnissen der empirischen Forschung, als vielmehr ein philosophischer
Systemsversuch, der an Dogmatismus seinem Antipoden, dem rationalistischen Spiritualismus, um nichts nachsteht. Er ist jenes alte
philosophische System, welches immer das Resultat einer Verbindung unfertiger metaphysischer Speculation mit überwiegend reicher
naturwissenschaftlicher Anschauung gewesen ist. Der Materialismus
war somit der erste Erfolg der neu erwachten allgemeinen Teilnahme an philosophischer Reflexion; die annmafsende Sicherheit seines
Auftretens war nur der Rückschlag gegen die vornehm abweisende
Stellung, welche die Zeitphilosophie der Naturwissenschaft gegenüber lange Zeit eingenommen hatte. Jedoch dieser Weg, den die
letztere unter der Führung des Materialismus eingeschlagen hatte,
konnte auf die Dauer nicht innegehalten werden, da die Errungenschaften der kantischen Philosophie, die dem Bewusstsein der Zeit
immer näher traten, die Unhaltbarkeit des eilig gewählten Standpunktes zu deutlich erkennen liefsen. So gewannen die Grundsätze
einer besonneneren Forschung auch innerhalb der Naturwissenschaft
immer mehr Boden: selbst die Anzeichen einer übermäfsigen
Schätzung der philosophischen Behandlung naturwissenschaftlicher
Probleme, die wenigstens von der Tiefe und der Wirksamkeit des
gegenseitigen Einflusses sicheres Zeugnis ablegen, sind nicht aus-
geblieben.

So ist denn gegenwärtig ein Einvernehmen zwischen beiden

Wissenschaften hergestellt, das weder durch einzelne philosophisch unfertige systematische Versuche der Naturforscher, noch durch manche naturwissenschaftlich unhaltbare, weil aus unvollständigem Wissen entsprungene Versuche der Philosophen, noch endlich durch die letzten Regungen gegenseitiger Misachtung, durch die auf beiden Seiten gesündigt wird, im Ernst getrübt werden kann.

Naturgemäfs ist diese Gegeneinanderbewegung der lange feindlich gesinnten Disciplinen nicht auf die Grenzgebiete beschränkt geblieben, in denen sie ihren Anfang nahm. Der befruchtende Einfluss, den die philosophische Orientirung in denselben ausübte, konnte den übrigen Naturwissenschaften nicht unbemerkt bleiben: andrerseits forderte die reiche Fülle allgemein verwertbarer Erkenntnisse, welche die materialen wie die formalen Naturwissenschaften angesammelt hatten, zu weiterer Verarbeitung auf. In ähnlicher Weise haben sich naturwissenschaftliche Einflüsse in allen philosophischen Disciplinen geltend gemacht. Die Psychologie ist durch den Hinzutritt fruchtbringender psycho-physischer Theorien um ein wichtiges Vermittlungsglied mit den Naturwissenschaften bereichert worden; sie hat überdies gelernt, ihre elementaren Untersuchungen nicht länger von speziellen metaphysischen Voraussetzungen abhängig zu machen, sondern die notwendigen Hypothesen erst im Laufe der Forschung zu bilden. Auch die normativen Wissenschaften, die sich auf dieser Grundlage entwickeln, konnten solchen Einwirkungen nicht verschlossen bleiben. Die Logik hat eine ausgeführte Theorie der Induction gewonnen, deren Einfluss auch die übrigen von ihr behandelten Fragen in eine veränderte, hellere Beleuchtung bringt. Die Erkenntnistheorie hat die bevorzugte Stellung, die ihr unter den philosophischen Wissenschaften gebührt, wiedererlangt. Selbst in der Aesthetik und Ethik treten naturwissenschaftliche Einflüsse an vielen Punkten zu Tage.

Trotz dieser allmählichen Ausdehnung jedoch ist die neue Bewegung, im ganzen genommen, in jenen ursprünglich erregten Grenzgebieten einerseits der Sinnesphysiologie, andrerseits der Psychologie und Erkenntnistheorie am intensivsten geblieben. Hier zeigte sich der Wert der gemeinsamen Arbeit nicht nur am augenfälligsten, weil das Bedürfnis nach derselben hier am stärksten geworden war, auch der wolempfundene Gegensatz sowol gegen die constructiv rationalistische Tendenz der herrschenden Schulen als auch gegen die haltlosen materialistischen Theoreme der selbstbewussten Naturwissenschaft kam hier am entschiedensten zum Vorschein.

Diese lebhaft erregte Teilnahme an psychologischen und erkenntnistheoretischen Untersuchungen wird auch durch die mathematischen Arbeiten dargetan, deren philosophische Bedeutung zu charakterisiren Aufgabe der vorliegenden Schrift ist. Es sind dies die von Riemann und Helmholtz zuerst eingehend ausgeführten Erörterungen „über die Hypothesen, welche der Geometrie zu Grunde liegen." Dass sie ein Zeichen der philosophischen Richtung der Zeit sind, beweist schon ihr Ursprung. Denn dass die mathematischen Disciplinen das Bedürfnis empfinden, sich über den Umfang und den Charakter ihrer allgemeinen Grundlagen zu orientiren, zeugt nicht nur von dem entwickelten Stand der mathematischen Wissenschaft, sondern zugleich auch von dem Interesse derselben an der philosophischen Begründung ihrer Erkenntnisart. Auch die Schnelligkeit und Allgemeinheit, in der diese abstracten Untersuchungen Gegenstand der wissenschaftlichen Aufmerksamkeit geworden sind, deutet auf diesen Ursprung hin.

Jedoch nicht nur die Stärke, sondern auch die Schwäche der neuen Bewegung tritt an ihnen zu Tage: sie charakterisiren zugleich die unklare Stellung, welche die Einzelwissenschaften der Philosophie gegenüber gegenwärtig einzunehmen suchen. Bisher glaubte die Philosophie, die allgemeineren Principien, welche die undiscutirte Grundlage jener besonderen Disciplinen bilden, selbständig und ausschliefslich erörtern zu müssen, damit der Sinn derselben und die Grenze ihrer Anwendbarkeit bestimmt werde; jetzt meinen die letzteren, nicht nur die Discussion aller jener verschiedenartigen Principien selbst übernehmen zu dürfen, da die Erkenntnis ihrer Bedeutung nur aus der vollen Einsicht in die Art ihrer Beziehung auf das Einzelne herleitbar sei, sondern auch die Resultate dieser Discussion allgemein philosophisch verwerten zu können, da diese Verwertung sich aus der so erlangten Erkenntnis von selbst ergebe. Es ist hier nicht der Ort, darzulegen, dass diese Uebereilung dem für sich berechtigten Streben entspringt, die objectiven Grundbegriffe der Einzelwissenschaften, deren Bestimmung in der Tat Sache der besonderen Forschung ist, von den subjectiven Erkenntnisprincipien zu sondern, deren Erörterung immer der Philosophie verbleiben muss; es genügt vielmehr, darauf hinzuweisen, dass ein Teil

vermeintlicher Consequenzen der oben genannten Arbeiten von vielen
in einem Sinne beurteilt wird, der jene extreme Tendenz der
gegenwärtigen Bewegung wirklich kennzeichnet. Zum ersten Male
wol ist in denselben versucht worden, bedeutsame psychologische
und erkenntnistheoretische Ergebnisse durch rein mathematische
und mechanische Erörterungen zu gewinnen, während die Geschichte
der Philosophie allerdings umgekehrt die verschiedenartigsten Versuche aufweist, nicht blofs über Inhalt und Form der Mathematik
im allgemeinen, sondern auch über manche besondere Probleme
derselben auf dem Wege rein philosophischer Reflexion zur Entscheidung zu kommen. Nun ist es zwar selbstverständlich, dass die
sichere Erkenntnis der objectiven Grundbegriffe einer Wissenschaft
bedeutsame Rückschlüsse auf die Beschaffenheit der Erkenntnisprincipien, die in ihnen zum Ausdruck kommen, zu machen erlaubt,
da hier wie überall die objectiven und die subjectiven Elemente
des Wissens im engsten Zusammenhang stehen; es ist jedoch wol
zu beachten, dass die ersteren nicht einen eigentlichen Beweisgrund,
sondern nur einen Bestätigungsgrund für die Beschaffenheit der
letzteren abzugeben vermögen. Denn leicht führt ein solcher Mangel an Unterscheidung zu einer falschen Schätzung der Tragweite
der so gewonnenen Einsicht, die auch bei der Beurteilung dieser
mehr erwähnten Arbeiten Platz gegriffen hat.

Diese Vermischung naturwissenschaftlicher und philosophischer
Erkenntnisgebiete, welche das Urteil über den eigentlichen Sinn
der Ergebnisse jener Untersuchungen verwirrt, sowie auch die
hastige Teilnahme, welche dieselben trotz ihrer mathematisch abstracten Natur überall gefunden haben, machen es begreiflich,
dass dieselben bisher in entgegengesetztestem Sinne verstanden
werden konnten. Denn so sehr die Begründer dieser Erörterungen, unter denen neben Riemann und Helmholtz vor allen noch
Gauss zu nennen ist, über die Bedeutung ihrer Resultate übereinstimmen, so vorsichtig sie im allgemeinen ihre philosophische Tragweite abgrenzen, so weit geht doch das Urteil der vielen Inter-
pretatoren derselben auseinander, so unbeschränkt ist die aner-
kennende oder abweisende Schätzung derselben. Das Gewirr der
Meinungen ist um so verwickelter, als in ihnen überdies psychologische Theorien und erkenntnistheoretische Ueberzeugungen oft ohne
erkennbaren Zusammenhang durcheinander laufen. Denn schon

bei den genannten ersten Bearbeitern des ganzen Gebiets verbindet sich die psychologische Annahme, dass hier Stützpunkte
für die empiristische Theorie zu finden seien, mit der erkenntnistheoretischen Doctrin, welche dem Raum als solchem objective Realität zuschreibt. Als eine sachlich nothwendige tritt diese Verbindung bei den zahlreichen Anhängern der neuen mathematischen
Theorie hervor, von denen unter den Mathematikern O. Rosanes,
unter den Philosophen Ed. v. Hartmann genannt werden mögen.
Ihnen schliessen sich offenbar die meisten unter den mathematischen
Anhängern an, deren bezügliche Schriften die philosophischen Consequenzen der neuen Lehre wenig oder gar nicht berühren. Nur
die Mathematiker der Schule Herbarts, als deren Wortführer hier
Drobisch gelten darf, sind davon ausgenommen, da Herbarts
Unterscheidung des intelligibeln und sinnlichen Raumes einem solchen Zusammenhange widerstrebt. Andere dagegen, in deren Namen
etwa O. Liebmann gesprochen hat, finden, dass hier ein weiterer
Beweis für die rein subjective blofs phänomenale Natur unserer
Raumanschauung vorliege; auch bei ihnen treten die vermeintlichen
erkenntnistheoretischen Beziehungen der mathematischen Ergebnisse in den Vordergrund. Einen Standpunkt vorsichtiger Zurückhaltung nimmt Wundt ein. Er erkennt an, dass die neue Raumtheorie die Resultate der physiologischen Analyse, die zu einem
synthetischen Empirismus führe, in allen Punkten bestätige, aber
er scheint dagegen Einsprache zu erheben, dass dieselbe irgendwie
erkenntnistheoretisch verwertet werde. A. Lange geht noch einen
Schritt weiter. Er findet in jenen geometrischen „Speculationen
bis jetzt nichts weiter als mathematische Ausführungen der blofsen
Denkbarkeit eines generellen Raumbegriffs, der unsern euklidischen
Raum als Spezialität in sich begreift"; er bestreitet also das Recht,
irgendwelche philosophische Consequenzen aus denselben zu ziehen.
Genau die gleiche Ansicht über die philosophische Bedeutungslosig-
keit der mathematischen Theorie, die sie als solche allerdings
besser zu würdigen wissen, haben Felix Klein und Richard
Baltzer ausgesprochen. Vollkommen abweisend, auch gegen die
mathematische Theorie, verhalten sich einerseits Dühring, andrerseits W. Tobias und etwa J. K. Becker. Der erstere findet in ihr
eine „auch der Mechanik drohende Untergrabung der geometrischen
Axiome, die durch eine unhaltbare Verdinglichung des Unendlich-

grofsen hervorgerufen sei"; er teilt sie deshalb den Metaphysikern zu, „die hier mit Befriedigung wahrnehmen können, dass diejenigen Früchte, deren Erzielung sie sich allein zuzutrauen pflegen, auch gelegentlich auf dem Boden der Mathematik reifen." Nicht viel weniger energisch lautet der Protest von Becker und Tobias, welche in dem kritischen Idealismus Kants die Beweise finden, die alle diese Entwicklungen als gegenstandslos und in sich widersprechend kennzeichnen.

Diesem bunten Gewirr von Auffassungen gegenüber erscheint es notwendig, zunächst auf den eigentlichen Gegenstand des Streites wieder zurückzugehen, um seinen engeren mathematischen Sinn, der den Ausgangspunkt für alle diese Differenzen bildet, möglichst scharf zu bestimmen. Ist dieser einmal eindeutig festgestellt, dann wird es auch möglich sein, die psychologischen und erkenntnistheoretischen Beziehungen, die sich etwa als notwendig ergeben, dem Widerspruch der Meinungen zu entrücken.

Es wird jedoch zweckmäfsig sein, einige erläuternde Andeutungen über die geschichtliche Entwicklung der zu behandelnden Probleme vorherzuschicken.

ERSTES CAPITEL.

ZUR ENTWICKLUNGSGESCHICHTE DES AXIOMEN-SYSTEMS.

Wir gehen, um uns über das Wesen der in Betracht kommenden Probleme zu orientiren, von den Voraussetzungen aus,
welche der Geometrie nach dem Vorgange Euklids zu Grunde gelegt werden. Diese Voraussetzungen sind nach der jetzt üblichen
Unterscheidung, deren Sinn wir an späterer Stelle zu besprechen
haben, doppelter Art. Es sind einerseits Axiome d. i. unmittelbar
evidente und eben deshalb unbeweisbare, nicht auf einfachere Vorstellungen zurückführbare Sätze, die sich teils auf allgemeine
Größenverhältnisse beziehen, teils die wesentlichen Bestimmungen
unserer Raumanschauung enthalten, es sind andrerseits Definitionen, welche die Grundbegriffe für die Constructionen im Raume
entwickeln. Zu den letzteren gehören z. B. die Definitionen des
Punktes, der Linie, der Fläche, der Winkel u. s. w. Von den beiden
Klassen der Axiome enthält die erstgenannte diejenigen Grundsätze,
welche das gemeinsame Fundament aller mathematischen Wissenschaften bilden. Die sieben hierhergehörigen Axiome Euklids lassen sich, wie wir mit Helmholtz [1] annehmen, auf zwei zurückführen,
die wir kurz als Axiome der Größengleichheit bezeichnen
wollen, nämlich:

---

[1] Helmholtz, *Populäre Vorträge.* Heft I. 2. Aufl. Braunschweig 1876.
S. 19 ff. Ueber die Gründe, welche dazu führen, die drei Axiome desselben in zwei Gruppen zu sondern, vgl. das letzte Capitel dieser Schrift.

I. Wenn zwei Gröfsen einer dritten gleich sind, so
sind sie unter sich gleich.

II. a. Gleiche Gröfsen, zu gleichen Gröfsen addirt, geben
Gleiches.

b. Gleiche Gröfsen, zu ungleichen Gröfsen addirt,
geben Ungleiches.

Die zweite Klasse der oben angeführten Axiome dagegen bezieht
sich speziell auf unsere Raumvorstellung, sie enthält die wesentlichen Eigenschaften, die wir dem Raume zum Zweck der Ableitung
der geometrischen Lehrsätze zuschreiben müssen. Wir wollen sie
entsprechend der ersten Klasse Axiome der Raumvorstellung
nennen. Hierher gehört z. B. der dem zwölften Axiom Euklids
äquivalente Satz, dass sich zwei gerade Linien nur in einem Punkte
schneiden können, sowie als das bekannteste von allen das elfte
euklidische Axiom, welches besagt: Wenn eine gerade Linie zwei
andere so schneidet, dass die Summe der inneren Winkel, die an
derselben Seite der Schneidenden liegen, kleiner als zwei Rechte ist,
so treffen jene beiden Linien, hinreichend verlängert, an dieser
Seite zusammen.

Die Grundlagen der geometrischen Wissenschaften sind durch
diese letzte Klasse der Grundsätze, die Axiome der Raumvorstellung, offenbar am schärfsten bestimmt. Denn die Axiome der
Gröfsengleichheit umfassen, wie schon angedeutet, sofern sie die
Grundlagen der reinen Mathematik bilden, die allen mathematischen Disciplinen gemeinsamen Voraussetzungen. Jene Definitionen ferner, welche die Grundbegriffe der geometrischen Constructionen entwickeln, setzen die Raumvorstellung, deren Natur den
wissenschaftlichen Charakter der Geometrie bedingt, und damit die
Axiome dieser Raumvorstellung, welche denselben zum Ausdruck
bringen, schon als gegeben voraus. Sie sind nur zweckmäfsig gewählte Abstractionen aus der Raumvorstellung, deren Bedeutung
lediglich darauf beruht, dass sie zu fruchtbarer geometrischer Entwicklung dieser Grundlage Anlass geben, und dass sie zu sicherer
und umfassender Anwendung auf das empirisch gegebene, raum-
erfüllende Material befähigt sind.

Die Geometrie nun besteht in nichts anderem, als in der constructiven Uebertragung dieser Anschauungselemente auf immer
complicirtere Raumformen. Die Sicherheit und Consequenz der

geometrischen Entwicklung muss deshalb, so scheint es, einen Rückschluss auf die Evidenz und Notwendigkeit dieses axiomatischen
Fundaments derselben gestatten. Die Geschichte der Geometrie
lehrt jedoch das Gegenteil: sie zeigt, dass gerade das Gebiet dieser
einfachsten Voraussetzungen seit dem Beginn der geometrischen
Wissenschaft ein Tummelplatz eifriger mathematischer wie philosophischer Streitigkeiten gewesen ist. Und in der Tat ist ein solcher Rückschluss auch nur soweit gerechtfertigt, als er zeigt, dass
für die bisher errichteten Teile des Lehrgebäudes der Geometrie
keines der grundlegenden Merkmale des Raumes falsch bestimmt
oder gänzlich unbestimmt geblieben ist. Zwei Fragen von tiefgreifender Wichtigkeit werden durch denselben jedoch nicht entschieden, auf die sich deshalb der wissenschaftliche Streit seit alter
Zeit concentrirt hat. Die erste betrifft den systematischen Zusammenhang der Axiome Euklids. Es ist ohne weiteres durchaus nicht
ersichtlich, ob die verschiedenen, hierher gehörigen Annahmen wirklich das notwendige und hinreichende System der Axiome darstellen, ob nicht manche einfachste Anschauungsverhältnisse, etwa weil
sie sich der geometrischen Betrachtung überall als selbstverständliche Voraussetzungen aufdrängen, übergangen worden sind. Es ist
ohne besonderen Beweis ebensowenig klar, ob jene Annahmen in
der Tat Axiome sind, ob sie wirklich einen Beweis weder brauchen
noch vertragen; denn es ist auch hier möglich, dass sich einfachere
Anschauungselemente finden lassen, die ihnen zu Grunde liegen,
und die nur deshalb nicht sofort hervortreten, weil sie wegen ihrer
unmittelbaren Evidenz nicht als besonders zu beachtende Eigenschaften unserer Raumvorstellung angesehen werden. Der Widerstreit der Ueberzeugungen, in dem dieser systematische Mangel zu
seinem geschichtlichen Ausdruck kommt, ist denn auch an jedem
dieser Punkte zum Ausbruch gelangt; beim zweiten allerdings mehr
als beim ersten, denn das Einheitsbedürfnis des menschlichen Geistes
ist fast immer stärker gewesen, als sein Trieb zur Specification.
Besonders das oben erwähnte Parallelen-Axiom wurde der Gegenstand solcher Angriffe. Dasselbe tritt aus der Reihe der übrigen
Axiome insofern heraus, als das Anschauungselement, das in ihm
dargestellt wird, durchaus nicht jene einfache Evidenz besitzt, welche
die übrigen charakterisirt: verlangt es doch, dass wir unsere Raumvorstellung zur Unendlichkeit erweitern. Schon früh hatte man

überdies bemerkt, dass dies Axiom in einem engeren Verhältnis
zu einem der Lehrsätze Euklids stand, als irgend ein anderes.
Schon dem Commentator Proclus war bekannt, dass dasselbe im
Grunde nur eine Umkehrung des siebzehnten Theorems sei, welches
behauptete, dass in jedem Dreieck die Summe zweier Winkel kleiner
als zwei Rechte ist. So versuchte man denn auf Grund dieser letzteren Wahrnehmung bald, für das Axiom einen Beweis zu finden,
sei es, dass man dasselbe auf ein einfacheres Anschauungsverhältnis
zurückzuführen suchte, sei es, dass man sich bemühte, es als eine
Folge der übrigen Axiome darzustellen. Ebensowenig fehlte es an
Bestrebungen, das Axiom in Folge seiner mangelhaften Evidenz
ganz zu beseitigen; man versuchte, die Parallelentheorie ohne dasselbe oder einen ihm äquivalenten Grundsatz darzustellen. Jedoch
alle diese Bestrebungen blieben ohne nachhaltigen Erfolg. Es gelang nicht einmal, dem euklidischen Satz eine wesentlich evidentere
Fassung zu geben, vielweniger noch, es aus den übrigen Axiomen
abzuleiten; als vollkommen aussichtslos endlich erwiesen sich die
Versuche, es ganz zu eliminiren. Gauss konnte noch im Jahre 1816
schreiben [1]: „Es wird wenig Gegenstände im Gebiete der Mathematik geben, über welche so viel geschrieben wäre, wie über die
Lücke im Anfange der Geometrie bei Begründung der Theorie der
Parallellinien. Selten vergeht ein Jahr, wo nicht irgend ein neuer
Versuch zum Vorschein käme, diese Lücke auszufüllen, ohne dass
wir doch, wenn wir ehrlich und offen reden wollen, sagen könnten,
dass wir im wesentlichen irgend weiter gekommen wären, als Eu-
klides vor zweitausend Jahren war. Ein solches aufrichtiges und
unumwundenes Geständnis scheint uns der Würde der Wissenschaft
angemessener, als das eitele Bemühen, die Lücke, die man nicht
ausfüllen kann, durch ein unhaltbares Gewebe von Scheinbeweisen
zu verbergen.“

Es handelte sich jedoch für das wissenschaftliche Interesse
nicht blofs darum, die Lücke auszufüllen, welche den Zusammenhang des Parallelensatzes mit den übrigen Axiomen verbarg. Ein
zweites, allgemeineres Problem war ebenfalls ungelöst; denn trotz
aller Evidenz des Anschauungsinhaltes der Axiome gelang es nicht
die Art ihres Ursprungs festzustellen. Diese Frage gehörte zwar

[1] *Göttinger gelehrte Anzeigen* 1816, S. 618.

nicht mehr vor das Forum der Mathematik, denn sie betraf nicht
die objectiven Grundlagen, sondern die subjectiven Erkenntnis-
quellen derselben, dennoch mussten die psychologischen und erkenntnistheoretischen Untersuchungen, die zu ihrer Beantwortung führten, nicht nur den Philosophen, sondern auch den Mathematiker
lebhaft interessiren. Galt es doch die Stellung der Geometrie im
Gebiete des wissenschaftlichen Erkennens klarzulegen. Und diese
Stellung war eigentümlich genug, um die verschiedenartigsten Erklärungen möglich zu machen. Im Gegensatz zu allen übrigen
Wissenschaften, im Gegensatz selbst zu den anderen mathematischen
Disciplinen, die in langsamer Entwicklung fortschritten, erschien das
Lehrgebäude der Geometrie schon durch den ersten eingehenden systematischen Entwurf fast in allen Teilen vollendet. Und in demselben
Mafse, als sie in sich vollendet war, konnte sie auf das empirische, raum-
erfüllende Material übertragen werden. Keine Erfahrung vermochte
ihre Sätze zu corrigiren; alles sinnliche Wissen wurde vielmehr in
ihre Formen gezwungen. Schon früh wurde sie deshalb in den
metaphysischen Gegensatz der philosophischen Systeme hineingezogen: seit den Zeiten von Descartes und Locke, in denen sich der
alte metaphysische Widerstreit zwischen Realismus und Nominalismus
zu dem kritischeren, erkenntnistheoretischen Gegensatz zwischen
Empirismus und Rationalismus vertiefte, wurde sie sogar von den
beiden einander zuwiderlaufenden Ueberzeugungsrichtungen gleich
sehr als wichtiges Beweismittel in Anspruch genommen. Wurden
die einen durch den wesentlich deductiven Charakter ihrer Beweisführung, sowie durch die Notwendigkeit und Allgemeinheit ihrer
Ergebnisse dazu geführt, ihre grundlegenden Vorstellungen als angeborene Ideen oder als apriorische Formen aufzufassen, so beriefen
sich die anderen auf den tatsächlichen Zwang früh erworbener, einfacher Associationen, sowie auf die Abhängigkeit der geometrischen
Formen von den Formen der empirischen Objecte, aus denen sie
durch Generalisation gebildet seien, um den Erfahrungsursprung
der übrigen Erkenntnis auch der Geometrie zu vindiciren. Auch hier
concentrirte sich der Streit naturgemäfs auf die Axiome als die allgemeinsten Prämissen des geometrischen Syllogismus. Jedoch auch
diese Beschränkung führte zu keiner festen Entscheidung. Bis auf
die neueste Zeit gehen die Ueberzeugungen in alter Schärfe auseinander. Nur die allen philosophischen Lehrmeinungen eigene

Ueberzeugungskraft, die das notwendige Ergebnis des gegenwärtig
erst erreichten, unfertigen Zustandes ihrer einzelnen Disciplinen ist,
macht es begreiflich, dass keiner unter ihren hervorragendsten Vertretern sich jene Freiheit des Urteils bewahren konnte, die in
Gauss' oben citirten Worten hervortritt.

Diese beiden Problemreihen nun sind es, welche die Untersuchungen von Riemann und Helmholtz über die Hypothesen,
welche der Geometrie zu Grunde liegen, gestützt auf neue mathematische Theoreme, zu lösen versuchen. Sie beantworten die erste
Frage nach dem Zusammenhang der euklidischen Axiome durch
den Nachweis, wie das einfachste aber vollständige System der
Axiome der Raumvorstellung aufzufinden und näher zu bestimmen
ist; sie erklären dadurch zugleich, wie jene Lücke in den Axiomen entstanden ist und weshalb sie bisher nicht auszufüllen war.
Bezüglich der zweiten Frage nach dem Ursprung und der Bedeutung dieser Grundsätze gelangen sie zu einem Resultat, das die
Lehrmeinungen der empiristischen Psychologie und Erkenntnistheorie
in allen wichtigen Punkten bestätigt und sie deuten auch hier auf
die Gründe, deren Nichtberücksichtigung ein allgemeines Einver-
ständnis in diesem Sinne bisher unmöglich gemacht hat.

Wollten wir die Bedeutung dieser Discussionen, abgesehen von
ihrem spezielleren Inhalt, nur nach den allgemeinen Gesetzen ge-
schichtlicher Entwicklung beurteilen, so würde uns schon der Zusammenhang, den sie zwischen der rein mathematischen sowie der
psychologischen und erkenntnistheoretischen Seite des Axiomenpro-
blems zum ersten Male nachgewiesen haben, von ihrem Werte über-
zeugen. Denn so bedingungslos auch anerkannt werden muss, dass
die Aufgabe der psychologischen und erkenntnistheoretischen Erörterung von den Zwecken der mathematischen Analyse hier wie
überall spezifisch verschieden ist, so selbstverständlich ist es doch
wiederum, dass nur die volle Durchdringung des objectiven Fundaments die subjective Bedeutung desselben als eines Erkenntnis-
principes klarlegen kann. Nur deshalb waren beide Fragen bisher
getrennt, weil die mathematische Erkenntnis der Grundlagen der
Geometrie nicht weit genug fortgeschritten war, um der philosophischen Discussion, die allgemeine Gesichtspunkte beansprucht,
bestimmtere Anhaltspunkte zu geben, und weil die philosophische
Ueberlegung nicht genug festen Grund unter sich hatte, um die

spezielleren Probleme der fachwissenschaftlichen Einsicht etwa durch charakterisirende, scharfe Beleuchtung ihrer einzelnen Teile blofszulegen und dadurch eine Weiterbildung derselben zu veranlassen.

Die speziellere Betrachtung des Inhalts der erwähnten grundlegenden Untersuchungen wird dieses allgemeine Urteil bestätigen.

In diese rein mathematische Erörterung, zu deren Besprechung wir uns nunmehr wenden, führt uns am besten die Darlegung der Versuche ein, die ein abschliefsendes Ergebnis allmählich herbeigeführt haben.

Dem gröfsten unter den französischen Geometern, Legendre, war es vorbehalten, den ersten Schritt zur Vervollständigung und Vereinfachung des Axiomensystems zu tun. Schon in den ersten Auflagen seiner berühmten *Eléments de Géométrie* hatte er das elfte Axiom Euklids aus der Reihe der Axiome entfernt, um es einem besonderen Beweis zu unterwerfen, der es den übrigen Lehrsätzen der Geometrie coordiniren sollte. Die Voraussetzung, dass von einem Punkte zu einem andern nur eine einzige gerade Linie gezogen werden könne, ein Aequivalent des zwölften euklidischen Axioms, war der einzige auf unsere Raumvorstellung speziell bezügliche Grundsatz, den er beibehalten hatte. Jedoch die Beweise des Parallelensatzes, die er anfangs gegeben hatte, genügten ihm selbst bald so wenig, dass er vorübergehend zu der hergebrachten euklidischen Auffassung zurückkehrte. Erst nachdem er im Jahre 1833 eine eingehende Untersuchung der Elementarsätze der Parallelentheorie der Pariser Akademie vorgelegt hatte [1], kamen seine Ansichten zum Abschluss. Die Definition der Parallellinien, die er seinen Arbeiten zu Grunde legte, war die folgende: „Parallellinien sind solche, die, in einer und derselben Ebene gelegen, mit einer dritten zwei innere Winkel bilden, deren Summe zwei Rechte beträgt." Der Inhalt des euklidischen Axioms wird demnach durch zwei Lehrsätze ausgedrückt. Zuerst nämlich lässt sich behaupten: Zwei Parallellinien können sich nicht schneiden, soweit man sie auch verlängern möge. Der Beweis dieses Satzes, der nichts als eine selbstverständliche Folgerung aus der Definition enthält, liefs

___

[1] Legendre, *Réflexions sur différentes manières de démontrer la théorie des parallèles.* Mém. de l'Acad. T. XII. 1833.

sich ohne Mühe finden. In den Beweisen dagegen, welche die zweite Behauptung bekräftigen sollten, dass zwei Linien, hinreichend verlängert, convergiren oder divergiren, falls die Summe der innern Winkel kleiner oder grösser als zwei Rechte ist, kam die alte Schwierigkeit in voller Kraft zum Vorschein. Er konnte dem Theorem zwar eine präcisere Fassung geben, indem er hervorhob, dass dasselbe identisch sei mit dem Lehrsatz, wonach die Winkelsumme im geradlinigen Dreieck gleich zwei Rechten sei; jedoch nur den einen Teil auch dieser Behauptung, dass nämlich jene Summe nicht grösser als zwei Rechte sein könne, konnte er auf das Axiom über die gerade Linie zurückführen, also streng beweisen: vergeblich jedoch waren seine Versuche, auch den zweiten Teil derselben, dass jene Summe nicht kleiner sein könne als zwei Rechte, auf diese Weise abzuleiten. In allen seinen complicirten Beweisen dieses Satzes lassen sich Voraussetzungen aufzeigen, die dem zu beweisenden Theorem im Grunde gleichwertig sind. Nur das eine konnte er dartun, dass die Summe der Dreieckswinkel in jedem Dreieck zwei Rechte betragen müsse, wenn sie in einem diesen Wert habe. Er selbst allerdings war zu der Ueberzeugung gekommen, dass ihm der Beweis vollkommen gelungen sei, und dass der Grund des Mislingens der früheren Versuche lediglich in der Unvollkommenheit der Sprache und in der Schwierigkeit, eine gute Definition der geraden Linie aufzufinden, gesucht werden müsse. [1]

So wesentlich diese Beweisversuche des grofsen Mathematikers auch zur Aufklärung des eigentlichen Inhalts des euklidischen Axioms beitrugen, so waren sie doch aus der Richtung der früheren Bestrebungen in keiner Weise herausgetreten. Nur die Ueberzeugung hatten sie verstärkt, dass der Satz auch durch die schärfste Analyse seines Inhalts nicht beweisbar werde, sobald keine ihm inhaltlich äquivalenten Voraussetzungen zu Hilfe genommen würden, dass also die Dunkelheit, die ihn umgab, nicht auf diesem Wege erhellt werden könne.

Unterdessen war die Entwicklung in Deutschland bereits um eine Stufe weiter gediehen. Kein geringerer als Gauss war es, der schon lange vor Legendres Beweisversuchen die Gesichtspunkte gefunden hatte, welche die alte Streitfrage endlich zum Austrag

---

[1] Legendre, a. a. O. S. 370.

bringen sollten. Schon in seiner Jugend, im Jahre 1792 [1], hatte
ihn sein umfassender mathematischer Blick zu der Wahrnehmung
geführt, dass die Bemühungen, das elfte Axiom als einen aus den
übrigen herleitbaren Lehrsatz darzustellen, nicht nur bisher vergeblich gewesen seien, sondern auch stets erfolglos bleiben müssten,
da durch dasselbe den übrigen Axiomen eine Voraussetzung hinzugefügt werde, die nicht notwendig mit ihnen verbunden zu sein
brauche. Daraus aber folgte, dass die euklidische Geometrie, die
jener besonderen Aufnahme bedarf, nicht das einzig mögliche System
einer solchen Wissenschaft darstellt, dass es also, um mit Gauss'
eigenen Worten zu reden, nur eine ungerechtfertigte „Gewöhnung
ist, die euklidische Geometrie für streng wahr zu halten." [2] Es
entsteht eine neue, in sich ebenfalls consequente nicht-euklidische
Geometrie, sobald man die Voraussetzung, welche der Parallelensatz ausspricht, fallen lässt. Die Sätze derselben müssen allerdings
der anders gewohnten Anschauung fremdartig, ja paradox erscheinen, wir haben jedoch kein Recht mehr, sie für widersprechend in
sich selbst anzusehen. [3] Jedoch Gauss erkannte nicht nur die Möglichkeit einer solchen nicht-euklidischen Geometrie, er hat auch
einzelne Abschnitte derselben ausgeführt. Schon im Jahre 1822
deutete er in einer Recension eines neuen Beweisversuches des
Axioms gelegentlich an, dass er die Mittel wisse, über das Lehrgebäude Euklids hinauszugehen. [4] Deutlicher noch spricht er sich
gegen Schumacher aus, der ihm in einem Briefe vom Jahre 1831
einen Beweisversuch des elften Axioms vorlegte. Hier führte er
einige Lehrsätze der nicht-euklidischen Geometrie an, die von den
entsprechenden Theoremen der gewöhnlichen Geometrie vollständig
differiren, z. B. den Satz, dass die Peripherien zweier Kreise von
unendlich grossen Radien, deren Halbmesser um eine endliche
Größe differiren, selbst um eine Größe verschieden sind, die zu
ihnen ein endliches Verhältnis hat. Ebenso bemerkt er, es sei
der wesentliche Charakter des neuen Systems, dass es in ihm, im
Gegensatz zu Euklids stillschweigend angenommener Voraussetzung,

[1] *Briefwechsel zwischen Gauss und Schumacher.* Bd. V. S. 247.
[2] A. a. O. Bd. II. S. 269.
[3] A. a. O. S. 269. 270.
[4] *Göttinger gelehrte Anzeigen* 1822. S. 1727.

etwas absolut grofses gäbe. Im Jahre 1846 endlich erwähnt er
in seinem rückhaltslos anerkennenden Urteil über Lobatschewskys
bald genauer zu besprechende „Geometrische Untersuchungen zur
Theorie der Parallellinien", dass er in dem Buche nichts gefunden
habe, was für ihn materiell neu sei. Auch über den Weg, auf dem
er die Lehrsätze des neuen geometrischen Systems entwickelt hatte,
geben seine gelegentlichen Andeutungen Aufschluss. Dass er nicht
der synthetischen, constructiven Methode gefolgt ist, die Lobatschewsky im Anfang jener Untersuchungen zur Anwendung gebracht hat, sagt er an der oben angeführten Stelle direct. Eine
frühere Bemerkung über den analytischen Ausdruck, der in der
nicht-euklidischen Geometrie den Kreisumfang repräsentire [1], bestätigt, dass er der allgemeinen und trotzdem bestimmteren Methode analytischer Entwicklung gefolgt ist. Und hierbei ist er, wie
es scheint, von denselben Gesichtspunkten ausgegangen, die später
Riemann in bewunderungswürdiger Weise zur Geltung gebracht
hat. In seinen allgemeinen Untersuchungen über die krummen
Flächen hat er es selbst angedeutet, dass seine Unterscheidung der
Beugungs- und Krümmungsverhältnisse der Flächen, die von Riemann, wie wir genauer noch sehen werden, der allgemeinen Erörterung der Mafsbeziehungen zu Grunde gelegt wurde, von wesent-
licher Bedeutung für die Einsicht in die Grundlagen der Geometrie
sei. [2] Auch in anderen Schriften, auf die Riemann selbst hinweist,
sind derartige gelegentliche Bemerkungen enthalten: vor allem lag
auch jene folgenreiche Erweiterung unseres Zahlensystems, die
Gauss zu seiner Theorie der complexen Zahlen führte, ganz auf
dem Wege jener späteren Entwicklung, sofern sie lehrte die Zahlenreihe zu einer zweifach ausgedehnten Mannigfaltigkeit zu erweitern.
Auch jene öfter schon citirte Aeufserung, die Sartorius von Waltershausen aufbewahrt hat [3], kann in diesem Zusammenhang ge-
deutet werden. Gauss nämlich soll gelegentlich bemerkt haben:
„Wir können uns etwa in Wesen hineindenken, die sich nur zweier

[1] Gauss' *Briefwechsel*, Bd. II, S. 270.
[2] Gauss' *Werke* Bd. IV. Disquis. generales. § 13.
[3] Sartorius v. Waltershausen, *Gauss zum Gedächtnis*. Leipzig 1856
S. 81. Man vgl. dazu, was Dedekind über den Eindruck berichtet, den
Riemanns Habilitationsvorlesung auf Gauss gemacht habe. Riemanns Math.
Werke. Leipzig 1876. S. 517.

Dimensionen bewusst sind, höher über uns stehende würden vielleicht in ähnlicher Weise auf uns herabblicken", und er soll scher-
zend hinzugesetzt haben. „er habe gewisse Probleme hier zur Seite
gelegt, die er in einem höheren Zustande später geometrisch zu behandeln gedächte."[1] Auch über den letzten Punkt endlich, der zur
Charakterisirung von Gauss' Stellung in Betracht kommen könnte,
über seine Ansichten von der philosophischen Bedeutung dieser
Lehren sind wir glücklicherweise unterrichtet. Er bemerkt gegen
Schumacher, dass der Fragepunkt in diesen Erörterungen „in der
Tat unmittelbar an die Metaphysik streife", sofern in der Vorstellung von etwas absolut grofsem, deren Bildung die nicht-euklidische Geometrie erfordere, nichts widersprechendes sei, wenn der
Mensch sich nicht vermesse, etwas unendliches als etwas gegebenes
und von ihm mit seiner gewohnten Anschauung zu umspannendes
betrachten zu wollen. Auch die besonderen psychologischen Consequenzen, zu denen ihn dieser metaphysische Zusammenhang geleitet hat, sind gelegentlich von ihm besprochen worden. So bemerkt er, dass wir von der constanten Gröfse, die in den analytischen Formeln der nicht-euklidischen Geometrie zum Vorschein
komme, durch Erfahrung wissen, dass sie gegen alles durch uns
messbare ungeheuer grofs sein müsse und in Euklids Geometrie
deshalb unendlich grofs werde. Seine gelegentliche Polemik gegen
Kant jedoch in diesen Zusammenhang zu bringen, liegt nicht der
geringste Grund vor.[2] Offenbar aber darf deshalb die Mitteilung von

---

[1] Man vgl. dazu, was Gauss Briefw. Bd. V, S. 247 von einer Erweiterung
sagt, die seine ursprünglichen Ansichten später erfahren haben: möglichenfalls steht dieselbe mit den Ergebnissen der *Disquis. generales c. super-
ficies curvas* in Zusammenhang. Ob dagegen seine Aeufserungen über die
Bedeutung des unendlichgrofsen in der nicht-euklidischen Geometrie etwa
anzeigen, dass er die charakteristischen Unterschiede beider Disciplinen
hauptsächlich durch dieses Merkmal, dessen Sinn später deutlich werden
wird, bezeichnen wollte, lässt sich wol nicht mehr entscheiden.

[2] In seiner Anzeige der zweiten Abhandlung *Ueber die biquadratischen
Reste* bemerkt Gauss: „Dieser Unterschied zwischen rechts und links ist,
sobald man vorwärts und rückwärts in der Ebene, und oben und unten in
Beziehung auf die beiden Seiten der Ebene einmal nach Gefallen fest-
gesetzt hat, in sich völlig bestimmt, wenn wir gleich unsere Anschauung
dieses Unterschiedes Andern nur durch Nachweisung an wirklich vorhandenen Dingen nachweisen können." — „Beide Bemerkungen hat schon
Kant gemacht, aber man begreift nicht, wie dieser scharfsinnige Philosoph

Sartorius v. Waltershausen: „Gauss nach seiner öfter ausgesprochenen, innersten Ansicht betrachtete die drei Dimensionen des Raumes als eine spezifische Eigentümlichkeit der menschlichen Seele, die Gegner als Böotier," nicht als der Ausdruck einer rationalistischen Ueberzeugung aufgefasst werden. Die oben citirten, unmittelbar auf diese Bemerkung folgenden Worte des grofsen Mathematikers über die Möglichkeit einer Anschauung von zweifacher oder mehrfacher Ausdehnung beweisen vielmehr, dass es sich hier durchaus nicht um ein Analogon des kantischen Idealismus handelt. Nur der empiristische Gedanke wird ausgesprochen, dass die Beschaffenheit unserer Raumvorstellung durch die Art unserer Organisation wesentlich bedingt sei; die Möglichkeit allerdings scheint nicht ausgeschlossen, dass der „reelle Raum" mehr als drei Dimensionen besitze.

So sicher diese Ausführungen jedoch zeigen, dass Gauss alle die mathematischen und philosophischen Gesichtspunkte gekannt und benutzt hat, welche das Axiomenproblem in dem letzten Jahrzehnt seiner endlichen Lösung nahe gebracht haben, so wenig hat er doch dazu getan, diesen Ansichten während seines Lebens Anerkennung zu verschaffen. Die meisten und verhältnismäfsig deutlichsten seiner Andeutungen finden sich in dem Briefwechsel zwischen ihm und Schumacher versteckt, der erst acht Jahre nach seinem Tode zu erscheinen begann; die Aufmerksamkeit wurde deshalb auf dieselben erst gelenkt, als die überraschenden Ergebnisse, zu denen die weiter entwickelte Theorie geführt hatte, ein allgemeineres Interesse an ihrem Ursprung hervorrief.

Es war anderen vorbehalten, die Bedeutung der neu gefundenen Gesichtspunkte durch speziellere Ausführungen in weiteren Kreisen zur Geltung zu bringen. Fast gleichzeitig veröffentlichten im Anfange der dreifsiger Jahre der russische Mathematiker N. J. Lobatschewsky sowie die beiden ungarischen Mathematiker Wolfgang und Johann Bolyai Untersuchungen, welche die Abhängigkeit der euklidischen Geometrie vom Parallelen-Axiom nachwiesen, und ein in sich consequentes geometrisches System ent

in der ersteren einen Beweis für seine Meinung, dass der Raum nur Form unserer Anschauung sei, zu finden glauben konnte, da die zweite so klar das Gegentheil, und dass der Raum unabhängig von unserer Anschauungsart eine reelle Bedeutung haben muss, beweist."

wickelten, welches die Annahme, dass die Summe der Dreieckswinkel kleiner als zwei Rechte sei, zur Voraussetzung hatte.

Schon im Jahre 1829 hatte Lobatschewsky im „Kasan'schen
Boten" eine bezügliche Abhandlung veröffentlicht, die aber in Folge
der geringen fremdländischen Circulation des russischen Journals
eben so wenig Beachtung fand, wie die Untersuchungen über die
„Neuen Anfangsgründe der Geometrie, mit einer vollständigen
Theorie der Parallelen", welche in den Jahren 1836—1838 in den
„Gelehrten Schriften der Universität Kasan" erschienen. Erst eine
Abhandlung in Crelles Journal, die 1837 unter dem Titel *Géomé-*
trie imaginaire daselbst abgedruckt wurde, sowie die „Geometrischen
Untersuchungen zur Theorie der Parallellinien", welche 1840 erschienen [1], machten seine Ansichten in weiteren Kreisen bekannt.
Lobatschewsky war zu der Einsicht gelangt, dass Legendres Bemühungen die Theorie der Parallellinien nicht vervollkommnet
hätten, da derselbe, um das euklidische Axiom zu ersetzen, genötigt
gewesen sei, „zu Hilfssätzen seine Zuflucht zu nehmen, welche er
sich unbegründeter Weise bemüht, als notwendige Axiome darzustellen"; auch darin war er seinem berühmteren Vorgänger überlegen, dass er den Mangel an Erfolg in den bisherigen Verbesse-
rungsversuchen nicht mehr wie jener den ungenügenden Definitionen
der geraden Linie u. s. w. zuschrieb. Statt des Parallelenaxioms
machte er allgemeinere Voraussetzungen. Er teilte die geraden
Linien, die in einer Ebene von einem Punkt auslaufen können, in
zwei Klassen, je nachdem sie eine gegebene Gerade schneiden oder
nicht. Als eine Parallele zur gegebenen geraden Linie definirte er
die Grenzlinie der schneidenden und nicht schneidenden Geraden.
Aus diesen Definitionen folgte für den Fall, dass die Summe der
Dreieckswinkel gleich zwei Rechten gesetzt wurde, dass jene Geraden nur schneidende oder parallele sein konnten, damit also die
Geometrie Euklids. Wurde aber jene Summe kleiner angenommen, so zeigte sich, dass man zwei Seiten des Parallelismus zulassen
müsse. Durch einen gegebenen Punkt liefsen sich dann zu einer
gegebenen Geraden zwei Parallelen ziehen, die eine auf der einen
Seite der Senkrechten, durch welche der Punkt mit der gegebenen

— —

[1] Die *Pangéométrie*, welche in Kasan 1855 erschien, scheint ebenfalls
wenig Verbreitung gefunden zu haben.

Geraden in Verbindung gesetzt wurde, eine zweite auf der anderen
Seite; alle übrigen von dem Punkte ausgehenden Geraden mussten
die gegebene schneiden, sobald sie mit jenen Parallelen einen noch
so kleinen Winkel nach der Seite der gegebenen hin machten, im
andern Fall aber schnitten sie dieselbe auch ins unendliche verlängert nicht. Lobatschewsky zeigte nun, dass diese Voraussetzung
ebenfalls zugelassen werden könne, „ohne auf irgend einen Widerspruch in den Resultaten zu führen", der ihre Unverträglichkeit
mit den sonstigen geometrischen Lehrbegriffen bewiese. Die von
ihm entwickelten Theoreme dieser „imaginären Geometrie" oder
„Pangeometrie", welche mit den entsprechenden Sätzen des euklidischen Systems selbstverständlich nicht übereinstimmten, so wenig
sie zu einem analytisch absurden Resultat führten, bewiesen zugleich, dass die euklidische Geometrie als ein besonderer Fall der
imaginären angesehen werden könne, der eintrete, wenn die Linien
unendlich klein würden, dass dieselbe also gleichsam eine Differen-
tialgeometrie sei. Dennoch aber betonte er mit allem Nachdruck:
„L'hypothèse de la somme des angles d'un triangle moindre que
deux angles droits ne peut avoir d'application que dans l'Analyse,
puisque les mesures directes ne nous montrent pas dans la somme
des angles d'un triangle la moindre déviation de deux angles droits."
Andrerseits aber erklärte er ebenfalls, dass über die Genauigkeit
der Berechnungen der gewöhnlichen Geometrie nur die astrono-
mischen Beobachtungen Auskunft geben könnten; falls nämlich das
euklidische Axiom in unserm Raum nur annähernd erfüllt wäre,
so könnten nur die Messungen der Winkelsumme sehr grofser
Dreiecke zu sicheren Ergebnissen führen, da jene Summe in diesem
Falle, wie die Lehrsätze der imaginären Geometrie zeigten, um so
mehr von zwei Rechten abweichen müsste, je gröfser der Flächeninhalt des Dreiecks würde. Auch er aber konnte, auf entsprechende
Messungen gestützt, schon darlegen, dass diese Genauigkeit eine für
unsere Mafsmethoden fast absolut vollständige sei.

Zu denselben geometrischen Resultaten war unterdessen auch
Wolfgang Bolyai[1] gekommen, jener Jugendfreund von Gauss.

---

[1] Ueber ihn und seinen Sohn J. Bolyai Näheres im Vorwort von J.
Frischauf, *Absolute Geometrie nach J. Bolyai.* Leipzig 1872, wo auch die
biographische Abhandlung von Fr. Schmidt angezogen wird.

über den Gauss in früheren Jahren gesagt haben soll, „dass er
der einzige gewesen sei. der in seine metaphysischen Ansichten
über Mathematik einzugehen verstanden habe."[1] Aber auch diese
Untersuchungen wurden nicht bekannt. Sein Hauptwerk, das *Tentamen juventutem studiosam in elementa matheseos purae, elemen-
taris ac sublimioris, methodo intuitiva, evidentiaque huic propria
introducendi*[2], war nicht allein in Maros-Vásárhely, der abgelege-
nen Hauptstadt des Szeklerlandes in Siebenbürgen erschienen, es
war überdies in nicht gewöhnlicher Form abgefasst, und empfahl
sich in jener Zeit schon dadurch wenig, dass es eine philosophische
Einleitung enthielt, in der von den beiden „indelebiles divinae effi-
giei lineae, amor et veritas" die Rede war, und die Mathematik der
Philosophie als der Wissenschaft von den ewigen Wahrheiten zuerteilt wurde. Bolyai war wie Lobatschewsky der Ansicht, dass teils
die Mängel in der gewöhnlichen Darstellung der grundlegenden
Definitionen, besonders aber die falsche Auffassung des Parallelenaxioms der Grund des statarischen Zustandes der Geometrie sei.
Er versuchte es deshalb, diesen Definitionen eine Ableitung zu
geben, welche sie unabhängig machte von dem Begriffe der Bewegung und lediglich den Begriff der Continuität in Anspruch nahm.
Als Grundlage der Congruenzverhältnisse wollte er eine Definition
des geometrischen Körpers angesehen wissen, die von den Qualitäten des äußeren Körpers nichts beibehalte, als die Eigenschaft,
dass derselbe nicht zur gleichen Zeit verschiedene Räume erfüllen
könne. Gleich seinem russischen Genossen behauptete er ferner,
dass auch ohne das elfte Axiom Euklids ein in sich consequentes
System der Geometrie analytisch ausführbar sei. Der Anhang zum
ersten Bande seines Hauptwerks enthält eine verhältnismäßig eingehende Darstellung derselben von seinem Sohn. Drei verschiedenartige, wenn auch zusammenhängende Axiome sollen nach seiner
Analyse in dem Parallelensatz enthalten sein. Da keins derselben
streng beweisbar ist, so ist es, wie er ausführt, kaum begreiflich, dass
Euklid das seinige habe aufstellen können. So zweifellos nämlich die
euklidische Geometrie mit demselben stehe und falle, so offenbar
sei es doch, dass die Annahme, wonach die Summe der innern ent-

---

[1] SARTORIUS V. WALTERSHAUSEN. *Gauss zum Gedächtnis.* S. 16 ff.
[2] *Cum appendice triplici.* II Tomi. Maros Vásárhelyini 1832.

gegengesetzten Winkel kleiner als zwei Rechte sei, ebensowol zu Grunde gelegt werden könne (aeque poni possit). Da nämlich die übrigen geometrischen Axiome in beiden Fällen gleich vollkommen bestehen bleiben, so entstehen zwei gleich wahre geometrische Systeme, von denen das eine, welches jene Summe kleiner als zwei Rechte annimmt, wiederum unendlich viele gleich denkbare besondere Fälle unter sich begreift, je nach den besonderen Werten, die man dieser Summe beilegt. Auch hier führte die geometrische Durchführung dieser Systeme zu den Ergebnissen, die bereits Lobatschewsky erhalten hatte.

So unzweifelhaft diese Arbeiten auch die Möglichkeit eines allgemeineren geometrischen Systems darlegten, so wol auch wenigstens die genannten Abhandlungen Lobatschewskys in den Fachkreisen bekannt waren, so wenig gelang es ihnen doch, auf die Gestaltung der geometrischen Wissenschaft fördernd einzuwirken. Man wusste mit den Resultaten nichts anzufangen. Nur wenige wie Gauss und vielleicht auch Dirichlet[1] mochten vermuten, welche Bedeutung diesen Anfängen einer neuen Entwicklung noch zu Teil werden könne. Vielen dienten sie zu nichts anderem, als zu einer interessanten aber wunderlichen Exemplification der alten Erkenntnis, dass die mathematische Analysis im Stande sei, auch aus imaginären Voraussetzungen formal vollkommen berechtigte Consequenzen zu ziehen.[2] Die meisten aber nahmen an dem Gegensatz der zu Grunde gelegten allgemeinen Hypothese über die Parallelität gegen die unzweifelhaften Tatsachen der räumlichen Anschauung so grofsen Anstofs, dass sie geneigt waren, in solchen Theoremen nichts anderes zu sehen als die gefährlichen Bemühungen mathematischer Hyperakribie, die wolbegründeten Rechte der geometrischen Anschauung zu verletzen. Hatte doch selbst Gauss behauptet, „dass die logischen Hilfsmittel zur Verkettung und Einkleidung

---

[1] LIPSCHITZ erwähnt in einem später genauer zu citirenden Aufsatz in *Crelles Journal* Bd. 74, dass Dirichlet ihm bereits im Anfang der fünfziger Jahre mitgeteilt habe, die Gravitationsgesetze im imaginären Raum von Gauss seien von ihm näher untersucht worden.

[2] Man vgl. DROBISCH, *Logik.* 3. Aufl. Leipzig 1863. § 13. Anm. Dass Drobisch übrigens jetzt, trotzdem jene Bemerkung in der vierten Auflage seiner Logik stehen geblieben ist, von dem Wert jener Untersuchungen höher denkt, wird sich später zeigen.

der Wahrheiten in der Geometrie für sich nichts zu leisten vermögen, und nur taube Blüten treiben, wenn nicht die befruchtende lebendige Anschauung des Gegenstandes selbst überall waltet."[1] Das empirische Vorurteil der Zeit, das gegen jede nicht unbedingt durch die Tatsachen gebotene Verallgemeinerung mit vielem Eifer protestirte, gewährte diesen Ansichten überdies nicht geringe Unterstützung. Und sie waren nicht ganz im Unrecht. Bolyais Ausführungen liefsen in der Tat den rein analytischen Charakter seiner sogenannten absoluten Geometrie nicht scharf genug hervortreten[2], und so unbedingt er auch anerkannt hatte, dass die gewöhnliche Geometrie an das Axiom Euklids unverbrüchlich gebunden sei, so hatte er doch seiner eigenen Hypothese eine Gleichberechtigung eingeräumt, die das anschauliche Recht der überlieferten Geometrie und damit den Sinn ihres Gegensatzes gegen das neue System zerstörte. Auch bei Lobatschewsky war dieses Verhältnis der beiden Axiome nicht deutlich genug hervorgetreten; er hatte zwar mit Recht nur behauptet, seine geometrischen Voraussetzungen bedingten keine absurden Resultate, aber seine Entwicklungen, die in den „Untersuchungen zur Theorie der Parallellinien" fast ganz dem synthetischen Wege der constructiven Geometrie folgten, liefsen über ihrem Widerspruch gegen die anschauliche Evidenz des Parallelenaxioms vergessen, wie jene Erklärung aufzufassen sei.

Wären diese Versuche in weiteren Kreisen bekannt geworden, so würde ihre Unterschätzung unserer tatsächlich giltigen räumlichen Beziehungen nicht wenig dazu beigetragen haben, die Reaction gegen das übliche demonstrativische Beweisverfahren der Geometrie, die sich unter dem Einfluss besonders der kantischen Theorie der mathematischen Wissenschaften und ihrer Nachwirkungen gerade in dieser Zeit erhob, kräftige Waffen zu liefern. So aber

---

[1] GAUSS, *Gottinger gelehrte Anzeigen* 1816, S. 619.

[2] Es ist auffallend, dass auch J. FRISCHAUF in seiner „*Absoluten Geometrie nach J. Bolyai*" 1872 diese heut unzulässige Unklarheit unverändert beibehalt. Denn die Behauptung, dass die Bolyai-Lobatschewskysche Hypothese über die Parallelität „die zweite noch mögliche" sei, ist unberechtigt, seitdem wir wissen, dass das Axiom, welches die Summe der Dreieckswinkel gröfser als zwei Rechte macht, für den sphärischen Raum in derselben Weise gilt, wie jene Hypothese für den pseudosphärischen. Man vgl. hierzu die §§ 11—13 und den Anhang der citirten Schrift.

blieben auch diese Bestrebungen, die sich bald gegen Euklids syllogistische Entwicklung und dogmatische Darstellungsweise überhaupt richteten, bald auch speziell sich um die auch damals noch
ununterbrochen erscheinenden Beweisversuche des elften Axioms
concentrirten, ohne sonderliche Beachtung. Das Bedürfnis der mathematischen Wissenschaft drängte überdies nach analytischer Verallgemeinerung. Selbst Schopenhauers allmählich steigendes An-
sehn gab jenen Versuchen keine erheblichen Förderungen: seine un-
billige und gekünstelt einseitige Ausbildung der kantischen Theorie
der Geometrie als einer apriorischen, synthetischen Wissenschaft
wurde vielmehr der Anlass, dass auch seine verständigen Einwendungen gegen die Sucht, selbst die anschaulich unmittelbar gewissen räumlichen Beziehungen zu beweisen, unberücksichtigt blieben.
Sein Protest gegen die Ableitungsversuche des elften Axioms aus
einfacheren Anschauungsverhältnissen [1] lässt sich bei geringer Veränderung auch auf die gegenwärtig noch nicht erloschenen Bemühungen anwenden, dem euklidischen Grundsatz eine einfachere
Gestalt zu geben.

Jedoch nicht die ganze Philosophie der Zeit war in dem Vorurteil befangen, dessen Entstehungsgründe auf Kants Auffassung
der geometrischen Axiome und Lehrsätze als synthetischer Urteile
a priori über die Raumformen zurückweisen. Der Anstoß zur weiteren Entwicklung der bereits von Gauss gefundenen Principien
sollte vielmehr grade von philosophischer Seite erfolgen. Herbarts
psychologischer Empirismus, der den Raum als das Musterbild
einer ausgearbeiteten Reihenform darstellte, gab denselben her.
Herbart selbst zwar war weit davon entfernt, seine Theorie für
eine der Anschauungsweise von Gauss analoge Ausbildung des
geometrischen Problems von der Parallelität auszunutzen, seine
Lehre steht sogar zu den Grundgedanken der neueren Ausbildung
der geometrischen Wissenschaft in offenbarem Widerspruch, dennoch enthielt sie Elemente, die sich zu den Gesichtspunkten des
großen Göttinger Mathematikers in Beziehung setzen ließen. Diese
Elemente lagen, wie hier nur angedeutet werden kann, in seiner
Unterscheidung des intelligibeln Raumes vom sinnlichen, vor allem

---

[1] Schopenhauer, *Welt als Wille*. 4. Aufl. Leipzig 1873. Bd. II. § 13.
S. 142 ff.

aber in seiner Ableitung des letzteren als einer Reihenform, mit
der sich andere Reihenformen. z. B. die der Zeit. der Zahl, des
Grades. der Farben, der Töne u. s. w. vergleichen lassen. Diese
Lehren hatten bei Herbart allerdings einen rein psychologischen
Inhalt. Seine mathematischen Theoreme bleiben sogar zum Teil
hinter der gleichzeitigen Ausbildung jener Wissenschaften selbst
zurück. wie in der Arithmetik, oder halten sich, wie in der Geometrie. von den mannigfachen Irrtümern der Fachdisciplin jener
Zeit nicht fern. Dennoch waren es Keimpunkte, die zur Entwick-
lung gelangten, als die befruchtende Combinationskraft eines grofsen
Mathematikers ihnen die erforderliche Nahrung zuführte.

Riemann war es. der die reformatorisch klärenden und er-
weiternden Andeutungen von Gauss über eine mögliche Fortbildung
der geometrischen Wissenschaft mit diesen weit davon abliegenden
psychologischen Erörterungen Herbarts in eine fruchtreiche. über-
raschende Beziehung brachte. Schon in der letzten Zeit seines
Universitätsstudiums. intensiver noch in den letzten Jahren vor
seiner Habilitation hatte Riemann sich mit naturphilosophischen
Studien beschäftigt. für welche er die Grundlagen einerseits bei
Newton und Euler. andrerseits bei Herbart fand.[1]) Dem anfäng-
lichen Standpunkt des letzteren. der in seinen Habilitationsthe-
sen niedergelegt ist. schloss er sich fast völlig an. dem späteren
System desselben dagegen stimmte er nur teilweis bei. Er war.
wie er selbst erklärt hat[2]. „Herbartianer in Psychologie und Erkenntnistheorie (Methodologie und Eidololgie). Herbarts Natur-
philosophie und den darauf bezüglichen Disciplinen (Ontologie und
Synechologie) konnte er jedoch meistens sich nicht anschliefsen.“
Der Punkt. an dem diese wesentliche Abweichung begann, lag. soweit sich aus den veröffentlichten philosophischen Fragmenten Riemanns und der gleich zu erwähnenden Abhandlung urteilen lässt.
vermutlich in Herbarts metaphysischen Untersuchungen über den
Raumbegriff. deren Unzulänglichkeit durch die geometrische Wendung. die Riemann ihnen gab, an den Tag kommen musste. Der
Verlauf seiner Speculationen führte ihn dann ähnlich wie Fechner

[1]) B. Riemanns Lebenslauf von DEDEKIND. im Anhang zu Riemanns
mathematischen Werken S. 515, 517. 521. vgl. S. 475.

[2] A. a. O S. 176.

zu seltsamen metaphysischen Theoremen über eine allgemeine Beseeltheit der Natur, zugleich aber auch zu eingehenden mechanischen Untersuchungen über die Wechselwirkungen der physikalischen Kräfte, deren Ergebnisse ihm eine neue Auffassung der bekannten Naturgesetze, einen Ausdruck derselben mittelst anderer Grundbegriffe notwendig zu machen schienen. Jedoch nur jene durch Gauss bezügliche Untersuchungen bedingte geometrische Wendung der herbartischen Synechologie darf uns hier in Anspruch nehmen, die Riemann in seiner Habilitationsvorlesung aus dem Jahre 1854 „über die Hypothesen, welche der Geometrie zu Grunde liegen", mit bewunderungswürdiger Kürze und Schärfe entwickelt hat. Als dieselbe von Dedekind im Jahre 1867 veröffentlicht wurde [1], erregte sie ein nicht geringes Aufsehen sowol in den Kreisen der Mathematiker als auch der Philosophen. Die ersteren fanden in derselben die mathematischen Fragen nach den Axiomen der Geometrie, unter ihnen das Problem des Parallelismus, auf dem sichersten Wege und in der allgemeinsten Form beantwortet, während die letzteren darin nach Riemanns eigenen Andeutungen den Versuch sehen mussten, das psychologische und das erkenntnistheoretische Problem der Raumvorstellung, an dem sich die verschiedenartigsten philosophischen Systeme resultatlos gemessen hatten, in der unerwarteten Form einer analytischen Untersuchung der Grundlagen der geometrischen Wissenschaften zu lösen. Beiden Teilen bot die Arbeit überdies reichen Stoff zur Fortentwicklung, den Mathematikern, sofern die Ergebnisse Riemanns der geometrischen Discussion ein bisher fast gänzlich unbekanntes und völlig unbearbeitetes Gebiet zur Verfügung stellten, das reiche Aussicht bot, die geometrischen Untersuchungen zu vertiefen und zu erweitern; den Philosophen, sofern hier ein Beitrag zu den Fragen der Psychologie und der Erkenntnistheorie vorlag, der, wenn er gelungen war, zu ebenso interessanten wie folgenreichen Ergebnissen führen konnte, deren Möglichkeit Riemann selbst in Aussicht gestellt hatte.

---

[1] In den *Abhandlungen der Königl. Gesellschaft der Wissenschaften zu Göttingen* Bd. XIII. Riemann selbst hatte auf die Veröffentlichung seiner Vorlesung verzichtet, vermutlich, weil er, wie er selbst angedeutet hat, mehrere Capitel derselben einer Umarbeitung und Erweiterung für bedürftig hielt.

Dieses Interesse musste um so allgemeiner und dauernder werden, als das folgende Jahr den Beweis brachte, wie notwendig die von Riemann angebahnte Verallgemeinerung mit dem Stande der mathematischen Wissenschaften verknüpft war. Helmholtz nämlich veröffentlichte in den „Heidelberger Jahrbüchern der Literatur", sowie in den „Göttinger Nachrichten" zwei Aufsätze[1], welche zeigten, dass er von einem ganz verschiedenartigen Gebiete aus durch analoge Betrachtungen zu ganz denselben mathematischen Ergebnissen und philosophischen Consequenzen gelangt war. Seinen Ausgangspunkt bildeten die Untersuchungen der physiologischen Optik „über die räumlichen Anschauungen im Gesichtsfelde, speziell das System der Farben und die Ausmessung des Gesichtsfeldes durch das Augenmaſs." Die Vergleichung dieser Mannigfaltigkeiten, die sich, wie wir genauer sehen werden, analytisch durch unserem Raumsystem analoge Bedingungen darstellen lassen, mit den Maſsbeziehungen unserer Geometrie, hatte ihn zu einer Fragestellung geführt, die der Formulirung Riemanns völlig entspricht. Dennoch zeigen die Arbeiten beider Forscher wesentliche formelle und sachliche Differenzen. Die erste besteht darin, dass Helmholtz in den genannten beiden ersten Abhandlungen lediglich die mathematische Frage behandelt: „Wieviel von den Sätzen der Geometrie hat objectiv giltigen Sinn; wieviel ist im Gegenteil nur Definition oder Folge aus Definitionen, oder von der Form der Darstellung abhängig?" Die weitere Frage, woher unsere Kenntnis der Sätze von tatsächlicher Bedeutung stammt, die nicht mehr wie die erstere in das Bereich der exacten Wissenschaften gehört und von der jene Untersuchung ganz unabhängig ist, wird nur in so weit berührt, als die Ergebnisse auf sie hindeuten, dadurch allerdings ganz im Sinne des schon von Riemann behaupteten Empirismus beantwortet. Erst die neuere Abhandlung „über den Ursprung und die Bedeutung der geometrischen Axiome"[2] zieht die philosophische Seite der Probleme ausdrücklich herbei. Bedeutsamer noch als diese charakteristische Enthaltsamkeit ist der sachliche Unterschied.

---

[1] „Ueber die tatsächlichen Grundlagen der Geometrie." Heidelberger Jahrbücher 1868, Nr. 46 u. 47 und „Ueber die Tatsachen, die der Geometrie zum Grunde liegen." Göttinger Nachrichten 1868, Nr. 9.
[2] Helmholtz. Populäre Vorträge. Heft III. Braunschweig 1876. S. 21 f.

der Helmholtz zur Veröffentlichung jener Aufsätze veranlasst hat. Dieser Unterschied besteht in einem Zusatz, der die Voraussetzungen näher bestimmt, die den Congruenzverhältnissen unseres Raumes zur Grundlage dienen und den Einfluss nachweist, den diese Voraussetzungen auf die wesentliche Grundlage unserer Geometrie ausüben.

Eine philosophische Untersuchung der Raumtheorie von Riemann und Helmholtz hat somit eine doppelte Aufgabe. Sie muss erstens die mathematischen Entwicklungen, die zur Aufstellung des Axiomensystems geführt haben, einer Prüfung unterziehen, die ihre analytische Berechtigung und anschauliche Bedeutung zum Gegenstande hat, da gerade diese Punkte auf Grund philosophischer Speculationen mehrfach beanstandet worden sind. Sie muss zweitens prüfen, ob diese mathematische Theorie zu irgend welchen philosophischen Consequenzen Anlass giebt und im Fall der Bejahung, welche Consequenzen es sind, die sich notwendig ergeben.

ZWEITES CAPITEL.

DIE AXIOME DER EUKLIDISCHEN GEOMETRIE.

Unsere erste Aufgabe besteht demnach in dem Nachweis des notwendigen und hinreichenden Systems von Axiomen, das unserer Geometrie zur Voraussetzung dient.

Dieser Nachweis ist in aller Strenge in den mehrfach erwähnten grundlegenden Abhandlungen von Riemann und Helmholtz geführt, und in der nicht geringen an diese Arbeiten sich anschliefsenden mathematischen Literatur näher entwickelt worden. Eine zweite Reihe von Untersuchungen, unter denen besonders einzelne Abhandlungen von Beltrami und von Helmholtz hervorzuheben sind, hat sich die Aufgabe gestellt, die anschaulichen Consequenzen der neuen Theorie möglichst vollständig zur Darstellung zu bringen. Jedoch weder die Berechtigung der mathematischen Analyse noch der Sinn ihrer anschaulichen Interpretation ist einwurfsfrei zugestanden worden. Es wird deshalb unsere Aufgabe sein, den logischen Process möglichst scharf herauszuheben, der jenen Beweisversuchen zu Grunde liegt.

Schon an früherer Stelle haben wir gesehen, dass die Axiome, welche der Geometrie zur Voraussetzung dienen, nichts anderes bestimmen als die wesentlichen Prädicate, die den Inhalt unserer Raumvorstellung bilden. Dieser Forderung, die sich aus dem Wesen der geometrischen Wissenschaft von selbst ergiebt, scheint der tatsächliche Charakter der euklidischen Axiome indessen zu widersprechen. Denn die hierhergehörigen Voraussetzungen Euklids, die drei Postulate und die drei letzten Axiome[1], beziehen sich nicht sowol auf die Eigenschaften unserer Raumvorstellung als solcher, als vielmehr auf besondere Eigenschaften bestimmter einfacher Raumformen, der Linien und Winkel. Jene allgemeinen Prädicate sind jedoch mittelbar in diesen besonderen Eigenschaften der Constructionsbegriffe enthalten, sofern sie das Fundament derselben bilden; die Form ihrer Darstellung ist nur den specielleren Bedürfnissen der geometrischen Construction angepasst.

Für unseren Zweck ist es erforderlich, dass wir die Prädicate der Raumvorstellung nicht in dieser üblichen Form aufsuchen, da sie hier nicht rein, sondern in Verschmelzung mit den Definitionen auftreten, deren Berechtigung erst ersichtlich wird, wenn die Grundlage, auf der sie ruhen, vollständig bestimmt ist. Wir werden demnach das einfachste, vollständige System von Axiomen erhalten, wenn es uns gelingt, alle jene wesentlichen Prädicate in einfachster Form zum Ausdruck zu bringen, oder kürzer, wenn wir im Stande sind, eine Definition des Raumes zu finden.

Diese Formulirung unserer Aufgabe bedarf einer näheren Erklärung. Es mag befremdlich erscheinen, dass wir von vorn herein den Sprachgebrauch der Mathematiker verlassen, sofern wir schon in der Fragestellung nicht kurzweg von den Merkmalen des Raumes, sondern von den Prädicaten der Raumvorstellung reden. Darin soll jedoch nicht eine Prolepsis irgend eines etwaigen psychologischen oder erkenntnistheoretischen Resultats liegen, sondern nur eine notwendige Unterscheidung vorweg angedeutet werden. Gleichviel nämlich, welche von den beiden entgegengesetzten zur Zeit gel-

---

[1] Die drei Postulate Euklids lauten:

Es wird gefordert

1) Von einem jeden Punkt nach einem jeden anderen eine gerade Linie zu ziehen.

2) Eine gerade Linie in derselben Richtung continuirlich zu verlängern.

3) Um jeden Punkt in jedem Abstand einen Kreis zu schlagen.

Die drei letzten Axiome lauten:

10) Alle rechten Winkel sind einander gleich.

11) Wenn eine gerade Linie, die zwei andere schneidet, bewirkt, dass die Summe der inneren entgegengesetzten Winkel kleiner als zwei Rechte wird, so treffen sich die beiden Linien hinreichend verlängert auf der Seite jener Winkel.

12) Zwei gerade Linien schliessen keinen Raum ein.

tenden Theorien über den psychologischen Ursprung unserer Raumvorstellung die richtige ist, gleichviel ferner, welche von den gegenwärtig neben einander bestehenden Annahmen über die erkenntnistheoretische Bedeutung derselben der Wahrheit entspricht, so ist
doch die eine Tatsache des Bewusstseins für den Empiristen wie
für den Nativisten und für den Realisten wie für den Idealisten
gleich sicher constatirt, dass der Raum der Geometrie ebenso wie
der Raum der Physik und Astronomie zunächst eine Vorstellung
ist von demselben Bewusstseinsgehalt wie jede beliebige andere
Vorstellung auch. Unsere Frage nun gilt fürs erste lediglich der
tatsächlichen Beschaffenheit dieser Vorstellung; dadurch aber ist
sie spezifisch verschieden sowol von der Frage nach ihrem Ursprung
als von der nach ihrer Geltung. Denn diese Beschaffenheitsbestim-
mung unserer Vorstellungen ist überall Sache der besonderen Disciplinen, denen die Ausarbeitung des Inhalts bestimmter Vorstellungsgruppen als Aufgabe zufällt. Unsere Fragestellung bezieht sich
demnach zwar auf den psychologischen Charakter des Raumes, sofern sie von ihm als einer Vorstellung spricht, aber sie will damit
weder ein psychologisches Problem berühren noch eine psychologische Beweisführung zur Geltung bringen.

Dennoch sind wir gezwungen, zum Zweck der Orientirung über
den eigentlichen Sinn unserer Aufgabe noch einen zweiten Schritt
in das Gebiet der Psychologie zu tun, da die Vermischung jener
drei wol von einander zu trennenden Fragen, zu welcher die Untersuchung eines solchen Grenzgebietes leicht verführt, der psychologischen Theorie einen Einwand entlehnt hat, der die Berechtigung
der Fragestellung überhaupt bedroht. Denn die oben geforderte
Definition unserer Raumvorstellung kann nur gebildet werden, wenn
wir im Stande sind, den Gattungsbegriff zu finden, dem wir dieselbe
subsumiren müssen, und die spezifischen Merkmale zu bestimmen,
die sie von den anderen möglichen oder etwa wirklichen coordinirten Arten dieses Gattungsbegriffs unterscheidet. Dieser Forderung
widerstrebt aber, so scheint es, die psychologische Erkenntnis, dass
unsere Raumvorstellung, sofern sie als unmittelbar gegeben anzusehen ist, als eine einzigartige Raumanschauung näher bestimmt
werden muss. Die Wahrheit dieser Klassificirung lässt sich nach
Kants epochemachenden Untersuchungen, die wenigstens in diesem
einen Punkt allen Angriffen siegreich widerstanden haben, nicht

mehr bezweifeln. Jedoch ebenso sicher ist, dass sie nicht die volle
Wahrheit enthält. Gerade mathematische Betrachtungen lehren,
dass der Raum unbeschadet dieses seines ursprünglichen Charakters
auch als ein Begriff aufgefasst werden kann, der sich als ein wol-
bestimmtes Glied in eine grofse Reihe entsprechender Begriffe ein-
ordnen lässt.

Die Handhabe hierzu bietet die analytische Geometrie, welche
lehrt, dass auch die besonderen Raumanschauungen, die den eigentlichen Gegenstand der mathematischen Untersuchung bilden, zugleich
Raumbegriffe sind. Erstens nämlich ergiebt sich leicht, dass jene
Raumformen, deren gegenseitige Mafsbeziehungen die euklidische
Geometrie durch die synthetische Methode constructiver Darstellung
entwickelt, zugleich Gröfsenbegriffe sind, deren Verhältnisse sich
auch auf analytischem Wege durch Systeme von Gleichungen bestimmen lassen. Schon daraus geht diese Doppelnatur jener Formen hervor, dass alle geometrischen Beweise zugleich Gröfsenbegriffe enthalten und verwerten. Diese zweifache Geltung jedoch
ist nur dadurch möglich, dass jene besonderen Formen nicht lediglich Raumanschauungen sind, vielmehr der geometrischen Untersuchung überall als Raumbegriffe gelten. Dass dies wirklich der
Fall ist, bedarf keiner eingehenderen Discussion. Die Grundlagen
der geometrischen Constructionen sind Begriffe, die nicht blofs von
den unwesentlichen Merkmalen der einzelnen Raumanschauungen
abstrahiren, sondern sogar die allen bezüglichen Raumanschauungen
gemeinsamen Merkmale in einer Weise verändern, die jede besondere Anschauung z. B. einer Linie oder eines Dreiecks zu einer
nicht einmal adaequaten Darstellung des Begriffs macht. Die Definitionen der Geometrie entwickeln daher, streng genommen, nicht
Anschauungen, nicht abstracte Begriffe, sondern Ideen. Auch aus
der Natur des geometrischen Beweises lässt sich dies folgern. Derselbe besteht in nichts anderem als in der Reduction der verwickel-
teren Mafsbeziehungen, die in der Behauptung angegeben sind, auf
einfachere, bereits bekannte Mafsbeziehungen; diese aber weisen
zuletzt auf die einfachsten Constructionsbegriffe oder Ideen zurück.[1]
Auch der geometrische Beweis benutzt somit lediglich Raumbegriffe;
wird doch die Entwicklung der Geometrie lediglich dadurch be-

---

[1] Genaueres hierüber findet sich am Schluss des dritten Capitels.

dingt. dass jene constructiven Grundlagen auf immer complicirtere Mafsbeziehungen übertragen werden. Die geometrischen Einzelanschauungen sind deshalb nur Vorstellungsrepräsentanten der Raumbegriffe. die in ihnen enthalten sind. Wäre es zweckmäfsig. die scheinbare Paradoxie dieser Doppelnatur terminologisch auszudrücken. so könnte man die geometrischen Raumformen Begriffsanschauungen nennen.

Bisher wusste die analytische Geometrie nur die besonderen Determinationen der Raumvorstellung. wie sie den einzelnen geometrischen Problemen zu Grunde liegen. als Gröfsenbegriffe zu entwickeln. Offenbar aber ist es möglich. auch die allgemeine Raumvorstellung auf diese Form zu bringen. Selbstverständlich ist. dass sie nicht weniger als ihre einzelnen Bestimmungen dem Gattungsbegriff der Gröfse überhaupt subsumirt werden kann. Ebenso lassen sich ihre wesentlichen Eigenschaften. die Ausgedehntheit nach drei Dimensionen. die Continuität. die Congruenz in sich selbst. die Unendlichkeit u. a. m. analytisch ausdrücken. Denn denselben lässt sich zunächst eine anschauliche. constructive Bedeutung beilegen. Die Ausdehnung nach drei Dimensionen z. B. ist dadurch charakterisirt. dass die Lage eines jeden Punktes durch seine Beziehungen zu drei von einander unabhängigen Raumgröfsen. etwa zu einem System von drei auf einander rechtwinkligen Coordinatenaxen eindeutig bestimmt wird. Die Continuität lässt sich durch die Entstehungsweise des Körpers aus der Bewegung von Flächen u. s. w. oder umgekehrt durch die Entwicklung der Flächen. Linien und Punkte als Grenzen bezüglich des Körpers. der Fläche oder der Linie darstellen. oder endlich durch die Teilbarkeit ins unendliche. die jeder Raumanschauung anhaftet. zum Ausdruck bringen. Diese Constructionsbegriffe lassen sich ferner in Gröfsenbegriffe umformen. Die Ausdehnung nach drei Dimensionen wird so zur Abhängigkeit eines jeden Elements [1] von drei von einander unabhängigen Veränderlichen. Unter der Continuität ferner verstehen wir diejenige Beschaffenheit einer Raumgröfse. wonach sie. um von einem Endwert zu einem anderen zu gelangen. alle zwischenliegenden Endwerte durchlaufen

---

[1] Ich habe den Ausdruck „Element". den Riemann den Bestimmungsweisen der discreten Gröfsen vorbehält. auch für die stetigen Gröfsen benutzt. weil die Bezeichnung „Punkt" die Erinnerung an die Raumvorstellung zu nahe bringt. von der im folgenden mehrfach abstrahirt werden soll.

muss, deren Coordinaten überdies sich bei der Bewegung eines Punktes so ändern, dass die Verhältnisse der zusammengehörigen Aenderungen, wenn diese selbst unendlich klein werden, sich einem constanten Werte nähern. [1]

Da eine solche analytische Bestimmung für jedes der wesentlichen Merkmale unserer Raumvorstellung möglich ist, so ist es auch möglich, eine Definition derselben als eines Gröfsenbegriffs zu geben.

Diese Möglichkeit lässt sich jedoch erst ausführen, wenn die Zahl und der Zusammenhang der Prädicate, welche die Definition bilden sollen, genau angegeben werden kann. Dazu aber wird erfordert, dass wir andere Gröfsenbegriffe bilden können, die sich mit dem Gröfsenbegriffe unseres Raumes vergleichen lassen. Unsere erste Aufgabe besteht demnach darin, solche Gröfsen aufzusuchen, die einen Teil der Merkmale unseres Gröfsenbegriffs vom Raume besitzen, denen aber andere Merkmale, die wir demselben gemäfs seiner tatsächlichen Beschaffenheit beilegen, nicht zukommen. Dadurch aber erhalten wir zunächst nur eine analytische Definition des Raumes, d. h. eine solche, welche sämmtliche Prädicate nicht in ihrer anschaulichen Bedeutung, sondern lediglich nach ihren analytischen Werten enthält. Jedoch wir können diese Definition, nachdem wir sie auf solche Weise erhalten haben, wiederum in die Sprache der Anschauung zurückübersetzen, von der wir ausgegangen sind, da jedem einzelnen der gefundenen analytischen Merkmale selbstverständlich ein eindeutiger anschaulicher Sinn zukommen muss.

Hieraus nun geht erstens hervor, dass unsere allgemeine Raumvorstellung den besonderen Raumvorstellungen, die wir aus ihr heraus bilden können, insofern vollkommen analog ist, als sie sich uns ebenfalls in dreifacher Form: als Raumanschauung, als Raumbegriff und als Gröfsenbegriff vom Raume darstellt. Es folgt jedoch zweitens, dass wir diese drei Vorstellungen in beiden Fällen nicht auf dem gleichen Wege entwickeln. Beide Male zwar ist uns die Anschauung als solche zuerst gegeben; aber jene besonderen Anschauungen führen unmittelbar zu den in ihnen enthaltenen Begriffen, weil wir von ihnen überall eine gleichartige Vielheit zu bilden vermögen; die allgemeine Raumanschauung dagegen lässt sich nicht unmittelbar

[1] HELMHOLTZ, Göttinger gelehrte Anzeigen, a. a. O. S. 198.

in einen Raumbegriff umformen, weil uns eine solche Vielheit derselben nicht anschaulich gegeben werden kann, da der Raum als
Anschauung betrachtet einzigartig ist. Erst die analytische Discussion zeigt hier, dass gleichartige Begriffe existiren, deren Vergleichung mit einem vorläufig gebildeten analytischen Begriff zunächst
zu einem Gröfsenbegriff des Raumes führt. Dieser führt dann zu
dem eigentlichen Raumbegriff, sofern seine Merkmale sich anschaulich umdeuten lassen. Der Gröfsenbegriff, der für alle spezielle
Construction demnach den dritten Schritt der Entwicklung resp.
die zweite Stufe der Abstraction darstellt, repräsentirt für unsere
Aufgabe den zweiten Schritt, die erste Stufe der Abstraction.

Der Ausgangspunkt für unsere weitere Untersuchung ist demnach eine vorläufige Definition des Gröfsenbegriffs vom Raum, welche
uns die gleichartigen Begriffe, die zur Vergleichung dienen können,
zeigen soll. Hierzu können wir die beiden Merkmale der dreifachen
Ausdehnung und der Continuität benutzen, die wir schon oben besprochen haben und demnach sagen: der Raum ist eine stetige
Gröfse, deren Elemente durch drei von einander unabhängige Veränderliche eindeutig bestimmt sind.

Diese beiden Prädicate nun müssen den coordinirten Gröfsenbegriffen, die wir suchen, jedenfalls zukommen. Natürlich nur in
analytischem Sinne; denn vorläufig, dies sei nochmals ausdrücklich
erwähnt, leisten wir darauf Verzicht, Beispiele zu treffen, deren
analytischen Prädicaten wir eine anschauliche Bedeutung zu geben
vermöchten, die unserer Raumanschauung entspräche. Ein erstes
solches Beispiel nun liefert uns das System der Farbenempfindungen, d. h. die Gesammtheit der unterscheidbaren Farbeneindrücke.
Dieselbe stellt sich der analytischen Betrachtung zuerst als eine
stetige Gröfse dar, sofern zwei beliebige Farbeneindrücke in der
Tat durch eine für unser Empfinden vollkommen continuirliche
Reihe von anderen verbunden werden können, sofern überdies alle
diese Eindrücke, psychologisch betrachtet, gleich einfache Empfindungen abgeben. Dem widerspricht nicht, dass das Farbensystem
sowol der physikalischen als der physiologischen Theorie nicht als
eine continuirliche, in sich gleichartige Gröfse erscheint. Wir dürfen der physikalischen Analyse ohne weiteres zugeben, dass nicht
alle Farbenempfindungen hinsichtlich ihrer objectiven Zusammensetzung gleichartig sind, da nur ein Teil derselben den einfachen

Spectralfarben entspricht, andere dagegen wie das Purpur und das
Weifs erst durch eine Mischung zweier oder mehrerer jener Farben
entstehen, noch andere endlich, wie das Grau und das Braun nichts
anderes sind als lichtschwaches Weifs resp. lichtschwaches Gelb.
Wir haben ebenso wenig einen Anlass, der physiologischen Theorie
entgegen zu treten, welche alle jene Eindrücke auf die verschiedenartige Reizung dreier Arten von Nervenfasern reducirt, also auch
von ihren Gesichtspunkten aus die Gleichartigkeit der einzelnen Eindrücke leugnet. Denn uns genügt die psychologische Tatsache, dass
alle diese Unterschiede in den Empfindungswerten der Farben selbst
nicht zum Ausdruck kommen, da uns das Weifs als Empfindung
ebenso einfach erscheint wie jede beliebige Spectralfarbe, und uns
ein dunkles Braun dem hellen Gelb nicht näher steht als etwa entsprechende Farbentöne in Rot und Orange. Auch das fernere Ergebnis der physikalischen Untersuchung des Spectrums lässt uns
unberührt, dass schon die Reihe der einfachen Grundfarben zwischen
Rot und Ultraviolett im allgemeinen discontinuirlich ist, sofern nur
glühende Körper, wenn ihre Strahlen durch einen luftleeren Raum
gehen, continuirliche Spectra geben können. Denn auch diese Dis-
continuität gilt nur der Farbenreihe in objectivem Sinne, da wir
keine Differenz zwischen den Farbentönen zu beiden Seiten eines
und desselben dunklen Streifens im Spectrum wahrnehmen können.
Bleibt somit die Gleichartigkeit und Stetigkeit des Systems unserer
Farbenempfindungen als solcher gesichert, so wird die Analogie
desselben mit unserem Gröfsenbegriff vom Raum hinreichend grofs
sein, sobald es möglich wird, demselben in analytischem Sinne auch
drei Dimensionen zuzuschreiben, d. h. also die Abhängigkeit jedes
seiner Elemente von drei unabhängigen Variabeln darzutun. Diese
Abhängigkeit nun ist in der Tat vorhanden. Denn so unendlich
mannigfach die objective Zusammensetzung farbigen Lichts auch
variiren kann, so unzweifelhaft dasselbe deshalb der physikalischen
Betrachtung im allgemeinen als eine Function unendlich vieler Variabeln erscheinen muss, so reducirt sich diese Mannigfaltigkeit
doch für die Empfänglichkeit unseres Auges überall auf drei Gröfsen.
Die Beschaffenheit einer jeden Farbenempfindung nämlich, die
einfachen Spectralfarben als Grenzfälle einbegriffen, ist bedingt
erstens durch den Farbenton, zweitens durch den Sättigungsgrad
und drittens durch die Lichtstärke der betreffenden Farbe. Jede

dieser drei Gröfsen aber lässt sich wie die Gröfsenbegriffe der Coordinaten als stetig und im allgemeinen auch als unabhängig veränderlich [1] betrachten. Wie ferner den Raumbestimmungen verschiedene Coordinatensysteme zu Grunde gelegt werden können, so lassen sich auch hier verschiedene Variabele zum Ausdruck jener Abhängigkeit benutzen. Denn ein jeder Farbeneindruck lässt sich auch darstellen als abhängig von der Quantität eines gesättigten farbigen Lichts, der Wellenlänge desselben und der Quantität weifsen Lichts, die seinen Sättigungsgrad bedingt; auch als abhängig von drei einfachen Farben, den sogenannten Grundfarben, die Young als Rot, Violett und Grün bestimmt hat, lässt er sich betrachten.

Das Farbensystem ist demnach ähnlich dem Raum eine stetige Gröfse, deren Elemente durch ihre Beziehungen zu drei von einander im allgemeinen unabhängigen Veränderlichen eindeutig bestimmt sind. Deshalb ist es auch möglich, dasselbe räumlich zu construiren; und ähnlich wie im Raum lässt es sich, je nachdem man die Abhängigkeit von einer, zwei oder drei Variabeln in Betracht zieht, als Farbencurve, als Farbentafel oder als ein der Pyramide ähnlicher Farbenkörper zur Darstellung bringen.

Diese Gleichartigkeit beider Begriffe lässt jedoch wesentlichen Differenzen freien Raum. Schon die Art, in welcher jedes Element von den drei Coordinaten abhängig ist, ist in beiden Fällen nicht identisch. Die drei Dimensionen des Raumes lassen sich mit einander vertauschen, so dass es z. B. möglich ist, die Entfernung zweier Punkte, die übereinander auf der y-Axe liegen, mit dem Abstand zweier anderer zu vergleichen, die nebeneinander auf der x-Axe oder hintereinander auf der z-Axe befindlich sind. Etwas analoges findet im Farbensystem nicht statt. Wir können die Differenz zweier Farben von gleichem Farbenton und Sättigungsgrad aber verschiedener Lichtstärke nicht mit dem Unterschied zweier Eindrücke von

---

[1] In strengem Sinne sind diese drei Veränderlichen allerdings von einander nicht unabhängig. Der Farbenton variirt je nach dem Grade der Intensität und der Sättigung. Bei geringer Intensität nähert er sich z. B. dem Schwarz, bei grofser dem Weifs. Die Grenze dieses Uebergangs ist überdies für die verschiedenen Farben nicht die gleiche. — Zu diesem ganzen Abschnitt vergl. übrigens WUNDT, *Grundzüge der physiologischen Psychologie*. Leipzig 1874. S. 373 f. und besonders HELMHOLTZ, *Physiologische Optik*. Leipzig 1867. § 19 ff.

gleichem Sättigungsgrad und gleicher Lichtstärke aber verschiedenem Farbenton, und ebensowenig mit dem zweier Empfindungen von gleicher Lichtstärke und gleichem Farbenton aber verschiedenem Sättigungsgrad in Vergleichung bringen. Noch einen zweiten Unterschied beider Größen können wir ohne Mühe bestimmen. Unsere Anschauung vom Raume lehrt uns denselben als einen ins unendliche ausgedehnten erkennen; das Farbensystem dagegen besitzt eine solche Ausdehnung ins unendliche nicht. Die geometrische Construction desselben zeigt uns einen endlichen, einem Doppelkegel resp. einer Doppelpyramide ähnlichen Körper. Weder der Farbenton noch der Sättigungsgrad noch die Lichtstärke lässt sich für unser Empfinden ins unendliche variiren. Auch für dieses Merkmal können wir den analytischen Ausdruck bestimmen; wir können jedoch erst an späterer Stelle zeigen, welchen Wert derselbe für unseren Raum annimmt.

Ein zweites Beispiel einer stetigen Größe von drei Dimensionen bietet uns das System der Tonempfindungen dar. Die Natur eines jeden Tons ist bedingt durch seine Höhe, seine Intensität und seine Klangfarbe, deren jede unabhängig von der anderen variirt werden kann; diese Veränderung ist überdies in der Weise möglich, dass jeder Ton durch alle möglichen Zwischentöne in jeden anderen übergeführt werden kann. Auch hier aber gelten mannigfache Unterschiede vom Raum: Wie die Farbeneindrücke bilden die Tonempfindungen eine endliche Mannigfaltigkeit, deren Dimensionen sich nicht miteinander vertauschen lassen. Ueberdies sind diese beiden Systeme auch von einander analytisch wol verschieden, wie sich leicht ergiebt, sobald wir die räumlichen Constructionen beider mit einander vergleichen. Die Farbencurve z. B. ist eine Linie, deren Endpunkte, Rot und Violett, sich einander nähern und durch das Purpur in einander übergeführt werden können, während die Endpunkte der blos nach ihrer Höhe geordneten Tonreihe, etwa das nach Helmholtz eben noch wahrnehmbare c_{-2} und das von Savard bestimmte $d_8{}^1$ weiter von einander entfernt sind als irgend welche andere Punkte. Die Farbenlinie ist demnach eine geschlossene Curve, die Tonreihe eine begrenzte Gerade.

---

[1] Man vgl. WÜLLNER, *Experimental-Physik*. Band 1. 3. Aufl. Leipzig 1874. § 153.

Diese beiden Beispiele genügen, uns einen Gattungsbegriff bilden zu lassen, der das Raumsystem, wie das Farben- und das Tonsystem, sowie alle anderen entsprechenden Gröfsen, die sich noch angeben lassen, gleicherweise umfasst, den Gröfsenbegriff nämlich einer dreifach bestimmten stetigen Mannigfaltigkeit[1] überhaupt.

Jedoch dieser Begriff ist noch nicht hinreichend erweitert, uns die Abhängigkeitsbeziehungen aller für unsere Aufgabe in Betracht kommenden Mannigfaltigkeiten einsehen zu lassen. Wir können das Gesetz der Begriffsreihe, die wir entwickeln wollen, erst finden, wenn wir auch das allgemeinste Glied derselben erkannt haben. Zu dieser notwendigen Erweiterung führt uns die Untersuchung der möglichen Abstractionsformen, die in dem Begriff einer dreifach bestimmten Mannigfaltigkeit enthalten sind.

Was zunächst unseren Raum betrifft, so können wir auf Grund eines einfachen Abstractionsprocesses denselben zu den Begriffen zweifach ausgedehnter Raumgröfsen, der Flächen, und einfach ausgedehnter Raumgröfsen, der Linien verengen.[2] In ähnlicher Weise können wir die Farbeneindrücke oder die Tonempfindungen nur auf

---

[1] Um Misverständnissen vorzubeugen, sei schon hier bemerkt, dass dieser Begriff, wie aus dem Folgenden deutlicher werden wird, weiter ist, als Riemanns Begriff einer dreifach resp. n-fach ausgedehnten Mannigfaltigkeit überhaupt. — Die Bezeichnung des entwickelten Begriffs als einer dreifach bestimmten Mannigfaltigkeit ist ungenau, da jene Bestimmtheit nur die Elemente derselben betrifft; aber gerade die unanschauliche Natur dieser Begriffe scheint es zweckmäfsig zu machen, die dem Sprachgebrauch gemäfse Bezeichnungsweise hier zu verlassen und statt dessen die leicht vorstellbaren Abhängigkeitsbeziehungen der Elemente zum Ausdruck zu bringen.

[2] Diese Andeutungen über den Bildungsprocess der mathematischen Vorstellungen von Flächen, Linien und Punkten bestätigt zugleich die oben ausgesprochene Behauptung, dass für die geometrische Beweisführung nur die Raumbegriffe jener Formen in Betracht kommen. Wir besitzen keine Anschauung von Flächen und Linien als solchen, sondern nur die Anschauung von Körpern, von denen eine oder zwei Dimensionen im Verhältnis zur dritten unendlich klein sind. Wie die Vorstellung keines einzigen Begriffs rein vollziehbar ist, da die Merkmale, die ihn zur Anschauung ergänzen, immer in Mitwirkung bleiben, so auch hier, wo die Vorstellungen trotz ihres discursiven Charakters dennoch als Anschauungen erscheinen, weil für sie jene notwendige Trennung der Merkmale in Folge des engeren Zusammenhangs derselben noch weniger ausführbar ist, als in den meisten anderen Fällen.

zwei resp. auf eine der sie bestimmenden Gröfsen beziehen, und so die Vorstellungen von Farben- oder Tontafeln, resp. von Farben- oder Tonlinien bilden, die ebenfalls nur als abstracte Begriffe gelten können. Und jeder dieser Processe ist analytischer Deutung fähig; jede der Vorstellungen, die aus ihm resultiren, lässt sich als ein Gröfsenbegriff bestimmen. Dass eine Mannigfaltigkeit zweifach oder einfach bestimmt ist, bedeutet, wie die analytische Discussion er- giebt[1], nichts anderes, als dass jedes ihrer Elemente durch zwei resp. eine unabhängige Veränderliche eindeutig gegeben ist. So selbstverständlich dieses Resultat erscheint, so wichtig wird es doch für die Erweiterung unseres oben entwickelten Gattungsbegriffs. Denn es setzt uns in den Stand, nunmehr auch den Begriff einer mehr als dreifach bestimmten Mannigfaltigkeit analytisch zu bilden. Eine vierfach bestimmte Mannigfaltigkeit wird sich demnach defi- niren lassen als eine solche, deren jedes Element durch vier von einander unabhängige Veränderliche eindeutig gegeben ist: eine n-fach bestimmte Mannigfaltigkeit endlich wird eine solche sein, deren Elemente von n selbständigen Variabeln abhängig sind.

Auch dieses Resultat beansprucht eine nähere Erklärung seiner logischen Berechtigung. Es kann auf den ersten Blick scheinen, als ob hier ein ungehöriger Sprung geschehen sei, sofern wir den Gröfsenbegriffen, die wir bisher betrachteten, unmittelbar bestimmte Anschauungen resp. Empfindungsverhältnisse zu Grunde legen konn- ten, während dies schon für den Begriff einer vierfach bestimmten Mannigfaltigkeit nicht mehr möglich ist. Jedoch die mathematische Analyse setzt uns ohne Mühe in den Stand, auch hier entsprechende, anschaulich vorstellbare Verhältnisse aufzufinden. So ist die Qua- lität einer Mischung abhängig von der Zahl der verschiedenartigen gemischten Substanzen; eine Mischung aus vier Substanzen würde deshalb die anschauliche Grundlage für eine vierfach bestimmte Mannigfaltigkeit abgeben. Dazu kommt, dass nicht jener anschau- liche Ursprung dieser Vorstellungen es ist, der unsere Entwicklung beherrscht, sondern vielmehr die analytische Deutung, die dem- selben substituirt werden kann. Ueberdies aber will der Begriff einer n-fach bestimmten Mannigfaltigkeit nichts anderes darstellen als den Begriff einer Gröfse, die durch eine n$-_2$-fache Wiederholung

[1] Riemann a. a. O. I. §§ 2, 3.

des Processes, der von der einfach zur zweifach bestimmten Mannigfaltigkeit überführt, entstanden gedacht werden kann. Selbstverständlich ist ferner, dass dieser Begriff vollkommen abstracter Natur
ist, sind es doch lauter abstracte Gröfsenbegriffe, aus denen er gebildet ist. Der Begriff ist deshalb anschaulich unvorstellbar. Denn
so einleuchtend es ist, dass z. B. die Begriffe zweifach oder einfach
ausgedehnter Raumgröfsen ebenso wie die Begriffe zweifach oder
einfach bestimmter Farbensysteme anschaulich dargestellt werden
können, weil sie nur Determinationen des gegebenen dreifach ausgedehnten Raumes oder des entsprechenden Farbensystems sind, so
begreiflich sollte es auch sein, dass dem vorliegenden Begriff jedes
anschauliche Moment fehlen muss, da die Anschauung um so mehr
zurücktritt, je allgemeiner, d. h. je inhaltsleerer der Begriff wird.
Unvorstellbar in logischem Sinne, d. h. undenkbar ist der Begriff
jedoch in keiner Weise. Es ist nur zu beachten, dass er durch
einen zweifachen Process gebildet wurde. Die Vorstellung der dreifach bestimmten stetigen Mannigfaltigkeit überhaupt, die wir zuerst
bildeten, war ein abstracter Begriff, der genau auf jenem Wege der
Synthese von Anschauungen entstanden ist, der alle Begriffsbildung
leiten muss. Diesen Begriff nun formten wir dadurch um, dass wir
einem seiner beiden Merkmale, dem Prädicate dreifacher Bestimmtheit, den Charakter unbestimmter Allgemeinheit verliehen. Die
logische Berechtigung einer solchen Umdeutung unterliegt so wenig
einem gerechten Bedenken wie jene erste Begriffsbildung, was nur
durch den Hinweis auf die vielen gleichartigen Fälle in der algebraischen Analysis angezeigt werden mag. Die Vorstellung einer
n-fach bestimmten Mannigfaltigkeit vereinigt demnach in sich das
Wesen eines Gattungsbegriffs mit der Natur eines unbestimmten
Allgemeinbegriffs. Ihre logische Denkbarkeit ist deshalb so sicher
erweislich wie ihre anschauliche Unvorstellbarkeit.

Wir haben somit den allgemeinsten Gattungsbegriff gewonnen,
unter den der Gröfsenbegriff unseres Raumes subsumirt werden
kann. Es fehlt jedoch viel, dass wir dadurch unmittelbar in den
Stand gesetzt wären, seine Definition zu finden.

Der Begriff der n-fach bestimmten, stetigen Mannigfaltigkeit
ist zunächst zu weit, als dass wir ihn sofort zur Ableitung benutzen
könnten. Er involvirt alle möglichen Systeme dreifach bestimmter
Mannigfaltigkeiten, wir aber wollen nur die unserem Raumbegriff

analogen untersuchen. Zum Zweck seiner Beschränkung erinnern wir uns des Merkmals der Gleichartigkeit der Dimensionen, das unseren Größenbegriff vom Raume von den analogen Begriffen des Farben- und Tonsystems schied. Dieses Merkmal ist es, welches die Maßverhältnisse unseres Raumes von den Maßverhältnissen jener ebenfalls dreifach bestimmten Mannigfaltigkeiten trennt. Und eben weil es diesen Maßverhältnissen angehört, also von den Abhängigkeitsbeziehungen der Elemente als solcher, d. i. von der Zahl ihrer Bestimmungen nicht berührt wird, so sind wir berechtigt, es auf die n-fach bestimmten Mannigfaltigkeiten zu übertragen. Wir können demnach zwei Arten dieser Größen unterscheiden: erstens solche, deren Abhängigkeitsverhältnisse mit einander nicht vertauschbar sind, d. h. n-fach bestimmte Mannigfaltigkeiten im engeren Sinne, und zweitens solche, deren Abhängigkeitsverhältnisse vollkommen gleichartig sind. Wie wir diese bezeichnen sollen, ergiebt sich, sobald wir uns die anschauliche Forderung vergegenwärtigen, welche sie näherungsweise erfüllen müssen. Obgleich wir nämlich in keiner Weise im Stande sind, die Grenzen unserer Vorstellung des Raumes über eine dreifache Ausdehnung desselben hinaus anschaulich zu erweitern, so können wir uns doch denken, d. h. aus dem Tatbestande unserer inneren Erfahrung begrifflich ableiten, dass es Wesen geben könne, die den Größenbegriff einer n-fach gleichartig bestimmten Mannigfaltigkeit ebenso in eine entsprechende Anschauung übertragen könnten, wie wir den Größenbegriff unseres Raumes in die Sprache der Anschauung zu übersetzen vermögen. Damit soll natürlich nicht eine Hypothese über die mögliche Existenz solcher Wesen ausgesprochen, sondern nur eine Forderung geltend gemacht werden, wie sie für die begriffsmäßige Darstellung des Naturganzen etwa in der Vorstellung jenes mathematischen Geistes enthalten ist, den Laplace geschildert hat.[1] Beide Fälle sind allerdings nicht gleichartig. Die Vorstellung jenes Geistes erfordert nur eine unendliche aber gleichartige Erweiterung unseres Verstandes; die Annahme eines solchen Wesens setzt dagegen eine unendliche ungleichartige Erweiterung unserer Anschauung vor-

---

[1] Auf dieses glückliche Idealbild des großen Mathematikers hat bekanntlich zuerst Dubois-Reymond in seinem Vortrage *Ueber die Grenzen des Naturerkennens* Leipzig 1872, aufmerksam gemacht.

aus. Jedoch diese wie jene sind ideale Zielpunkte gesetzmäfsiger Entwicklung; nur mit dem Unterschiede, dass wir uns jenem Verstandesideal tatsächlich allmählich nähern, während die Möglichkeit einer entsprechenden Entwicklung unserer Anschauung bis jetzt und vielleicht für immer lediglich eine denkbare begriffliche Forderung ist, die unsere gegebene Weltanschauung in keiner Weise berühren darf. Auch hier soll sie uns nur dazu helfen, eine analoge Bezeichnung für die n-fach bestimmten Mannigfaltigkeiten zu finden. Wir wollen sie demgemäfs n-fach ausgedehnte Mannigfaltigkeiten oder Ausgedehntheiten von n-Dimensionen nennen. Helmholtz hat sie kurzweg als Räume von n-Dimensionen bezeichnet. Dieser Ausdruck scheint nur deswegen nicht ganz zweckentsprechend gewählt, weil wir denselben nicht auf die zweifach oder einfach ausgedehnten Mannigfaltigkeiten beziehen können, ohne den Sprachgebrauch schwer zu verletzen. Es wird deshalb besser sein, den neuen Begriff mit dem neuen Worte der „Ausgedehntheit" zu bezeichnen, der sich ohne Verstofs gegen eine nicht ungerechtfertigte terminologische Gewohnheit als Gattungsbegriff für alle Mannigfaltigkeiten von vertauschbaren Dimensionen gebrauchen lässt. [1]

[1] Kein geringerer als Lotze hat gegen Helmholtz' Bezeichnung der n-fach ausgedehnten Mannigfaltigkeit als eines Raumes von n-Dimensionen lebhaft protestirt. Er sagt (*Logik* S. 217): „So gewiss nun der Name des Raums für uns nur ein Ordnungssystem bedeutet, von welchem wir diese ursprüngliche, aus arithmetischen Betrachtungen allein gar nicht ableitbare Anschauung haben, so gewiss ist es logische Spielerei, ein System von vier oder fünf Dimensionen noch Raum zu nennen. Gegen alle solche Versuche muss man sich wahren; sie sind Grimassen der Wissenschaft, die durch völlig nutzlose Paradoxien das gewöhnliche Bewusstsein einschüchtern und über sein gutes Recht in der Begrenzung der Begriffe täuschen." Deshalb will er für „Raum" die Bezeichnung „Ordnungssystem" und für „Dimension" den Ausdruck „Skala" setzen. Dieser Tadel ist jedoch schwerlich gerechtfertigt. So misverständlich es im allgemeinen ist, Prädicate, die zunächst nur einen rein anschaulichen Sinn haben, auf abstracte Gröfsenbegriffe zu übertragen, so wenig ist die Wissenschaft doch in der Lage dies überall vermeiden zu können. Es ist zweckmäfsig, für jene Mannigfaltigkeiten eine Bezeichnung zu wählen, welche an unsere Raumanschauung erinnert, weil dadurch sowol der Zusammenhang, der sie mit dem Gröfsenbegriff unseres Raumes verbindet, zum Vorschein kommt, als auch der Gegensatz angezeigt wird, der sie von den gleichartigen Systemen nicht räumlicher Mannigfaltigkeiten trennt. Noch weniger scheint mir der Aus-

Jedoch auch dieser Begriff einer Ausgedehntheit von n Dimensionen führt uns noch nicht unmittelbar zu der gesuchten Bestimmung der wesentlichen Merkmale unseres Raumes. Noch fehlt uns ein Princip, das uns ermöglicht, die verschiedenen möglichen Arten n-fach ausgedehnter Mannigfaltigkeiten abzuleiten und näher zu bestimmen, oder spezieller ausgedrückt, es fehlt uns ein Gesichtspunkt, von dem aus wir die verschiedenen coordinirten raumähnlichen d. h. dreifach ausgedehnten Mannigfaltigkeiten, die sich uns als analytisch gleich möglich ergeben werden, vergleichen könnten.

Diesen Gesichtspunkt nun bieten uns die inneren Mafsverhältnisse der Ausgedehntheiten, die wir schon oben, bei Scheidung der Ausgedehntheiten von n Dimensionen von den n-fach bestimmten Mannigfaltigkeiten im engeren Sinne kurz in Betracht ziehen mussten. Es ist hier der Ort, ausführlicher auf dieselben einzugehen. Für die analytische Discussion der n-fach ausgedehnten Mannigfaltigkeiten kommen zunächst nämlich zwei wol von einander zu unterscheidende Beziehungen zur Geltung: die Ausdehnungs- und die Mafsverhältnisse derselben. Jene betreffen die Anzahl der Dimensionen oder der Abhängigkeitsbeziehungen der einzelnen Elemente, diese gehen auf die Art, in welcher das einzelne Element durch jene Beziehungen bestimmt wird. Jene charakterisiren das gegenseitige

---

druck „Dimension" Anstofs erregen zu können, da der Begriff derselben in den n-fach ausgedehnten Mannigfaltigkeiten kein anderer ist als in unserem Raume. Lotzes Bezeichnung der Ausgedehntheiten als Ordnungssysteme dürfte jene Doppelstellung derselben nicht hinreichend charakterisiren, überdies weist sie das Sprachgefühl eher auf Eigenschaften hin, die wir mit dem gesetzmäfsigen Causalzusammenhang der Dinge, nicht aber mit solchen stetigen Gröfsen verknüpft denken, deren Teile relativ freie Beziehungen zu einander haben. Aehnlich scheint mir der Ausdruck „Skala" die Gewöhnung, den Begriff der Dimension mit den oben angedeuteten analytischen Merkmalen zusammenzudenken, unliebsam zu stören, ohne doch einen Ausdruck zu bieten, dessen ursprünglich räumliche Bedeutung unserem Sprachbewusstsein bereits mehr geschwunden wäre. Tatsache ist es allerdings, dass sich durch die oben acceptirten Bezeichnungen nicht wenige grobe und feine Misverständnisse besonders bei den philosophischen Beurteilern gebildet haben. Für diese Misverständnisse bieten jene Bezeichnungen jedoch nicht die Ursachen, sondern gleichsam nur den willkommenen Anlass; die eigentlichen Gründe liegen in den andersgerichteten philosophischen Ueberzeugungen, deren Einfluss auf die Interpretationen die Mathematik durch keine Terminologie verhindern kann.

Verhältnis der verschiedenfach ausgedehnten Mannigfaltigkeiten,
diese fixiren die verschiedenen möglichen Arten einer und derselben
beliebig ausgedehnten Gröfse. Die Mafsbestimmungen der Ausgedehntheiten bestehen demnach in den Beziehungen, welche dem
Vergleichen ihrer einzelnen Teile zu Grunde liegen. Ein solches
Vergleichen aber der einzelnen Teile setzt voraus, dass dieselben
unabhängig sind vom Ort. Denn alles Vergleichen stetiger Gröfsen
ist nichts anderes als ein Messen ihrer gleichartigen Bestandteile
d. h. im Sinne der Anschauung ein Aufeinanderlegen derselben: es
setzt daher voraus, dass es möglich ist, die eine der zu vergleichenden Gröfsen „als Mafsstab für die andere fortzutragen." [1]

Diese Erörterungen zeigen, dass uns die inneren Mafsverhältnisse der ausgedehnten Mannigfaltigkeiten in der Tat ein Princip
ihrer Einteilung an die Hand geben. Noch aber fehlt uns der Ein-
teilungsgrund dieser Verhältnisse selbst. Zu der Verdeutlichung
desselben, die nur durch die Bestimmung des die Mafsbeziehungen
charakterisirenden analytischen Ausdrucks gewonnen werden kann,
führt uns die Betrachtung der verschiedenen Arten anschaulich ge-
gegebener, zweifach ausgedehnter Mannigfaltigkeiten, der Flächen.

Die älteren Geometer ordneten die Flächen ebenso wie die
Linien nach zwei Gesichtspunkten, indem sie ihrer Einteilung entweder die Principien der geometrischen Construction oder die der
analytischen Bestimmung durch Gleichungen zu Grunde legten, die
nicht überall zusammenfallen. Erst die bedeutsamen Untersuchungen von Gauss über die krummen Flächen haben eine schärfere
Unterscheidung zur Geltung gebracht. Gauss ging davon aus, die
Flächen nicht als Grenzgebilde der Körper, sondern als selbständige Raumformen zu betrachten. Sie stellten sich ihm daher gemäfs
den oben angedeuteten Ueberlegungen anschaulich in der Form von
Körpern dar, deren eine Dimension als unendlich klein angesehen
werden muss, so dass der Begriff der Beugung derselben einen festen
Sinn bekam. Dadurch nun traten verschiedene Flächen in Zusammenhang, die sonst als verschiedenartig angesehen worden waren.
Gleichartig nämlich in den wesentlichsten Eigenschaften sind hiernach alle diejenigen Flächen, die sich durch Beugung ohne Dehnung
auf einander zurückführen lassen. Gleichartig der Ebene z. B. sind

---

[1] RIEMANN a. a. O. I. § 1.

alle diejenigen, die sich wie die Cylinder- und die Kegelfläche durch
Beugung ohne Dehnung auf eine Ebene reduciren, gleichartig der
Kugelfläche sind ebenso alle die, welche sich auf eine solche abwickeln lassen u. s. f. Es ist jedoch klar, dass eine solche Grundfläche, z. B. die Ebene, mit den auf sie abwickelbaren, also hier den
konischen und cylindrischen, nicht in allen Eigenschaften übereinstimmen wird. Einige derselben zwar, für welche nur die Länge
der Linien in Betracht kommt — Gauss nennt sie absolute —,
werden für alle jene Formen gleich gelten; andere dagegen, für
welche die Beziehungen zu ausserhalb der Fläche gelegenen Punkten
maſsgebend sind, werden von den verschiedenen Arten der Beugung,
welche die Fläche annehmen kann, abhängig sein. Zu jenen ersteren Eigenschaften, welche natürlich die wesentlichen Merkmale der
allgemeinen Flächengruppen abgeben, gehört auch die Krümmung
derselben, deren Charakter Gauss in derselben Abhandlung durch
zwei analytische Gröſsen fest bestimmt. Dies sind die totale Krümmung und die specifische Krümmung oder das Krümmungsmaſs.
Zum Verständnis der geometrischen Bedeutung dieser folgenreichen
Begriffe genügt es hervorzuheben, dass Gauss sich bei seinen Untersuchungen der Kugelfläche als einer Hilfsfläche bedient, auf welche
die Verhältnisse der krummen Flächen bezogen werden. Jedem
Teile einer krummen Fläche, der von bestimmten Grenzen eingeschlossen wird, ist demnach eine totale oder ganze Krümmung zuzuschreiben, welche durch den jener Figur entsprechenden Flächeninhalt auf der Kugelfläche dargestellt wird. Das Krümmungsmaſs
dagegen bezieht sich nur auf einen Punkt der Fläche und bezeichnet den Quotienten, welcher entsteht, wenn die ganze oder totale
Krümmung des dem Punkte anliegenden Flächenelements durch den
Flächeninhalt dieses Elements dividirt wird; es bezeichnet daher
das Verhältnis des Inhalts der unendlich kleinen sich entsprechenden Flächenelemente auf der krummen Fläche und der auf sie bezogenen Kugelfläche. Jede dieser beiden Bestimmungen nun, die
totale Krümmung sowol als die spezifische, lässt sich natürlich analytisch deuten. Die erstere ergiebt ein einfaches Integral, die letztere einen Bruch, der zum Nenner die Einheit und zum Zähler das
Product der beiden sogenannten Hauptkrümmungsradien hat.

Diese Krümmungsverhältnisse nun sind es, in welchen die
Maſsbeziehungen zunächst der zweifach ausgedehnten Mannigfaltig-

keiten zum Ausdruck kommen, denn durch dieselben wird die
Grundlage aller Geometrie, die nichts anderes als das geordnete
System dieser Mafsbestimmungen ist, die Lehre von den kürzesten
oder, wie Helmholtz sie bezeichnend genannt hat, von den geradesten Linien[1] eindeutig festgestellt.

Auch für diese Lehre bietet uns eine genauere Besprechung
der charakteristischen Unterschiede der Flächenarten den Schlüssel
zum Verständnis. Was zunächst die einfachste dieser Gruppen, die
Ebene und die auf dieselbe abwickelbaren Flächen betrifft, so zeigt
sich durch die analytische Discussion, was die anschauliche Beschaffenheit der Grundfläche von vornherein erwarten lässt, dass
ihr Krümmungsmafs den constanten Wert Null annimmt. Die Ebene,
die Kegelfläche und die Cylinderfläche haben also, in der Sprache
der gewöhnlichen Anschauungsweise zu reden, gar keine Krümmung,
so verschiedenartig auch ihre Beugung ist. Eine Folge der Constanz des Krümmungsmafses ist, dass alle diese Flächen in sich selbst
congruent sind, d. h. dass jeder ihrer Teile sich abgesehen von
seiner Begrenzung in jeden anderen verschieben lässt. Eine Folge
des besonderen Wertes dieses Mafses ist, dass für sie alle das Axiom
von der geraden Linie als des kürzesten Weges zwischen zwei Punkten genau in dem gleichen Mafse giltig ist. Wir sind nur genötigt,
den Begriff der geraden Linie, den uns die Eingewöhnung in die
geometrischen Verhältnisse der Ebene als solcher giebt, etwas zu
erweitern. Durch eine gerade Linie in diesem üblichen Sinne nämlich lassen sich zwei Punkte einer cylindrischen oder einer konischen Fläche im allgemeinen allerdings nicht verbinden. Da aber,
wie aus den angedeuteten absoluten Eigenschaften dieser Flächen
von selbst erfolgt, jede solche Verbindungslinie genau dieselben
Krümmungsverhältnisse aufweist, wie die gerade Linie der Ebene,
sie demgemäfs beide für alle Mafsverhältnisse als analytisch und
geometrisch identisch angesehen werden müssen, so führen sie auch
den gemeinsamen Namen von geradesten Linien. In Folge dieser
Uebereinstimmung behält auch die Geometrie der Ebene für alle
diese Flächen die gleiche volle Giltigkeit; ebenso gilt auch die
ebene Trigonometrie unverändert für alle cylindrischen und konischen Flächen.

---

[1] Helmholtz, *Populäre wissenschaftliche Vorträge.* Heft III. S. 28.

Anders verhält sich dies bei der Kugelfläche und den Flächen, die sich auf dieselbe abwickeln lassen: hier bestimmt die analytische Berechnung dem Krümmungsmaß einen constanten positiven Wert, wie sich aus dem anschaulichen Charakter der Grundfläche ebenfalls von selbst ergiebt. Die Constanz des Krümmungsmaßes bewirkt daher auch hier die Congruenz der Flächen in sich selbst: auch in ihnen lassen sich die einzelnen Flächenstücke längs der ganzen Fläche ohne Dehnung verschieben. Der besondere positive Wert des Maßes hat jedoch für dieselben andere Eigenschaften der geradesten Linien zur Folge. Die geradesten Linien der sphärischen Flächen sind Bogen größter Kreise. Beachtet man nun, dass die Definition dieser Linien nach der oben besprochenen Unterscheidung von Gauss lediglich auf das Krümmungsmaß derselben Rücksicht zu nehmen hat, dass die in der Ebene zu derselben hinzutretende Größenbestimmung als kürzester Verbindungslinie zwischen zwei Punkten daher nicht nothwendig jeder geradesten Linie auch in andern zweifach ausgedehnten Mannigfaltigkeiten zukommen muss, so wird deutlich, dass zwischen zwei beliebig gelegenen Punkten auf der Kugelfläche nicht eine, sondern zwei geradeste Linien gezogen werden können. In der Tat lässt sich durch zwei beliebige Punkte einer Kugelfläche immer ein größter Kreis legen, dessen beide durch die Lage der Punkte bestimmte Bogen genau in der gleichen Weise geradeste Linien bilden, wenn auch im allgemeinen nur der eine von ihnen die kürzeste Entfernung zwischen den Punkten anzeigt. Ueberdies aber lässt sich zu jedem Punkte ein correspondirender finden, der mit dem ersten durch unendlich viele geradeste und gleich kurze Linien verbunden werden kann, da durch zwei Punkte, welche die Endpunkte eines Durchmessers bilden, immer unendlich viele größte Kreise gelegt werden können, deren Peripherien durch diese Punkte in zwei Halbkreise zerschnitten werden. Auch das Parallelenaxiom verliert für die Kugelfläche seine Giltigkeit. Durch einen Punkt derselben lässt sich zu einer geradesten Linie überhaupt keine Parallele ziehen, da kein Bogen eines größten Kreises einem anderen parallel gezogen werden kann. Die Geometrie Euklids verliert deshalb auf der Kugelfläche ihren Sinn: die meisten ihrer Lehrsätze gelten auf derselben teils gar nicht, teils nur in veränderter Gestalt. Der Lehrsatz von der Summe der Dreieckswinkel z. B., in der Ebene das Aequivalent des Parallelenaxioms, lautet hier, dass diese Summe gröfser als zwei Rechte ist und dass sie um so gröfser wird, je mehr der Flächeninhalt des des Dreiecks zunimmt. In Folge dessen haben auch die Aehnlichkeitssätze für die sphärische Geometrie keine Bedeutung. Längst bekannt ist ferner, dass die sphärische Trigonometrie von der ebenen, wenn schon sie ihr im wesentlichen analog gebildet wird, doch in vielen Punkten verschieden ist. Nur in dem Fall coincidiren die geometrischen und trigonometrischen Lehrsätze der Sphäre mit denen der ebenen Flächen, wenn der Radius der ersteren sich ins unendliche vergröfsert. Die Winkelsumme eines sphärischen Dreiecks nähert sich dann ihrer unteren Grenze von zwei Rechten, da der sphärische Excess gleich Null wird; die trigonometrischen Formeln verwandeln sich in die entsprechenden Gleichungen für die Dreiecksbeziehungen der Ebene.

Eine dritte Klasse von Flächen, die sich der Kugel analog aber entgegengesetzt verhalten, ist in der neuesten Zeit von Beltrami analytisch untersucht und innerhalb gewisser Grenzen, deren Notwendigkeit an späterer Stelle begreiflich werden wird, räumlich construirt worden.[1] Es sind dies die von Beltrami sogenannten pseudosphärischen Flächen, deren Krümmungsmafs die analytische Untersuchung als constant aber negativ ergiebt. Was ihre Construction betrifft, so sei auf Helmholtz' eingehendere Darstellung derselben verwiesen[2]; erwähnt möge nur werden, dass sich Streifen dieser sattelförmigen Flächen etwa in der Form von kelchförmigen Champagnergläsern darstellen lassen, deren Kelchrand mit einer unendlich starken Krümmung senkrecht zur Symmetrieaxe scharf abschneidet, deren Stiel in eine unendlich entfernte Spitze ausläuft, oder dass sie sich auf eine Fläche abwickeln lassen, wie sie sich durch Rotation einer Ebene, die von zwei parallelen und zwei gleichmäfsig concaven, an die ersteren scharf anlaufenden Kanten begrenzt wird, um eine zwischen jenen Curven befindliche Axe ergeben würde. Uns interessiren hier nur die Beziehungen, welche die inneren Mafsverhältnisse dieser Fläche mit den vorher genannten Flächengruppen

---

[1] Zu den beiden Abhandlungen, die Helmholtz a. a. O. S. 31 citirt, vergleiche man die französische Uebersetzung der letzteren von HoÜEL in den *Annales scientifiques de l'école normale supérieure.* Bd. VI. 1869. S. 347—377.

[2] HELMHOLTZ a. a. O. S. 31 ff.

verbinden. Dass auch diese Flächen congruent in sich selbst sind, bedarf kaum noch der Hindeutung; charakteristisch dagegen für ihre Mafsbestimmungen ist, dass das Axiom von der geradesten Linie als dem kürzesten Weg zwischen zwei Punkten, wie es die Ebene kennt, auch für sie seine Gültigkeit bewahrt. Auch auf den pseudosphärischen Flächen giebt es zwischen zwei Punkten nur eine geradeste Linie: dem entsprechend sind diejenigen unter den verschiedenen möglichen Arten jener Flächen, die sich unter entsprechenden räumlichen Verhältnissen durch Gleichungen ersten Grades analytisch darstellen lassen würden, durch die Lage dreier Punkte eindeutig bestimmt, wie die Lage der Ebene durch drei Punkte im Raum gegeben ist.[1] Das Parallelenaxiom jedoch hat auch für die pseudosphärischen Flächen keine Giltigkeit. Die ihm hier entsprechende Mafsbeziehung hat jedoch die entgegengesetzte Form von der auf der Kugelfläche: denn in ihnen lässt sich durch einen gegebenen Punkt zu einer gegebenen geradesten Linie eine grofse Zahl von Linien legen, welche die gegebene Geradeste auch bei Verlängerung ins unendliche nicht treffen. Das Aequivalent zum Parallelenaxiom bietet in ihnen daher der Satz, dass wenn man von einem Punkt auf eine gegebene geradeste Linie eine Senkrechte fällt, zu beiden Seiten dieser Senkrechten je eine kürzeste Linie vorhanden ist, die sich der gegebenen asymptotisch nähert, so dass jede Geradeste, die innerhalb des von den beiden Asymptoten gebildeten Winkels gezogen werden kann, die gegebene Linie schneidet, jede ganz aufserhalb desselben liegende dagegen sie nicht trifft. Die Geometrie auf diesen Flächen ist demnach von der Geometrie der Ebene ebenfalls in wesentlichen Punkten verschieden. In derselben gilt z. B. der Satz, dass die Winkelsumme des pseudosphärischen Dreiecks kleiner als zwei Rechte ist, und dass dieselbe sich jener oberen Grenze um so mehr nähert, je kleiner der Flächeninhalt des Dreiecks wird, während sie um so kleiner wird, je mehr derselbe sich vergröfsert. Entsprechende Abweichungen bietet das System der pseudosphärischen Trigonometrie. Auch hier endlich bildet die ebene Geometrie einen speziellen Fall, da die geometrischen Sätze der pseudosphä-

---

[1] Man vgl. BELTRAMI, *Annales scientifiques de l'école normale supérieure.* Bd. VI. S. 369 und ESCHERICH. *Sitzungsberichte der Wiener Akad. Math.-naturw. Klasse* 1874. II. Abth. S. 497 ff.

rischen Flächen sich in die der Ebene umwandeln, sobald die Figuren als unendlich klein betrachtet werden.

Die Geometrie der Ebene ist also identisch mit der Geometrie auf einem unendlich kleinen Teil der pseudosphärischen Flächen und ebenso gleich der Geometrie auf einer sphärischen Fläche mit unendlich großem Radius. —

Die bisher betrachteten drei Klassen von Flächen erschöpfen die möglichen Fälle derselben natürlich in keiner Weise. Für unseren Zweck genügt es jedoch, wenn wir noch eine verhältnismäßig einfache Gruppe derselben betrachten, die ellipsoidischen Flächen, welche durch Rotation einer Ellipse um eine ihrer Axen entstehen. Die analytische Discussion derselben lehrt, was der Augenschein vorhersagt, dass das Krümmungsmaß dieser Flächen keinen constanten Wert hat, dass es im allgemeinen je nach der Lage des betreffenden Punktes variirt. Die Congruenz in sich selbst, die wir den früher betrachteten Flächen zuschreiben durften, fällt hier daher fort: die Figuren lassen sich auf ellipsoidischen Flächen nicht ohne Dehnung verschieben. Ebenso wenig finden die Maßverhältnisse jener Flächen hier Anwendung: die Aequivalente sowol für das Axiom von den geradesten Linien als für das Parallelenaxiom nehmen eine viel complicirtere Gestalt an. Der Satz von der Winkelsumme des Dreiecks zeigt dieselbe nicht bloß abhängig von dem Flächeninhalte, sondern auch von der Lage desselben; Dreiecke, deren Seiten bezüglich gleich sind, haben kleinere Winkelsummen, wenn sie um die Schnittpunkte der großen, größere, wenn sie um die Schnittpunkte der kleinen Axe construirt werden.

Diese Betrachtungen zeigen, dass die Maßbestimmungen der zweifach ausgedehnten Mannigfaltigkeiten von den verschieden möglichen Werten des Krümmungsmaßes derselben so vollständig abhängen, dass wir das letztere als Ausdruck jener Bestimmungen weiter benutzen können. Noch aber fehlt uns ein zusammenfassender Ausdruck der Maßbeziehungen, der dieselben für sich betrachtet etwa ebenso eindeutig charakterisirt, wie das Krümmungsmaß die Krümmungsverhältnisse zum Ausdruck bringt. Dadurch erst wird das Verhältnis beider Begriffsreihen ein festes. Wie nun die geometrische Grundlage aller Maßbestimmung die geradeste Linie ist, die als Maßstab für alle anderen benutzt wird, so bildet ihr analytisches Fundament der Ausdruck, welcher die Länge eines unendlich

kleinen Linienelements bestimmt. Die Berechnung dieses Ausdrucks
reducirt sich im einfachsten Fall eines rechtwinkligen Coordinaten-
systems auf die Bestimmung der Seiten eines unendlich kleinen rechtwinkligen Dreiecks, dessen Hypotenuse das gesuchte Linienelement
ist, dessen Katheten die unendlich kleinen Incremente der Coordinaten
bilden. Die Grundlage aller Maßbestimmung und damit aller Geometrie ist demnach ein Ausdruck, welcher die allgemeinste Form
des Pythagoreischen Lehrsatzes darstellt.[1] Derselbe besitzt daher
eine fundamentale Bedeutung, die in der euklidischen Geometrie
als solcher nicht zum Ausdruck kommt. Das Verhältnis zwischen
den Maßbestimmungen und den Krümmungsverhältnissen der Flächen
ist daher durch das Verhältnis zwischen diesem analytischen Ausdruck
des Linienelements und dem Krümmungsmaß eindeutig bestimmt.

Jetzt erst sind wir in den Stand gesetzt, den Begriff einer
Ausgedehntheit von n Dimensionen, den wir oben gefunden hatten,
in seine Artbegriffe zu zerlegen. Denn wir können erstens dem analytischen Ausdruck für das Krümmungsmaß der Flächen eine solche
Erweiterung zu Teil werden lassen, dass er auch für diesen allgemeinen Fall seine unbedingte Giltigkeit behält, da die wesentlichen
Eigenschaften desselben, „bei einer Biegung der betreffenden Fläche
sich nicht zu ändern, ferner zu verschwinden, sobald die Fläche in
eine Ebene abwickelbar ist, und constant zu werden, sobald die
Teile der Fläche in einander verschiebbar sind"[2], durch diese Verallgemeinerung nicht tangirt werden. Selbstverständlich ist, dass
durch diese rein analytische Operation, die hier nicht näher ausgeführt werden kann, die anschauliche Bedeutung, die dem Größenbegriff bei den Flächen gegeben werden konnte, nicht mehr statt
hat. Nur insofern kann ihr auch hier ein solcher Sinn beigelegt
werden, als auch das Krümmungsmaß einer n-fachen Ausgedehntheit dargestellt werden kann als ein Bruch, dessen Zähler die Einheit, dessen Nenner das Product von n den Krümmungsradien der
Flächen analytisch entsprechenden Größen ist.[3] Ganz in ent-

---

[1] Man vgl. HELMHOLTZ, *Heidelberger Jahrbücher* a. a. O. und desselben
Populäre wissenschaftliche Vorträge. Heft III. S. 37.

[2] LIPSCHITZ, *Beitrag zu der Theorie der Krümmung* in *Borchardts Journal für Mathematik.* Bd. LXXXI. S. 211.

[3] Man vgl. KRONECKER, *Abhandl. der Berl. Akad. Math.-phys. Klasse*
1869. S. 367. Dazu auch BEEZ, *Math. Annalen* Bd. VII. S. 392 ff.

sprechender Weise lässt sich auch der Ausdruck für das Linienelement verallgemeinern.[1] Wir werden demnach die verschiedenen
möglichen Ausgedehntheiten von n Dimensionen erhalten, wenn wir
jenem allgemein bestimmten Krümmungsmaſs die verschiedenen
Werte zuschreiben, die es annehmen kann. Dieser Wert nun kann
fürs erste entweder veränderlich oder constant sein. Im ersteren
Fall, der uns hier nicht weiter interessirt, sind wiederum unendlich
verschiedene Werte möglich, im letzteren dagegen reducirt sich die
Zahl derselben innerhalb der einfachen Zahlenreihe auf drei: das
constante Krümmungsmaſs kann positiv, negativ oder gleich Null sein.

Unsere Aufgabe, die Definition unseres Raumbegriffs zu finden,
reducirt sich demnach jetzt auf die Untersuchung, unter welchen
der Begriffe n-facher Ausgedehntheiten wir den Gröſsenbegriff unseres Raumes zu subsumiren haben. Die Gesichtspunkte zu dieser
Untersuchung liegen in den bisherigen Ueberlegungen angezeigt:
das Material dagegen, dessen Subsumirung unter jene allgemeinen
Begriffe sie vollziehen sollen, liegt in den Eigenschaften, die wir
an unserer Raumanschauung tatsächlich bemerken.

Unsere erste Frage ist demnach, ob wir dem Raume ein constantes oder ein veränderliches Krümmungsmaſs zuzuschreiben haben.
Die anschauliche Folge dieser Constanz bestand, wie wir sahen, für
die Flächen in der Congruenz derselben in sich selbst, d. h. in der
Unabhängigkeit der Flächenformen vom Ort, in der Möglichkeit,
sie überall hin an der Fläche ohne Dehnung zu verschieben. Die
gleiche analytische Bedingung wäre deshalb auch für unseren Raum
erfüllt, sobald es gelingt, nachzuweisen, dass auch in ihm die geometrischen Körper unabhängig sind vom Ort, dass also zwei Körper,
die an irgend einem Orte zur Deckung gebracht werden können,
auch an jedem beliebigen andern Ort congruent bleiben. Nun liegt
in der Tat unserer ganzen Geometrie die Voraussetzung einer solchen Congruenz zu Grunde: daher scheint es selbstverständlich, dass
wir auch unserem Raum ein constantes Krümmungsmaſs zuschreiben
dürfen. Die Antwort auf diese scheinbar einfache Frage ist jedoch
schwerer bestimmt zu geben, als die erste Ueberlegung glauben lässt.

In präciserer Fassung lautet unsere Aufgabe: welches sind die

---

[1] RIEMANN a. a. O. II. § 1. LIPSCHITZ, a. a. O. S. 240. HELMHOLTZ.
Populäre Vorträge. Heft III. S. 37.

Bedingungen, die den Congruenzbeziehungen unserer Geometrie zur Grundlage dienen?

Es ist das Verdienst von Helmholtz, diese Bedingungen auf dem Wege analytischer Entwicklung ermittelt zu haben.[1] Riemann hatte den Ausdruck für das Linienelement, der das analytische Fundament aller Congruenzbestimmungen bildet, unter den beiden Beschränkungen, dass die Verhältnisse zwischen den Incrementen dx sich stetig ändern, und dass die Länge des Linienelements, von Größen zweiter Ordnung abgesehen, ungeändert bleibt, wenn sämmtliche Punkte desselben dieselbe unendlich kleine Ortsänderung erleiden, als den einfachsten möglichen Fall abgeleitet.[2] Er hatte dann gezeigt, dass in diesem Ausdruck auch die Formel für das Linienelement in unserem Raum enthalten sei, sobald man denselben durch die für diesen Fall geltende Forderung absolut freier Beweglichkeit der Körper ohne Dehnung beschränke. Helmholtz dagegen war von dieser in unserem Raumsystem tatsächlich erfüllten Forderung als seiner Grundlage ausgegangen und konnte dadurch beweisen, dass unter dieser Voraussetzung Riemanns einfachste Formel die allein berechtigte sei, d. h. also, er konnte darlegen, dass jene analytische Anfangshypothese seines Vorgängers „als Folgerung aus viel weniger beschränkten Annahmen hergeleitet werden könne." Sie fordert, dass „alle Congruenz unabhängig ist vom Ort, von der Richtung der sich deckenden Raumgebilde und von dem Wege, auf dem sie zu einander geführt worden sind."

Durch drei wol von einander zu unterscheidende Bedingungen wird demnach der Inhalt dieser grundlegenden Voraussetzung erschöpft. Die erste derselben, dass die Congruenz unabhängig sei vom Ort, ist identisch mit der Behauptung, dass jede Ortsveränderung des mathematischen Körpers das Verhältnis seiner linearen Dimensionen ungeändert lasse; sie schreibt demselben also eine bestimmte Festigkeit zu. Diese Voraussetzung ist weiter, als es unserem an die tatsächliche Beschaffenheit der uns umgebenden Körperwelt gewöhnten Blick im ersten Augenblick erscheint: denn die Unabhängigkeit der Congruenz vom Ort ist in mehr als einer Weise

---

[1] In der schon erwähnten Abhandlung der *Göttinger Nachrichten* vom Jahre 1868.

[2] Riemann, a. a. O. II. § 1.

möglich. Das Verhältnis der linearen Dimensionen eines mathematischen Körpers bleibt erstens selbstverständlich constant, wenn diese Dimensionen selbst bei einer jeden Ortsveränderung genau dieselben bleiben. Zwei congruente mathematische Körper können aber auch dann an jedem beliebigen Orte zur Deckung gebracht werden, wenn ihre Dimensionen bei der Ueberführung aus einem Ort in den andern entsprechend wachsen oder abnehmen, vorausgesetzt natürlich, dass auch unser eigener Körper sich in entsprechender Weise vergröfsert oder verkleinert. Auch in dem Falle endlich würde allen unseren Congruenzbestimmungen vollständig genügt, wenn eine jede Ortsveränderung der Körper, unseren eigenen eingeschlossen, zur Folge hätte, dass seine Dimensionen sich verschiedenartig änderten, dass seine Tiefendimension z. B. schnell, seine Höhendimension nur langsam wüchse, seine Breitendimension dagegen abnähme, wenn nur das Verhältnis dieser Aenderungen ein constantes wäre. Denn in jedem dieser drei Fälle würden die Resultate der geometrischen Vergleichung, die sich zuletzt auf die Spiegelbilder der verglichenen Körper und ihrer Mafsstäbe im Auge reduciren, genau dieselben sein. Wir können daher aus den Mitteln unserer Raumanschauung als solcher keinem derselben vor den anderen den Vorzug geben. Denn nur dann, wenn unser Körper, also auch die Netzhautfläche unseres Auges von dieser Veränderung ausgeschlossen wäre, würden wir zu erkennen vermögen, dass die Ueberführung der Körper aus einem Orte in den anderen die Mafsstäbe, z. B. den Würfel, im zweiten Fall vergröfsere resp. verkleinere, im dritten dagegen etwa zu einem rechtwinkligen Parallelepiped machen würde. Die Definition des geometrischen starren Körpers kann daher nur lauten: Ein geometrischer Körper ist ein solcher, dessen Punkte bei einer jeden Ortsveränderung die gleiche Entfernung behalten. Denn diese Entfernung bleibt bei jeder jener drei Annahmen dieselbe, da wir keinen absoluten Mafsstab besitzen, alle Mafsstäbe im zweiten und dritten Fall aber sich vollkommen entsprechend verändern würden. Auch die analytische Interpretation dieser Definition lässt sich allgemein verdeutlichen. Da die Lage eines jeden Punktes im Raume durch seine drei Coordinaten eindeutig bestimmt ist, so ist ein jedes Punktepaar seiner Lage nach gegeben, sobald die sechs Coordinaten seiner beiden Punkte bekannt sind. Die Entfernung eines Punktepaares lässt sich deshalb analy-

tisch als eine Gleichung zwischen seinen Coordinaten darstellen.
Ein fester geometrischer Körper ist demnach, analytisch definirt, ein
System von Punkten, in dem für die Coordinaten je zweier Punkte
eine für alle congruenten Punktepaare identische Gleichung gilt,
die bei einer jeden Ortsveränderung dieselbe bleibt.[1]

Diese Definitionen des geometrischen Körpers sind enger als
die üblichen, die denselben als eine lediglich ausgedehnte, begrenzte
Substanz bestimmen, da sie den Begriff einer begrenzten Ausdehnung in den eines endlichen Punktsystems umformen, und ihm
außerdem das Prädicat einer bestimmten Festigkeit zuschreiben.
Die Geometrie greift dadurch in das Gebiet der Mechanik ein.
Allerdings hat es den Anschein, als ob sie diese Grenzüberschrei-
tung sofort selbst wieder aufhebe, da sie ausdrücklich erklärt, dass
für sie drei verschiedene Annahmen über die Festigkeit gleich möglich seien, während die Mechanik für ihre festen Punktsysteme nur
die erste derselben kenne. Jedoch diese Rechtfertigung ist hinfällig.
Denn selbst wenn wir annehmen wollten, die Geometrie begnüge
sich mit dieser dreifachen Möglichkeit und gebe keiner unter ihnen
aus sich heraus den Vorzug der Wirklichkeit, so würde sie doch
schon durch diese allgemeine Annahme das Gebiet der bloßen Raumanschauung als solcher verlassen, da die Ausdehnung für sich betrachtet zu keiner Folgerung über die Festigkeit Anlass giebt. Jedoch
in der Tat nimmt die Geometrie eine solche gleichgiltige Stellung
gegenüber jenen Annahmen nicht ein, denn ihre gleiche Möglichkeit bezieht sich nur darauf, dass eine jede von ihnen die Congruenzbestimmungen gleich vollkommen erklären kann, wenn man von
allen anderen Beziehungen abstrahirt. Die Geometrie aber denkt
die mechanischen Beziehungen ihrer Lehrsätze überall mit, da sie
zugleich präsumirt, überall idealer Ausdruck der wirklichen Körper-
verhältnisse zu sein. Ihre Congruenzbestimmungen wollen deshalb
nicht bloße Raumbeziehungen, sondern wirkliche Verhältnisse der
den geometrischen Gebilden entsprechenden Körper darstellen, von
denen schon ihre constructiven Grundbegriffe abstrahirt sind: sie
wollen Maßbeziehungen der Körper geben. Nun beweisen die Untersuchungen über den Zusammenhang der Naturkräfte, dass nur die

---

[1] Auf jene dreifache Möglichkeit hat HELMHOLTZ *Populäre Vorträge*,
Heft III. S. 11 f. in anderem Zusammenhange aufmerksam gemacht.

erste jener Hypothesen über die Festigkeit des mathematischen Körpers als ein Ausdruck der Wirklichkeit gelten darf, da alle Bewegungsvorgänge, die wir bisher kennen gelernt haben, mit Sicherheit dartun, dass nur die Annahme einer Constanz der Dimensionen selbst und nicht blofs ihres Verhältnisses den kinetischen Betrachtungen zu Grunde gelegt werden kann. Auch die Geometrie giebt demnach dieser einfachsten Annahme, welche ihr die Anwendbarkeit auf die wirklichen Körper sichert, vor den übrigen unbedingten Vorzug.[1]

Diese Erörterungen zeigen, dass die Unabhängigkeit der Congruenz vom Ort ohne die Voraussetzung fester Körper in dem näher bestimmten Sinne nicht bestehen kann; aber diese Voraussetzung reicht nicht hin, alle Eigenschaften unserer Congruenzbeziehungen zu erklären. Wir müssen zweitens annehmen, dass die mathematischen Körper vollkommen frei beweglich sind. Denn zwei congruente mathematische Körper sind nicht nur an jedem beliebigen Orte, sondern auch in jeder beliebigen Lage congruent. Daraus folgt, dass jene Entfernungsbeziehungen der Punkte, die das System des Körpers bilden, auch dann unverändert bleiben, wenn dieselben ihre Orte vertauschen, soweit die Festigkeit derselben eine solche Vertauschung überhaupt zulässt. Erst wenn auch diese Bedingung vollkommen erfüllt ist, folgt, „dass zwei in sich feste Punktsysteme A und B, die in einer ersten Lage von A zur Congruenz entsprechender Punkte gebracht worden sind, auch in jeder anderen Lage von A zur Congruenz aller der Punkte, die vorher congruirten, müssen gebracht werden können."[2] Auch dieser Bedingung lässt sich durch ihre analytische Interpretation festere Bedeutung geben. Die Coordinaten nämlich eines Systems von n unveränderlich verbundenen Punkten werden durch 3n Gleichungen eindeutig bestimmt. Von diesen Gleichungen genügen jedoch, wie die analytische Mechanik beweist, 3n — 6, um jene unveränderlichen Beziehungen zwischen den Coordinaten auszudrücken; es bleiben also sechs Größen übrig, über die, wenn das System vollkommen frei beweglich sein soll, beliebig zu verfügen sein muss. Drei derselben bestimmen eine mögliche Bewegung parallel der einen Axe, die drei anderen eine mögliche Rotation um jede dieser drei Axen.

[1] Man vgl. das letzte Capitel dieser Schrift
[2] Helmholtz, Göttinger Nachrichten 1868, S. 200.

Diese zweite Voraussetzung fügt der Definition des mathematischen Körpers ein neues Merkmal hinzu, das ebenso wie der Begriff der Festigkeit aus den Grenzen einer rein geometrischen Betrachtung im üblichen Sinne heraustritt. Denn auch der Begriff der Bewegung ist empirisch mechanischer Natur. Auch hier zwar kann noch Zweifel herrschen: denn es ist so wenig notwendig, dass der geometrische Begriff der Bewegung mit dem mechanischen zusammenfalle, als es oben ohne weiteres ersichtlich war, dass der geometrische Begriff der Festigkeit mit dem mechanischen coincidire, obgleich es sich hier natürlich nur darum handeln kann, ob die Geometrie ebenso wie die Mechanik die rein empirischen Merkmale der Bewegung in Betracht zieht. Es wird sich jedoch an späterer Stelle zeigen[1], dass auch hier eine Aehnlichkeit beider Begriffe obwaltet, die den gleichartigen Ursprung der geometrischen Bewegung aufser Zweifel setzt. Hier genügt es hervorzuheben, dass die mannigfachen Bemühungen einzelner rationalistisch gesinnter Geometer, z. B. von Legendre[2] und Bolyai[3], den Begriff der Bewegung aus den elementaren Grundlagen der Geometrie zu entfernen, ohne Erfolg bleiben mussten, da die mathematische Analyse gezeigt hat, dass derselbe notwendig hinein gehöre.

Die bisher besprochenen beiden Bedingungen scheinen zur Ableitung der Congruenzbeziehungen unseres Raums zu genügen: die analytische Untersuchung hat jedoch gezeigt, dass noch eine dritte Voraussetzung notwendig ist, die unsere Anschauung ohne diese Hilfe schwerlich von den beiden anderen isolirt hätte. Es erscheint anschaulich zunächst als selbstverständlich, dass ein Körper, von dem zwei Punkte als unbeweglich angenommen werden, der also um ihre Verbindungslinie als Rotationsaxe gedreht werden kann, nach einer ganzen Umdrehung unverändert in seine Anfangslage zurückkehrt. Dennoch ist diese Voraussetzung nicht die einzig mögliche. Es ist z. B. auch denkbar, dass seine Dimensionen dem Drehungswinkel proportional wachsen könnten. Wir müssen es deshalb als eine dritte notwendige Voraussetzung ansehen, dass zwei Körper, die in irgend einer Lage congruiren, auch dann congruent

---

[1] Man vgl. das letzte Capitel dieser Schrift.

[2] Legendre, Éléments de géométrie. Livre I.

[3] Bolyai, Tentamen I. 142 ff.

bleiben, nachdem der eine von ihnen eine ganze Umdrehung um irgend eine Rotationsaxe erlitten hat. Wie bedeutungsvoll auch diese scheinbar selbstverständliche Bedingung ist, zeigt sich z. B. daraus, dass in einem geometrischen System, in welchem die angegebene andere, an sich ebenso mögliche Voraussetzung erfüllt wäre, die Linie kürzester Verbindung zwischen zwei Punkten die Spirale sein würde.[1] Dass auch diese Bestimmung einen festen analytischen Sinn hat und dass sie ebenso wie die beiden vorigen einen empirischen Begriff, den der Rotation, in sich enthält, bedarf keiner besonderen Besprechung mehr.

Doch einen Punkt müssen wir noch erwähnen, ehe wir das Resultat dieser Erörterungen zusammenfassen. So unzweifelhaft nämlich Helmholtz der erste gewesen ist, der die entwickelten drei Voraussetzungen unserer Congruenzbestimmungen als notwendige und hinreichende Grundlage derselben dargetan hat, so sehr ihm überdies das Verdienst gebührt, zu ihrer Entwicklung den Weg eingeschlagen zu haben, der allein zu unzweideutigen Resultaten führt, so selbstverständlich ist es doch wiederum, dass fast jede derselben schon vorher in der einen oder anderen Form ausgesprochen ist. Wissenschaftliche Entdeckungen sind von dem Geist der Zeit am wenigsten unabhängig, da für sie fast ausnahmslos nicht sowol die Individualität des Forschers als der Stand der Forschung mafsgebend ist. Nur die Methode ihrer Auffindung charakterisirt die Individualität. So ist gleich die erste jener Voraussetzungen bereits mehrfach ausgesprochen worden. Sie findet sich vorgedeutet in Delboeufs Bemerkungen über die Homogeneität des Raumes [2], direct ausgesprochen in Houëls oben citirter Schrift, die unmittelbar vor den Untersuchungen von Riemann und Helmholtz erschien. Houël erklärt, dass den Postulaten Euklids ein viertes beigefügt werden müsse, das derselbe oft benutze, obgleich er es mit Hilfe des zweiten und dritten Postulats, wie es scheint, habe vermeiden wollen. Er sagt ausdrücklich: „Wir fordern, dass eine ihrer Form nach unveränderliche Figur auf jede beliebige Weise in ihrer Ebene oder im Raume transportirt werden könne", und deutlicher noch an späterer Stelle: „Die ganze Geometrie ist auf der Idee der Unver-

---

[1] Helmholtz, *Göttinger Nachrichten* 1868, S. 220.

[2] Delboeuf, *Prolégom. philos. de la géométrie.* Liège 1860.

änderlichkeit der Formen gegründet. Man gesteht von vornherein
zu, dass in den Figuren eine gewisse Eigentümlichkeit existirt,
welche bestehen bleibt, wenn die Figuren in eine andere Region
des Raumes transportirt werden ... Die Idee der Unveränderlichkeit der Form entspringt aus der Erfahrung ... Wir bezeichnen
diese Körper als feste."[1]

Weit häufiger noch und in mannigfacherer Form ist die Bewegung als eine notwendige Voraussetzung der Geometrie anerkannt
worden. Es ist bekannt, mit welchem Nachdruck Newton diese Entstehungsweise der geometrischen Gebilde betont hat, ging er doch
sogar so weit, die Geometrie für nichts anderes als einen Teil der
allgemeinen Mechanik zu erklären. Wenn auch nicht wenige und
unter ihnen die hervorragendsten unter den Geometern, wie Legendre und Bolyai, dem Beispiele Euklids folgten, und die Definition
der Constructionsbegriffe ohne Zuhilfenahme der Bewegung gaben,
so wurde ihre Voraussetzung doch stillschweigend überall schon den
ersten Lehrsätzen zu Grunde gelegt. Auf ihre Seite traten natürlich die rationalistischen Philosophen, wenn sie nicht versuchten,
den Begriff der geometrischen Bewegung so zu fassen, dass der empirische Inhalt desselben überdeckt wurde. Nur Schopenhauers
Scharfsinn entdeckte die unbequeme Voraussetzung in dem achten
Axiom Euklids, so wenig ihn diese Entdeckung an seiner extremen
Darstellung der kantischen Theorie der Mathematik irre machte.
Er bemerkt im zweiten Bande seines Hauptwerks: „Mich wundert,
dass man nicht vielmehr (statt des elften) das achte Axiom an-
greift: „Figuren, die sich decken, sind einander gleich." Denn
das „Sichdecken" ist entweder eine blofse Tautologie oder etwas
ganz empirisches, welches nicht der reinen Anschauung, sondern
der äufsern sinnlichen Erfahrung angehört. Es setzt nämlich Beweglichkeit der Figuren voraus; aber das Bewegliche im Raum ist
allein die Materie. Mithin verlässt das Provociren auf das Sich-

---

[1] Nous demanderons qu'une figure invariable de forme puisse être trans-
portée d'une manière quelconque dans son plan ou dans l'espace. — Toute
la Géométrie est fondée sur l'idée de l'invariabilité des formes. On com-
mence par admettre qu'il existe dans les figures une certaine propriété, qui
subsiste lorsque ces figures se trouvent transportées dans une autre région
de l'espace... L'idée d'invariabilité de forme nous vient de l'expérience..
Nous donnons à ces corps le nom de corps solides. Houël, *Essai critique*.
S. 47. Vgl. S. 59, 37.

decken den reinen Raum, das alleinige Element der Geometrie, um
zum Materiellen und Empirischen überzugehen."[1]

Unsere Betrachtungen führen demnach, wenn wir den empirischen Charakter der abgeleiteten Bedingungen vorläufig unberücksichtigt lassen, zu dem Ergebnis, dass wir ein Recht haben, unserem
Raum ein constantes Krümmungsmaſs zuzuschreiben, sofern es sich
um endliche Teile desselben handelt. Denn vollständig ist jene Frage
noch nicht beantwortet, da sich unsere ganze bisherige Untersuchung
tatsächlich nur auf endliche Raumteile bezog, und wir keineswegs
das Recht haben, die gewonnenen Resultate ohne weiteres auf die
Verhältnisse des Unmessbargroſsen oder Unmessbarkleinen zu übertragen. Unsere Geometrie setzt zwar die Uebertragbarkeit ihrer
unmittelbar nur auf endliche Raumteile bezogenen Lehrsätze in
jene beiden Grenzgebiete voraus, aber diese Voraussetzung ist doch
im Grunde nur ein Postulat, dessen Berechtigung erst durch sorgfältig ausgeführte Messungen nachgewiesen werden muss. Gleichviel
nämlich, ob wir unserer Raumvorstellung empirischen oder apriorischen Ursprung zuschreiben, so bleibt doch möglich, dass die ganze
Krümmung der endlichen Raumteile sich unseren Messungen der Congruenzbeziehungen derselben als constant ergiebt, trotzdem etwa
genaue Untersuchungen der Congruenzverhältnisse unmessbar kleiner Raumteile zeigen würden, dass diese Constanz nur annähernd
vorhanden sei, dass z. B. das Krümmungsmaſs unseres Raumes für
jede seiner drei Dimensionen verschiedene Werte habe, wenn auch
natürlich diese Differenzen nur verschwindend klein sein könnten.
Denn selbst wenn wir unsere Raumvorstellung rein a priori erworben hätten, würde eine solche Möglichkeit nicht abgewiesen werden
dürfen, so lange es nicht gelungen wäre, die Constanz des Krüm-
mungsmaſses für alle drei Dimensionen als eine notwendige Consequenz aus dem Wesen der Seele herzuleiten. Ebenso würde es
auch unter dieser Voraussetzung lediglich auf dem Wege empirischer
Messung möglich sein, den Grad jener Abweichungen zu bestimmen,
da wir offenbar die beobachteten Congruenzbeziehungen der endlichen Raumteile nur so lange auf diejenigen der unmessbar kleinen
übertragen, bis entweder direkte Beobachtungen bei der Verschie-
bung sehr kleiner Körperteile, die dann weder von ihrem Ort noch

[1] SCHOPENHAUER, Welt als Wille. 1. Aufl. Bd. II. S. 143.

von ihrer Lage unabhängig sein würden, oder aber Schlüsse aus
den Erfahrungen im Endlichen von der Notwendigkeit einer entgegengesetzten Annahme überführen würden. Natürlich würde dann
auch unsere ganze Geometrie verändert werden müssen, da die euklidische nur angenähert richtig wäre. Die Möglichkeit und die eventuelle Bedeutung einer solchen Abweichung lässt sich deshalb keinem
Zweifel unterziehen. Anders aber gestaltet sich die Sache, wenn wir
nach ihrer Wirklichkeit fragen. Zunächst ist klar, dass die Frage
im Grunde nur für das Gebiet des Unmessbarkleinen einen Sinn hat,
da der Wert des Krümmungsmafses für endliche Raumteile nicht
constant sein kann, wenn er für unendlich grofse Raumtheile variirt.
Während wir so den ersten Teil der Frage abweisen dürfen, können
wir auf den zweiten keine bestimmte Antwort geben, da die etwa
hierher gehörigen Beobachtungen noch keine definitiven Stützpunkte
für einen der möglichen Fälle bieten. Wir sind deshalb auf eine
Schätzung der gröfseren Wahrscheinlichkeit angewiesen. Hier nun
ist einerseits Folgendes zu bedenken. Alle Hypothesen über die
elementare Constitution der Materie, welche den physikalischen und
chemischen Theorien zu Grunde liegen, gehen von der Voraussetzung
der Congruenz des Raumes in sich selbst auch in den kleinsten Teilen aus; alle Berechnungen der Molecularbeziehungen haben nur
unter dieser Annahme volle Giltigkeit. Auch diejenigen neueren
mechanischen Untersuchungen, in denen „die Annahme festgehalten
ist, dass die Materie stetig den Raum erfüllt," die deshalb „die Theorien, die auf der Annahme von Molecülen beruhen, nicht berühren,"[1]
legen diese Voraussetzung in gleicher Weise wie jene bisher allein
geltenden Hypothesen zu Grunde. Die Wahrscheinlichkeit der unbedingten Congruenz des Raumes in sich selbst ist deshalb um vieles gröfser, als die Wahrscheinlichkeit jeder dieser mechanischen
Theorien selbst. Andrerseits aber verdient auch der Umstand Beachtung, dass der weitblickende Scharfsinn von Riemann eine Umbildung unserer Congruenzbeziehungen für das Gebiet des Unmessbarkleinen vorausgesagt hat. Die bezügliche Aeufserung desselben
lautet: „Nun scheinen aber die empirischen Begriffe, in welchen
die räumlichen Mafsbestimmungen gegründet sind, der Begriff des

---

[1] Kirchhoff, Vorlesungen über mathem. Physik. Mechanik. Leipzig 1876.
Vorrede. S. 1.

festen Körpers und des Lichtstrahls[1], im Unendlichkleinen ihre
Giltigkeit zu verlieren; es ist also sehr wol denkbar, dass die Mafsverhältnisse des Raumes im Unendlichkleinen den Voraussetzungen
der Geometrie nicht gemäfs sind, und dies würde man in der Tat
annehmen müssen, sobald sich dadurch die Erscheinungen auf einfachere Weise erklären liefsen."[2] Diese Vermutungen sind jedoch
so unbestimmt, und bisher noch so wenig bestätigt, dass sie die
oben begründete Wahrscheinlichkeit des Gegenteils nur um ein geringes vermindern können.

Wir dürfen es deshalb als die erste wesentliche Eigenschaft
unseres Raumes aussprechen: der Raum ist eine in sich congruente Mannigfaltigkeit; oder in analytischer Form: der
Raum ist eine Mannigfaltigkeit mit constantem Krümmungsmafs.

Unsere zweite Frage bezieht sich darauf, welchen Wert wir
diesem constanten Krümmungsmafs beimessen dürfen, ob wir dasselbe als positiv, negativ oder gleich Null anzusehen haben. Für
zweifach ausgedehnte Mannigfaltigkeiten wurden diese drei möglichen Fälle durch die sphärischen, die pseudosphärischen Flächen
und durch die Ebene charakterisirt. Unsere Frage lautet deshalb,
da wir wiederum die anschauliche Betrachtung der analytischen
Discussion vorziehen müssen, welcher unter diesen Flächen die
Eigenschaften unseres Raumes correspondiren. Auch hier scheint
die Antwort sich von selbst zu ergeben, da die Lehrsätze der Geometrie des Raumes zeigen, dass alle Mafsbestimmungen der Ebene
sich ohne jede inhaltliche Veränderung auf unseren Raum von drei
Dimensionen übertragen lassen. Die Axiome von den geradesten
Linien und den Parallelen gelten, selbstverständlich in entsprechender Erweiterung, auch für den Raum; alle bisher ausgeführten
Systeme räumlicher Messungen haben unter diesen Voraussetzungen
zu hinreichend sicheren, für alle bisher untersuchten Raumverhält-

---

[1] Diese Begriffe sind, wie wir gesehen haben, nicht coordinirt. Der Begriff des geradlinigen Lichtstrahls ist keine notwendige Voraussetzung der
Congruenzbestimmungen unseres Raumes. Vgl HELMHOLTZ, *Göttinger Nachrichten* 1868, S. 197.

[2] RIEMANN, a. a. O. III. § 3. S. 17 ff. Es sei übrigens bemerkt, dass
Riemann seinem Manuscript die Bemerkung beigefügt hat, dass dieser Pa-
ragraph „noch einer Umarbeitung und weitern Ausführung bedürfe".

nisse sogar vollkommen genauen Resultaten geführt. Jedoch auch
hier dürfen wir aus dieser Uebereinstimmung nicht ohne weiteres
schliefsen, dass unser Raum als ein Analogon der Ebene zu denken
sei, dass wir ihm also das constante Krümmungsmafs Null zuschreiben dürfen. Denn jene geometrischen Messungen würden sich auch
in dem Fall unverändert anstellen lassen, wenn jenes Krümmungsmafs einen allerdings unendlich kleinen positiven oder negativen
Wert besäfse. Wäre z. B. das erstere der Fall, verhielte sich unser
Raum also analog einer sphärischen Fläche mit unendlich grofsem
Radius, so würde die Winkelsumme aller endlichen Dreiecke den
Minimalwert von zwei Rechten so wenig übersteigen, dass diese
Differenz durch unsere Messungsmethoden gar nicht gefunden werden
könnte. Ebenso würde bei unendlich geringem negativen Wert des
Krümmungsmafses jene Summe in allen endlichen Dreiecken den
Maximalwert von zwei Rechten so nahezu erreichen, dass dieser
Unterschied für uns ebenfalls innerhalb der Grenzen der wahrschein-
lichen Beobachtungsfehler verbliebe. Auch hier bleibt uns kein
anderer Weg übrig, als der, die Winkelsumme möglichst grofser
empirisch gegebener Dreiecke durch möglichst sorgfältig angestellte
Messungen zu bestimmen. Denn gleichviel, welches der unterschei-
denden Merkmale wir zur Erkenntnis der besonderen Natur unseres
Raumes in Anspruch nehmen wollten, überall würden wir zuletzt
auf solche empirische Beobachtungen angewiesen.[1]

Die Frage lässt sich deshalb ebenso wenig mit unbedingter
Sicherheit beantworten, wie wir im Stande waren, über die Constanz des Krümmungsmafses zu endgiltiger Entscheidung zu kommen.
Die gröfste nämlich unter den Standlinien, die wir den trigonometrischen Untersuchungen zu Grunde legen können, bietet die grofse
Axe unserer Erdbahn; diese aber ist gegenüber den Entfernungen,
welche die Erscheinungen des Fixsternhimmels darbieten, viel zu
klein, um zu allgemein giltigen Ergebnissen auszureichen. So weit
allerdings unsere Methoden des Messens zur Anwendung gebracht
sind, soweit hat sich auch die Hypothese, dass unser Raum eine
der Ebene analoge Mannigfaltigkeit sei, ausnahmslos bestätigt. Lobatschewsky z. B. hat gezeigt, dass in einem Dreieck, dessen Seiten

[1] Man vgl. GAUSS, _Briefwechsel._ Band II. 269 ff. RIEMANN, a. a. O. III.
§ 3. S. 17. HELMHOLTZ, _Populäre Vorträge._ Heft III. S. 43. HOÜEL, a. a. O.
S. 77. BELTRAMI, a. a. O. S. 369 u. s. f.

der Entfernung der Erde von der Sonne gleichen, die Winkelsumme
von zwei Rechten nicht um mehr als 0,0003 Secunden entfernt sein
kann[1]: Helmholtz ferner hat darauf aufmerksam gemacht, dass die
astronomische Rechnung die Parallaxe der unendlich weit entfernten Fixsterne immer gleich Null findet, während dieselbe, falls
das Krümmungsmaſs unseres Raumes einen noch so geringen endlichen, negativen Wert besässe, eine bestimmte positive Gröſse haben
müsste.[2] Die Wahrscheinlichkeit, dass unser Raum den Voraussetzungen der Geometrie der Ebene vollkommen entspreche, ist also
auch hier eine sehr hohe, so dass wir als die zweite wesentliche
Eigenschaft desselben aussprechen können, sein Krümmungsmaſs
habe den constanten Wert Null. Riemann hat zur äuſseren Charakterisirung der Maſsbeziehungen dieser Klasse von Mannigfaltigkeiten,
der unser Raum hiernach angehört, eine Bezeichnung vorgeschlagen,
in der ihre Beziehung zu den Eigenschaften der ebenen Flächen
ausgedrückt ist: er hat sie ebene Mannigfaltigkeiten genannt.
Unser Raum ist demnach ein ebener Raum.

Gegen wenige Teile der Riemann-Helmholtz'schen Erörterungen
sind sowol seitens der Philosophen als auch gelegentlich seitens einzelner Mathematiker so viele Einwendungen erhoben worden wie
gegen diesen: selbst die terminologische Bezeichnung der „Ebenheit" hat zu lebhaften Protesten Anlass gegeben. Wir dürfen jedoch
auf Grund der bisherigen Ausführungen auf eine besondere Wider-
legung derselben Verzicht leisten. Nur einen Einwand müssen wir
berücksichtigen, der von den Anhängern rationalistischer Theorien
der Mathematik wenigstens erhoben werden könnte. Derselbe rich-
tet sich nicht minder gegen die Berechtigung der oben angewandten
Methode empirischer Messung, als gegen die Unsicherheit der erhaltenen Resultate. Die Mittel zu seinem Widerspruch bietet ihm
ein Merkmal unserer Raumanschauung, von dem wir bisher noch
nicht näher gesprochen haben. Die ebenen Mannigfaltigkeiten unterscheiden sich von den Ausgedehntheiten mit constantem positiven
Krümmungsmaſs nämlich nicht bloſs dadurch, dass in ihnen auch
Unabhängigkeit der Richtung vom Ort stattfindet, während in jenen
bloſs das Verhältnis der Dimensionen der Körper durch den Ort

---

[1] LOBATSCHEWSKY in *Crelles Journal* a. a. O.
[2] HELMHOLTZ, *Populäre Vorträge*. Heft III. S. 45.

nicht afficirt wird, sondern auch dadurch sind sie von einander getrennt, dass diese unendlich, jene dagegen nur endlich ausgedehnt sind. Da wir nun tatsächlich im Stande sind, unsere Raumanschauung ins unendliche zu erweitern, so scheint es, dass schon dadurch die Ebenheit unseres Raumes constatirt werde, und zwar sicherer, als es je durch äussere Erfahrung geschehen könnte.

Diesem Einwurf gegenüber stellen wir zuerst fest, in welchem Sinn hier von Unendlichkeit geredet wird. Diese Bestimmung können wir treffen, ohne auf die philosophischen Schwierigkeiten dieses Begriffs näher einzugehen. In unserer Auffassung der unendlichen Ausdehnung laufen zwei Elemente in einander, welche die mathematische Analyse wol zu unterscheiden lehrt, die Unbegrenztheit nämlich und die Unendlichkeit. Die Verhältnisse der Flächen werden die Verschiedenheit beider, auf welche Riemann zuerst aufmerksam gemacht hat, genauer verdeutlichen. In jeder der oben betrachteten zweifach ausgedehnten Mannigfaltigkeiten können wir alle auf denselben construirbaren Figuren beliebig verschieben, vergrössern oder verkleinern. In den sphärischen Flächen z. B. können wir jeder geradesten Linie, also jedem Bogen eines grössten Kreises eine unbegrenzte Länge geben, da wir die sie erzeugende Bewegung eines Punktes, nachdem derselbe in seine Anfangslage zurückgekehrt ist, continuirlich fortgesetzt denken können. Ebenso können wir die Dimensionen jeder sphärischen Figur beliebig erweitern, wenn wir dieselbe nur hinreichend oft auf der Grundfläche abwickeln. Wir können allen jenen Flächen, auch die mit variablem Krümmungsmass nicht ausgenommen, deshalb Unbegrenztheit zuschreiben, sofern wir die Grenzen jeder beliebigen Linie und jeder beliebigen Figur schrankenlos erweitern können. Den ebenen Flächen kommt diese Eigenschaft in gleichem Masse zu, daneben aber findet sich eine zweite, die sie allein besitzen.[1] Anschaulich lässt sich dieselbe etwa folgendermassen charakterisiren. Bei den sphärischen Flächen ist die Erweiterung der Linien und Figuren ins unbegrenzte nur dadurch möglich, dass die einzelnen Teile derselben auf einander abgewickelt werden, in den ebenen Flächen dagegen findet eine

[1] Auch den pseudosphärischen Flächen zwar kommt sie zu, wie die analytische Untersuchung derselben zeigt, da aber nur begrenzte Teile derselben in unserem Raum dargestellt werden können, so lässt sich dies anschaulich nicht erweisen.

solche Rückkehr nicht statt: dort sind die linearen Gebilde unbegrenzt, hier sind sie unbegrenzt und unendlich. Schärfer noch lässt sich dieser Unterschied durch die entsprechenden analytischen Beziehungen charakterisiren. Die Unbegrenztheit der Flächenstücke hat ihren wesentlichen Grund in jener oben besprochenen Vertauschbarkeit der Dimensionen, welche die Ausgedehntheiten als solche charakterisirt: sie gehört also lediglich den Ausdehnungsverhältnissen der Mannigfaltigkeiten an und gilt deshalb für alle Ausgedehntheiten von gleichviel Dimensionen in gleicher Weise. Die Unendlichkeit derselben dagegen bezieht sich lediglich auf die Mafsverhältnisse: sie ist ein besonderes Merkmal der Mannigfaltigkeiten, deren Krümmungsmafs negativ ist oder den constanten Wert Null hat. Da die Art und Weise der Erweiterung ins unbegrenzte von den Mafsverhältnissen der Mannigfaltigkeiten abhängig ist, sofern die Construction der möglichen Orte der Begrenzungen durch die Beschaffenheit des Krümmungsmafses bestimmt wird, so kann man sagen, dass die Mafsbeziehungen das Gesetz der Unbegrenztheit angeben. Die Unendlichkeit entspricht dann einer bestimmten Form dieses Gesetzes.

Uebertragen wir diese Unterscheidungen nun auf unseren Raum, so ist leicht einzusehen, dass diese beiden Merkmale in unserer Anschauung desselben nicht in der gleichen Weise enthalten sind. Die Unbegrenztheit der körperlichen Gebilde ist, wie Riemann mit Recht hervorhebt [1], eine Voraussetzung, die allen unseren theoretischen und praktischen Raumbestimmungen ausnahmslos zu Grunde liegt, die wir bei den Constructionen messbarer Beziehungen nicht mehr anwenden, als bei den Verhältnissen im Unmessbargrofsen und im Unmessbarkleinen. Die Unendlichkeit des Raumes kommt zwar für alle jene Bestimmungen mittelbar ebenso sehr in Betracht, da sie mit unseren Mafsmethoden, die sich alle auf die Axiome von der geraden Linie und von den Parallelen gründen, in unauflösbarer Beziehung steht, aber die Sicherheit dieser Voraussetzung ist nicht die gleiche, da jene Methoden bei unendlich kleinen positiven oder negativen Werten des Krümmungsmafses vollkommen gleiche Ergebnisse liefern könnten. Die Vertauschbarkeit der Dimensionen kann in jenen Grenzgebieten keine andere sein, das liegt in ihrem

---

[1] Riemann, a. a. O. III. § 2.

Begriffe, aber eine sehr geringe Abweichung der Winkelsumme von zwei Rechten kann bei den trigonometrischen Messungen sehr grofser Dreiecke bemerkbar werden.

Jedoch diese Bemerkungen heben den Einwand nicht auf, da die psychologische Tatsache, dass wir unsere Anschauung ins unendliche erweitern können, zweifellos fortbesteht. Es handelt sich demnach darum, diese Tatsache richtig zu interpretiren. Dann aber wird sich zeigen, dass sie weder der Möglichkeit eines für uns noch unmessbar kleinen positiven Wertes des Krümmungsmafses im Wege steht, noch die Notwendigkeit aufhebt, über eine solche mögliche Abweichung desselben von dem bisher allein beobachteten Nullwert auf dem Wege empirischer Messung zu entscheiden. Denn gegen den ersten Einwand dürfen wir behaupten, dass die Unendlichkeit unseres Raumes oder, wie wir mit einem treffenden Terminus Kants sagen können „die Grenzenlosigkeit im Fortgange der Anschauung" die Ebenheit desselben ebenso wenig hinreichend bestimmt, wie die Congruenz endlicher Raumteile die Constanz des Krümmungsmafses auch für bis jetzt unmessbar kleine Raumteile verbürgt. Ein Beispiel mag den Beweisgrund hierfür zunächst veranschaulichen. Wir können uns geistige Wesen denken, die gezwungen sind, auf einem sehr kleinen Teil einer unmessbar grofsen Kugelfläche zu leben, deren Organe und Werkzeuge überdies so beschaffen sind, dass ihnen nur ein verhältnismäfsig geringer Teil der Fläche sichtbar wird, und ein noch kleinerer Teil ihren Mafsmethoden zugänglich ist. Diese Wesen müssten, wenn wir nur den Umfang der ganzen Fläche hinreichend grofs und den Bezirk ihrer eigenen Wohnstätten hinreichend klein denken, eine Geometrie ausbilden, die unserer euklidischen Geometrie der Ebene vollkommen gleich wäre. Die Summe ihrer Dreieckswinkel würden sie, wie wir die unsrige, gleich zwei Rechten finden; ihre geradesten Linien würden sie ins unendliche ausdehnbar denken. Denn so weit ihre Augen reichen, würden sie nicht blofs die Unbegrenztheit, sondern auch die Unendlichkeit ihrer Fläche beobachten, und sie würden, so lange ihnen die Möglichkeit anders gearteter Flächengebilde nicht irgend wie, etwa durch analytische Berechnungen analog denen Riemanns, verständlich gemacht würde, unbefangen die von ihnen beobachteten Mafsbeziehungen auch in den für ihre Mittel unmessbar grofsen Entfernungen giltig glauben. Und dies würden sie annehmen, gleichviel ob sie ihre Flächenvorstellung absolut a priori erworben oder unter dem positiv bestimmenden Einfluss der Erfahrung entwickelt hätten. So lange sie nicht wüssten, dass es aus dem Wesen ihrer Seelen folge, die Vorstellung einer sphärischen Fläche zu bilden, deren Krümmungsmafs einen für die von ihnen erkennbaren Mafsbeziehungen unmessbar kleinen Wert habe, und die Beobachtung der Aufsenwelt würde sie darüber nicht belehren —, müssten sie auch in dem ersteren Fall voraussetzen, ihre Ausgedehntheit sei eine endliche. In ganz entsprechendem Verhältnis nun stehen wir möglichenfalls zu unserem Raum. Die Grenzenlosigkeit unseres Raumes im Fortgange der Anschauung beruht lediglich auf einer Uebertragung des für die endlichen Raumteile gesicherten Axioms von der geraden Linie auf die unmessbar grofsen Entfernungen. Selbst wenn wir deshalb unsere Messungen auf billionenfach gröfsere Entfernungen übertragen könnten, als gegenwärtig der Fall, und überall unsere gegenwärtige Voraussetzung der Ebenheit bestätigt fänden, würde die Möglichkeit noch nicht ausgeschlossen sein, dass auch diese Gröfsen nicht genügten, uns den geringen Wert des positiven Krümmungsmafses erkennen zu lassen. Ebenso offenbar ist aber auch, dass, wenn einmal der vorläufig höchst unwahrscheinliche Fall eintreten sollte, der uns nötigte, die Voraussetzung der Ebenheit unseres Raumes aufzugeben, dann der einzige geometrische Weg, der uns dahin führen könnte, in der Methode empirischer Messungen bestehen würde. Weder die Möglichkeit also eines für uns noch unmessbar geringen Wertes des Krümmungsmafses noch die Notwendigkeit empirischer Messungen zur Untersuchung desselben wird durch den psychologischen Einwand der Unendlichkeit aufgehoben. Sinnlos aber würde es auch hier sein, auf eine solche leere logische Möglichkeit irgend welche Schlüsse zu bauen, die unsere Naturauffassung irgend wie direkt afficieren; ich vermag selbst nicht abzusehen, dass die logische Ausführung derartiger Hypothesen nutzbringend sein könne, da man dadurch schwerlich auf Erscheinungen aufmerksam werden könnte, die unserer Aufmerksamkeit ohnedem entgingen. Der Weg direkter Beobachtung würde hier, wo es sich nicht um ungleichartigen Stoff handelt, wie später noch deutlicher werden wird, immer der bessere bleiben.

Das obige Resultat, demgemäfs unser Raum als ein ebener, unendlich ausgedehnter zu betrachten ist, bleibt demnach durch

alle diese Betrachtungen unverändert. Jedoch noch von der entgegengesetzten Seite droht demselben Gefahr. Die bisher als
äußerst unwahrscheinlich, wenn auch immerhin als möglich charakterisirte Annahme, dass das Krümmungsmaß unseres Raumes
einen unendlich geringen positiven Wert besitze, ist bereits als
die einzig gerechtfertigte behauptet worden. F. Zöllner, der überhaupt „die Bedeutung dieser mathematischen Untersuchungen für
unsere Erkenntnis und Interpretation der Naturerscheinungen" als
den wesentlichsten Gewinn derselben ansieht, hat diese Behauptung bekanntlich in seiner Schrift „über die Cometen" ausgesprochen und eingehend zu begründen versucht.[1] Sein Beweis stützt
sich auf eine analytische Discussion der Bedingungen, welche die
Stabilität des Aggregatzustandes tropfbar-flüssiger Körper bestimmen, sowie auf einzelne Tatsachen über die Verdampfung fester
Körper, welche jene Berechnung auf alle Körper übertragbar machen
sollen. Dies nämlich führt ihn zu der Behauptung, dass die Verdampfung eine vom Aggregatzustand unabhängige allgemeine Eigenschaft aller Materie sei, deren Temperatur den absoluten Nullpunkt
überrage. Hieraus aber folgt, dass alle endlichen kosmischen Mas-
sen sich nach unendlicher Zeit, und diese ist seit dem Entstehen
der Welt notwendig vergangen, im unendlichen Raum „bis zum Verschwinden verflüchtigen müssen." Da diese Consequenz der gegenwärtigen Beschaffenheit der Welt absolut widerspricht, so muss, folgert Zöllner weiter, mindestens eine der Prämissen, aus denen sie
erschlossen ist, falsch sein. Diese Voraussetzungen nun sind nach
seiner Auseinandersetzung die folgenden: 1) die Endlichkeit der
raumerfüllenden Materie; 2) die Verdampfung aller Körper, deren
Temperatur den absoluten Nullpunkt übersteigt; 3) die Unendlichkeit der Zeit, während der die Materie den Raum bereits erfüllt;
4) die Unendlichkeit dieses Raumes selbst. Zöllner sucht nun darzutun, dass keine der ersten drei unter diesen Voraussetzungen falsch
sein kann. Die Materie muss endlich sein, da die Berechnung zeigt,
dass im anderen Fall Druck und Dichtigkeit derselben in jedem vom
Centrum (einer hypostasirten Weltkugel) endlich entfernten Punkte
unendlich groß sein müsste; die Verdampfung muss allen Körpern

---

[1] Zöllner, Ueber die Natur der Cometen. Leipzig 1872. 2. Aufl. S. 77 ff.,
299 ff.

beigelegt werden, da mathematische Discussion und physikalische Erfahrung sie gleich wahrscheinlich mache; die Zeit endlich, welche seit der Entstehung unserer Welt verflossen ist, kann nicht endlich sein, da diese Annahme dem Gesetz des zureichenden Grundes widerspricht. Es bleibt demnach nur übrig, dass die Voraussetzung der Unendlichkeit des Raumes eine falsche ist, dass das Krümmungsmaß desselben einen, wenn auch sehr geringen positiven Wert hat. Zu demselben Schluss führt nach Zöllner die Wahrnehmung von Olbers, „dass die Annahme einer unendlichen Zahl von Licht und Wärme ausstrahlenden Körpern (Fixsterne) zu der Annahme dränge, dass das ganze Himmelsgewölbe überall in einem Glanze und mit einer Wärme strahlen müsste, wie gegenwärtig die Sonnenscheibe."[1] Denn die Hypothese einer Absorption der Licht- und Wärmestrahlen, durch welche Olbers sich vor dieser Consequenz zu schützen glaubt, könne diesen Dienst nicht leisten, da die Temperatur des Weltalls sich proportional der lebendigen Kraft der absorbirten Strahlenmenge erhöhen müsse.

Diese Erörterungen würden, wären sie einwurfsfrei, jene Revolution unserer newtonschen Naturauffassung beginnen, deren Möglichkeit schon Riemann angedeutet hat. Sie unterliegen jedoch schwerwiegenden Bedenken. Es ist in der Tat nicht bloß ein kühnes, sondern ein höchst gefährliches Unternehmen, eine solche Umbildung unserer geometrischen Auffassung der Naturerscheinungen auf Grund derartiger physikalischer Ergebnisse inauguriren zu wollen, wie sie hier dem Beweis zu Grunde liegen. Sollte der Behauptung, dass alle Körper, deren Temperatur höher ist als die des absoluten Nullpunktes, allmählich verdampfen, so lange das Maximum der Spannkraft für die betreffende Temperatur nicht erreicht ist, das Recht zu einer solchen Umformung unserer Weltauffassung zustehen, sie müsste selbstverständlich in einer Weise begründet sein, die keinen Zweifel an ihrer Sicherheit aufkommen ließe. Dieser notwendigen Forderung entspricht jedoch die Hypothese Zöllners so wenig, dass sie vielmehr nur auf den Rang einer mechanisch möglichen Annahme, deren Bestätigung durch die experimentelle Wissenschaft noch dahinsteht, Anspruch erheben kann. Denn die physikalischen Tatsachen, welche die Allgemeinheit des mechani-

[1] Zöllner, a. a. O. S. 309 f.

schen Ergebnisses dartun sollen, beruhen erstens auf einigen noch
nicht einmal allgemein bestätigten Versuchen, welche zeigen, dass
einzelne feste Körper wie das Eis Dämpfe von geringer Spannkraft
bis zu einem gewissen Maximum entwickeln, und sodann auf Erscheinungen, als deren wesentlichste „der eigentümliche Geruch
der Metalle und einiger Mineralien" angegeben werden. Die letzteren Tatsachen nun kommen gar nicht in Betracht, da ihre Untersuchung die Hypothese einer Verdampfung bisher nicht einmal als
die wahrscheinlichste Erklärung ergeben hat, die ersteren aber sind
bisher so vereinzelt, dass es sicher keine „rationelle Induction" ist,
die ihnen zu Grunde liegende Eigenschaft einzelner Körper von
niedrigem Schmelzpunkte als eine allgemeine Eigenschaft aller zu
behaupten. Wir dürfen deshalb auch ohne eine besondere Discussion der Gründe, welche Zöllners Schluss auf die Endlichkeit unseres Raumes selbst im Bestätigungsfalle seiner Hypothese über die
Verdampfung unzulässig machen würden[1], diesen zweiten Einwand
gegen unsere obigen Erörterungen für ebenso wenig stichhaltig ansehen, wie jenes psychologische Argument. Das Resultat derselben,
dass wir den Raum innerhalb der Grenzen unserer Beobachtung
mit Gewissheit und jenseits derselben mit sehr grofser Wahrscheinlichkeit als eine ebene Mannigfaltigkeit anzusehen haben, bleibt
unverändert bestehen.

Noch aber wäre es ungerechtfertigt, wollten wir eine endgiltige
Definition unseres Raumes aufstellen, denn auch die beiden Merkmale der Stetigkeit und der Ausdehnung nach drei Dimensionen,
die den Inhalt unserer vorläufig gebildeten Definition ausmachten,
beanspruchen unsere Aufmerksamkeit. Ueber den Begriff der Stetig-
tigkeit zwar, dessen anschauliche und analytische Merkmale bereits
an früherer Stelle kurz angedeutet worden sind, können wir an
dieser Stelle hinweggehen, da die Schwierigkeiten, die sich seiner

---

[1] Solche Argumente sind von WUNDT *Ueber das kosmologische Problem*
in AVENARIUS' *Vierteljahrsschrift für wissenschaftliche Philosophie*. Jahrg. 1.,
Heft 1.) gegen Zöllner ausgeführt. Wundt weist nach, dass die Verdam-
pfungshypothese zu den von Zöllner aufgestellten Ergebnissen nur führe,
wenn sicher wäre, dass erstens die Temperatur aller Teile des Universums
den absoluten Nullpunkt übersteige, und dass zweitens keine Kraftwirkungen
vorkommen, welche der Verdampfbarkeit entgegenwirken. Das erste aber
ist nicht sicher, das zweite dagegen offenbar nicht der Fall.

klaren und deutlichen Bestimmung entgegenstellen, unsere gegenwärtige Aufgabe nicht berühren. Etwas anders jedoch verhält sich
dies mit der Ausdehnung nach drei Dimensionen.

Die Tatsache zwar, dass unser Raum eine dreifache Ausgedehntheit ist, sofern jedes Element desselben durch drei Coordinaten gegeben ist, kann auch dem skeptischsten Verstande nicht zweifelhaft
sein. Denn die durch sie charakterisirten Ausdehnungsverhältnisse
können in den Grenzgebieten keine anderen werden als in den uns
bekannten Gebieten messbarer Entfernung, während sehr geringe
Abweichungen der vorausgesetzten Krümmungsverhältnisse dort allerdings zum Austrag gelangen können. Die Ausdehnung nach drei
Dimensionen besitzt deshalb in der Tat eine Gewissheit, die gröfser
ist als die irgend einer anderen empirischen Tatsache, da sie ihnen
allen zu Grunde liegt. Um so mehr aber muss anerkannt werden,
dass diese Gewissheit keine gröfsere ist. Können wir die Schranken
unserer Anschauung nicht überschreiten, um die Vorstellung einer
vierfachen Ausgedehntheit wirklich zu vollziehen, so bleibt es deshalb
doch immer möglich, die Beziehungen der Rechnung zu unterwerfen
und begrifflich zu erkennen, die unseren Raum mit der analogen
vierfachen Ausgedehntheit verbinden. Dass die Discussion dieser
Beziehungen für die geometrische Auffassung des Raumes wertvoll
ist, mögen die nachfolgenden, von Drobisch[1] näher ausgeführten
Betrachtungen lehren, deren Gesichtspunkte bereits von Helmholtz[2]
angedeutet sind. Die Gleichung des Kreises nimmt unter der Voraussetzung, dass sein Mittelpunkt auf der Ordinatenaxe liegt, und
dass die Abscissenaxe zugleich Tangente an denselben ist, eine Form
an, die sie für den Fall, dass der Radius unendlich grofs wird und
die laufenden Ordinaten gleich Null werden, zur Gleichung der Tangente macht. Die erste dieser Voraussetzungen bedingt, wie aus
dem Früheren leicht ersichtlich, den Uebergang der Kreislinie in
eine Gerade, die zweite bestimmt das Verhältnis dieser Geraden
zu dem erzeugenden Kreis. Ebenso wird eine entsprechend gewählte
Gleichung der Kugelfläche für den Fall, dass der Radius unendlich
grofs wird und die z gleich Null werden zur Gleichung der Tangen-

---

[1] Drobisch, *Berichte über die Verhandlungen der Königl. Sächsischen
Gesellsch. der Wissensch. Math.-phys. Kl.* 1876. S 268.

[2] Helmholtz. *Göttinger Nachrichten* 1868. S. 219 f.

tialebene. Bolyai nun hat durch eine Reihe sinnreicher Constructionen gezeigt [1], dass die Ebene betrachtet werden kann als entstanden aus einer unendlichen Anzahl concentrischer Kreise, deren
Radien alle Werte von Null bis Unendlich continuirlich durchlaufen.
Diese Vorstellungsweise lässt sich, wie Drobisch bemerkt hat, auf
den Raum übertragen, da dieser in entsprechender Weise als ein
System unendlich vieler Kugelflächen, deren Radien ebenfalls von
Null bis Unendlich stetig wachsen, angesehen werden kann. Wie
nun jene Auffassungsform der Ebene dieselbe zugleich als Tangen-
tialebene einer Kugelfläche charakterisirt, so bezeichnet diese Darstellungsweise des Raumes denselben als den Grenzfall eines entsprechenden dreifach ausgedehnten Gebildes. Der Raum kann demnach durch eine Gleichung dargestellt werden, welche den obigen
Gleichungen für die gerade Linie und die Ebene nachgebildet ist.
Die Constructionsbedingungen für jenes räumliche Gebilde ergeben
sich, sobald wir die anschauliche Darstellung der Kreislinie und der
Kugelfläche in Betracht ziehen. Wie nämlich der Kreis trotz seiner
einfachen Ausdehnung zu seiner Construction eine zweifache Ausdehnung, im allgemeinen die Ebene verlangt, und wie die Kugelfläche nur in dem dreifach ausgedehnten Raume darstellbar ist, so
fordert jenes Gebilde zu seiner Veranschaulichung eine Ausgedehntheit von vier Dimensionen. Dieselbe lässt sich deshalb in Wirklichkeit nicht ausführen; dennoch lassen sich die Principien ihrer Construction mit Hilfe der Analysis begrifflich so weit entwickeln, dass
sich für unser discursives Denken eine Reihe beachtenswerter Analoga jener Ausgedehntheit mit unserem Raum ergiebt. Wie nämlich
in unserem Raum die dritte Coordinatenaxe, die z-Axe, auf allen
Geraden senkrecht steht, die in der xy-Ebene als der nächst niedrigen entsprechenden Ausgedehntheit gezogen werden können, so
muss in der ebenen Ausgedehntheit von vier Dimensionen die vierte
Axe auf allen denjenigen Linien senkrecht stehen, die in unserem
Raum als der nächst niedrigen entsprechenden Mannigfaltigkeit con-
struirbar sind. Noch eine zweite Consequenz dieses begrifflichen
Vergleichs lässt sich namhaft machen, welche ebenso zeigt, dass sich

[1] Bolyai. a. a O. 1. S. 468 f. Leichter erreichbar ist Hoüels Darstellung dieser Constructionen a. a. O. s 60 f. sowie die Entwicklung von
Frischauf, *Absolute Geometrie*. Anhang.

über die discursive Entwicklung dieser Vorstellungen nicht blofs
geistreich spotten lässt. wie Fechner mit vorahnendem Witz getan.
Jenes räumliche Gebilde, als dessen Grenzfall unser Raum anzusehen ist, ist nämlich gemäfs der analytischen Untersuchung, wie
die anschaulichen Analoga der Kugelfläche und der Kreislinie erwarten lassen, eine endliche, kugelähnliche Mannigfaltigkeit, deren
krumme Begrenzungsfläche — hier versagt die an unsere Anschauung gewöhnte Sprache den Dienst — bei dem Wachstum des
Radius ins unendliche sich unserem Raum nähert. Die Ebenheit
unseres Raumes tritt dadurch in einen begrifflich scharf bestimmten Gegensatz zu der Krümmung dieses Gebildes, der die Analogie
derselben mit den Mafsbestimmungen der Ebene noch schärfer
hervorkehrt.[1]

Unsere Aufgabe, zu untersuchen, unter welche der möglichen
Arten n-fach ausgedehnter Mannigfaltigkeiten unser Raum gehört,
ist hiernach, soweit unsere Methoden reichen wollten, vollkommen
gelöst. Es erübrigt nur noch, dass wir die gefundenen Merkmale,
die unseren Raum als einen speziellen Fall dreifacher Ausgedehntheiten charakterisiren, mit den entsprechenden Eigenschaften der
anderen möglichen dreifach ausgedehnten Mannigfaltigkeiten vergleichen. Die hier in Betracht kommenden Fälle beziehen sich auf
die Ausgedehntheiten mit positivem oder negativem Krümmungsmafs.
Die dreifach ausgedehnten Mannigfaltigkeiten dieser Art können wir
als sphärischen und pseudosphärischen Raum bezeichnen:
ersteres, um ihre Analogie mit den entsprechenden Flächengruppen
zu charakterisiren, letzteres, um die Gleichheit der Zahl der Dimensionen anzudeuten. Im Gegensatz zu unserem ebenen Raum können
wir sie als krumme oder gekrümmte Räume bezeichnen. Diese
Räume uns anschaulich vorzustellen, macht die Beschaffenheit unserer Raumvorstellung unmöglich. Dennoch sind wir im Stande
uns an der Hand ihrer analytischen Untersuchung über die Natur
ihrer Mafsverhältnisse so weit zu orientiren, dass wir die Gesetze
der sinnlichen Wahrnehmung in ihnen uns anschaulich zu constru-

---

[1] Es bedarf kaum der Hindeutung, dass die Verwertung, welche Zöllner
den oben charakterisirten Erörterungen von Drobisch geben will *Principien
einer elektrodynamischen Theorie der Materie*, Leipzig 1876. 1. Band. 1. Buch.
S. LXX ff durch Drobisch selbst in keiner Weise provocirt worden ist.

ren vermögen. Beltrami hat gezeigt, wie sich die grundlegenden
Axiome der pseudosphärischen Geometrie im Innern einer Kugel
unseres Raumes abbilden lassen.[1] Helmholtz hat diese Verhältnisse
dadurch näher bestimmt, dass er dargelegt hat, wie die Körper unseres Raumes, falls ihre Dimensionen sich bei jeder Ortsveränderung
in besonderer Weise verschieben würden, unsere Maßbestimmungen
denen des sphärischen oder pseudosphärischen Raumes congruent
machen würden; er hat ferner nachgewiesen, wie die Maßverhältnisse jener Räume einem Beobachter erscheinen müssten, der mit
der Gewöhnung an diejenigen unseres Raumes gezwungen würde,
in jenen Messungen auszuführen.[2] Wir haben auch aus diesem Grunde
ein Recht, jene Ausgedehntheiten ebenfalls „Räume" zu nennen.
Vollkommen genau dagegen lassen sich natürlich die analytischen
Geometrien beider Räume entwickeln, deren Grundlagen wir schon
bei Besprechung der entsprechenden Flächengruppen kurz angegeben haben. Unserer ebenen Geometrie tritt demnach eine sphärische und eine pseudosphärische[3] analytisch vollkommen gleich-
berechtigt zur Seite, je nach der Form, in welcher die maßgebenden
Axiome von den geradesten Linien und den Parallelen zu Grunde
gelegt werden. Die letztgenannte nun, die pseudosphärische Geometrie, ist, wie Beltrami nachgewiesen hat, keine andere als jene
imaginäre oder absolute Geometrie von Bolyai und Lobatschewsky,
die unter der Voraussetzung, dass die Winkelsumme im Dreieck den
Wert von zwei Rechten nicht erreiche, entwickelt worden ist.[4] Auch
eine allgemeine Geometrie lässt sich demnach denken und analytisch ausführen, welche lediglich die Constanz des Krümmungsmaßes voraussetzt, von allen besonderen möglichen Werten desselben dagegen abstrahirt. Die Lehrsätze dieser allgemeinen Geometrie lassen sich endlich noch dadurch weiter verallgemeinern,
dass man sie auf Ausgedehntheiten von n Dimensionen bezieht, so

---

[1] HELMHOLTZ, *Populäre Vorträge.* Heft III. S. 38.
[2] HELMHOLTZ, ebendaselbst. S. 44, 49 u. S. 46 f.
[3] Weniger geeignet ist es, dieselben nach F. KLEIN *Gött. Anzeigen*
1871 parabolische, elliptische und hyperbolische Geometrie zu nennen.
[4] Die Bezeichnung derselben als imaginäre Geometrie ist ungerechtfertigt, da keine Analogie zu den imaginären Größen stattfindet, die Be-
nennung als nicht-euklidische ist zu unbestimmt, die als absolute oder Pangeometrie zu weit; unsinnig ist es, sie Astralgeometrie zu nennen.

dass die kühne Conception einer höchsten Geometrie, die der jugendliche Kant in seiner Erstlingsschrift vorahnend gebildet hat, zur Wirklichkeit wird. Dort nämlich sucht Kant [1], auch die empiristische Consequenz der neuen Theorie durch eine allerdings unhaltbare Argumentation vorwegnehmend, zu zeigen, dass die dreifache Ausdehnung unseres Raumes eine Folge des mechanischen Gesetzes sei, demgemäfs die Intensität der Kraftwirkung dem Quadrat der Entfernung umgekehrt proportional ist. Hieraus nun folgert er: „dass aus einem anderen Gesetz auch eine Ausdehnung von anderen Eigenschaften und Abmessungen geflossen wäre." „Die Unmöglichkeit, die wir bemerken, einen Raum von mehr als drei Abmessungen uns vorzustellen," scheint ihm daher zu rühren, „weil unsere Seele ebenfalls nach dem Gesetz der umgekehrten doppelten Verhältnisse der Weiten die Eindrücke von draufsen empfängt und weil ihre Natur selber dazu gemacht ist, nicht allein so zu leiden, sondern auch auf diese Weise aufser sich zu wirken." Unfehlbar aber wäre „eine Wissenschaft von allen diesen möglichen Raumesarten die höchste Geometrie, die ein endlicher Verstand unternehmen könnte." Unsere wirkliche Geometrie ist demnach nur ein Spezialfall dieser allgemeinsten geometrischen Analysis, wie unser wirklicher Raum nur ein Spezialfall der n-fach ausgedehnten Mannigfaltigkeit mit constantem Krümmungsmafs ist.

Unsere Aufgabe, die Definition unseres Raumes zu finden, ist durch diese Erörterungen nunmehr gelöst. Beziehen wir dieselbe zunächst auf den Gröfsenbegriff desselben, so erhält sie die Form:

> Der Raum ist eine stetige Gröfse, deren Elemente durch drei unabhängige Variable eindeutig bestimmt sind und deren Krümmungsmafs den constanten Wert Null besitzt.

Wollen wir dagegen den Raumbegriff als solchen definiren, den eben

---

[1] KANT's *Werke, herausgegeben v. Hartenstein*. Band I. Leipzig 1867. S. 22 ff. Auf diese Aeufserung hat zuerst RIEHL in seinem interessanten Werke *Der philosophische Kriticismus*. Band I. Leipzig 1876. S. 257, in diesem Zusammenhange aufmerksam gemacht. Die Bemerkungen, mit welchen derselbe diese Citate begleitet, haben übrigens weder die Absicht, die mathematische Berechtigung der Riemann-Helmholtz'schen Untersuchung zu bestreiten, noch die Tendenz, ihre philosophische Bedeutung in Zweifel zu ziehen

angegebenen analytischen Merkmalen also ihre anschauliche Bedeutung zurückgeben, so müssen wir sagen:

Der Raum ist eine dreifach ausgedehnte, in sich selbst congruente, ebene (unendliche) Mannigfaltigkeit.

Diese Definitionen bestimmen zugleich das einfachste und vollständige System der Axiome unserer Raumvorstellung, da diese nichts anderes sind, als jene Merkmale selbst ausgedrückt in den Constructionsbegriffen der geometrischen Wissenschaft. Sie bestimmen jedoch noch mehr, als blofs diese Axiome selbst, denn sie machten es uns möglich, auch den Erfahrungsbedingungen nachzuspüren, welche die Natur unserer Congruenzbeziehungen bedingen. Wir können diese Sätze als Postulate unserer Raumvorstellung bezeichnen. Das gesuchte System der Axiome und Postulate ist demnach das folgende:

Axiome der Geometrie Euklids.

I. Der Raum ist eine dreifach ausgedehnte Mannigfaltigkeit.

II. Der Raum ist eine in sich congruente Mannigfaltigkeit.
   Postulate zum zweiten Axiom:
   1. Es existiren in sich feste Körper.
   2. Die festen Körper sind vollkommen frei beweglich.
   3. Die festen Körper verändern ihre Dimensionen durch eine Drehung um eine Rotationsaxe nicht.

III. Der Raum ist eine ebene oder unendliche Mannigfaltigkeit, d. h.
   a. Zwischen zwei Punkten des Raumes ist nur eine gerade Linie möglich.
   b. Die Summe der Winkel eines geradlinigen Dreiecks beträgt zwei Rechte.

Der Sinn des letzten Axioms bedarf noch einer näheren Erklärung. Die beiden Sätze, welche den Inhalt desselben näher bestimmen, sofern sie denselben auf die einfachsten Constructionsbegriffe übertragen, charakterisiren unsere euklidische Geometrie in doppelter Weise. Einerseits determiniren sie die Mafsbeziehungen derselben im Gegensatz zu dem sphärischen und pseudosphärischen Raum. Denn das erste und das zweite Axiom kommen allen

drei constanten Geometrien — es sei gestattet, diese Abkürzung zu
gebrauchen — in der gleichen Weise zu. Den ersten Bestimmungs-
satz der Ebenheit, das Axiom von der geraden Linie, hat unsere
Geometrie mit der pseudosphärischen gemeinsam, er trennt sie dagegen von der sphärischen: das zweite Axiom der Ebenheit, das
weder der sphärischen noch der pseudosphärischen Geometrie zukommt, trennt sie auch von der letzteren. Beide Axiome der Ebenheit unterscheiden sich durch ihre verschiedene Bedeutung für die
Mafsbeziehungen unserer Geometrie. Das erste liegt unmittelbar den
Linienverhältnissen, das letztere unmittelbar den Winkelbestimmungen
zu Grunde. Deshalb ist es zweckmäfsig, das Parallelenaxiom in der
oben gewählten Form auszusprechen, die, wie früher schon erwähnt,
Legendre seinem vermeintlichen Lehrsatz gegeben hat.

Hierdurch wird nun zugleich deutlich, in welchem Sinne bisher
in der Tat von einer Lücke in den Grundlagen der Geometrie geredet werden konnte. Die spezifische Bedeutung des Parallelen-
Axioms war unverstanden. Denn erstens hatte die Form, in der es
von Euklid ausgesprochen war, den eigentlichen Sinn seiner Geltung als der Grundlage der Winkelmessung nicht scharf genug
hervorgekehrt, daher auch die früh bemerkte Tatsache, dass nur
die achtundzwanzig ersten Lehrsätze Euklids von diesem Axiom
unabhängig sind, nicht recht gewürdigt wurde. So war seine Stellung in dem System der euklidischen Geometrie selbst unbestimmt
und verworren, um so mehr als seine Identität mit dem Lehrsatz
von der Winkelsumme erst seit Legendre allgemein anerkannt wurde.
Ebenso wenig bestimmt war zweitens sein Gegensatz zu den sphärischen und pseudosphärischen Mannigfaltigkeiten, zu deren Theorie
erst durch die bezüglichen Arbeiten von Gauss und Riemann der
Grund gelegt wurde. Denn jetzt erst konnte es verständlich werden, weshalb alle Versuche, das Axiom zu eliminiren, vergeblich
sein mussten, und weshalb es ebenso wenig gelingen konnte, dasselbe auf das Axiom von der geraden Linie zurückzuführen. Auch
der eigentümliche Umstand, dass Legendre beweisen konnte, die
Summe der Dreieckswinkel könne nicht gröfser als zwei Rechte sein,
während ihm der Beweis für den entgegengesetzten Satz nicht gelang, lässt sich jetzt erklären. Denn die erste Behauptung, welche
unseren Raum von dem sphärischen trennt, liefs sich durch das
Axiom von der geraden Linie beweisen, auf das Legendres Ablei-

tung in der Tat recurrirt. Für die zweite Behauptung dagegen war
eine solche Ableitung unmöglich, da das Axiom von der geraden
Linie dem ebenen und pseudosphärischen Raum gemeinsam ist.
Eine Lücke in dem Axiomensystem war demnach vorhanden, sofern
der Zusammenhang beider Axiome hinsichtlich ihrer Bedeutung für
den spezifischen Charakter unseres Raumes unersichtlich war und
überdies ihre verschiedenartige Geltung für die Entwicklung der
euklidischen Geometrie in Folge der Form, die Euklid demselben
gegeben hatte, unverstanden bleiben musste. Eben diese Form ver-
ursachte auch, dass die Beweisversuche von vornherein falsche Wege
einschlugen, da sich die Bemühungen, dem Axiom eine einfachere
Fassung zu geben, mit jenen wesentlicheren Untersuchungen durch-
kreuzten. In dem einen Fall also fehlte der notwendige Zusammenhang, dort war er überdeckt. So kam es, dass auch Bolyais und
Lobatschewskys Arbeiten erst anerkannt wurden, als die Gesichtspunkte für das Verständnis ihres eigentlichen Sinnes, der jenen
Mathematikern selbst noch fehlte, durch die Abhandlungen von
Riemann und Helmholtz gegeben war.

Dieses Ergebnis verdeutlicht zugleich die eigentliche mathematische Bedeutung der letztgenannten Arbeiten, die in dem ent-
gegengesetztesten Sinne misverstanden worden ist. Dass in ihnen
eine „ephemere Torheit der Mode einer Generation" enthalten ist,
deren „mathematischer Mysticismus sich aus der logischen Crudität
von Gauss' Welt- und Lebensansichten"[1] erklärt, hätte nicht gesagt
werden sollen. Denn erstens hat kein einziger der Mathematiker,
die dieses Gebiet bearbeitet haben, je daran denken können, „die
Sätze der bisher giltigen Geometrie zu leugnen", und zweitens zeigt
sich auch nicht darin „die ganze Blöße der Widersinnigkeit" dieser
Theoreme, dass sie „neue Wahrheiten ihres Schlages zum Besten
geben." Die Behauptung, „dass die Summe der Winkel eines geradlinigen Dreiecks beliebig kleiner als zwei Rechte gemacht werden
könne, sobald man nur die Seiten groß genug nehme", wäre allerdings „nicht bloß ein schlechter Spaß oder der Anschein eines
Widersinns ...., sondern ganz einfach eine mystische Bizarrerie",

---

[1] Die folgenden Citate beziehen sich auf Dührings *Cursus der Philosophie*, Leipzig 1874, S. 67 f., womit zu vergleichen desselben *Kritische Geschichte der allgem. Principien der Mechanik*, 1. Aufl. Berlin 1869, S. 488 ff.

es ist jedoch weder bei Gauss noch bei einem seiner Nachfolger
auch nur die Spur dieses Unsinns zu finden. Die Möglichkeit, dass
die Winkelsumme eines (eben nicht in unserm Sinne geradlinigen)
Dreiecks kleiner als zwei Rechte sei, bezeichnet nur den geometrischen Sinn bestimmter logisch entwickelter analytischer Beziehungen, der auf den räumlich construirbaren begrenzten Stücken der
pseudosphärischen Flächen auch anschaulich dargestellt werden kann.
Liegt in jenen Arbeiten somit nichts weniger als ein „Wissenschafts-
skandal", so sind es doch auch nicht „höchst sublime Speculationen,
an welche sich eine Revolution, eine neue Epoche in der Mathematik anknüpft."[1] Unzweifelhaft zwar ist ihre Bedeutung nicht dadurch erschöpft, dass sie das Axiomensystem unserer Geometrie ableiten lassen. Sie geben den Principien der analytischen Geometrie
und der analytischen Mechanik eine ungemein große und überaus
fruchtbare Erweiterung, die zugleich dem speziellen Teil derselben,
der tatsächliche Anwendung in den Beziehungen der Körperwelt
findet, helle Beleuchtung zu Teil werden lässt; nicht minder nutzbringend wird ferner die Verallgemeinerung sein, welche die Arithmetik voraussichtlich erfahren wird, da die Begriffsbestimmungen,
welche Gauss zu den complexen Größen und Hamilton gegen Gauss'
Erwartung[2] zu den Quaternionen geführt haben, sich wol auch auf
die Punkte n-fach ausgedehnter Mannigfaltigkeiten übertragen lassen
werden. Jedoch alle diese Verallgemeinerungen liegen auf dem
Wege, den die mathematische Wissenschaft schon seit längerer Zeit
eingeschlagen hat. Eine epochemachende Bedeutung kann ihnen
deshalb nur insofern zukommen, als sie die Generalisationen, deren
Principien bereits von Gauss bei verschiedenen Gelegenheiten entwickelt waren, erheblich gefördert haben. Revolutionär in dem

---

[1] Liebmann. *Philos. Monatshefte.* Bd. VII. S. 337 ff., wieder abgedruckt
in dem entsprechenden Capitel seiner Schrift *Zur Analysis der Wirklichkeit.* Strafsburg 1875.

[2] Gauss bemerkt am Schlusse seiner Selbstanzeige der zweiten Abhandlung über die biquadratischen Reste (*Werke* II. 178 : „Der Verfasser hat
sich vorbehalten, den Gegenstand, welcher in der vorliegenden Arbeit eigentlich nur gelegentlich berührt ist (d. i. die Theorie der complexen Zahlen
künftig vollständiger zu bearbeiten, wo dann auch die Frage, warum die
Relationen zwischen Dingen, die eine Mannigfaltigkeit von mehr als zwei
Dimensionen darbieten, nicht noch andere in der allgemeinen Arithmetik
zulässige Arten von Größen liefern können, ihre Beantwortung finden wird.

Sinne, den Liebmann vor Augen hat, sind z. B. Gauss' Abhandlung über die krummen Flächen, sowie diejenigen über die biquadratischen Reste, welche die Grundlagen der so fruchtreichen Theorie der complexen Gröfsen enthalten.

Noch weniger aber, als diesen Urteilen dürfen wir der Meinung beistimmen, die Zöllner gelegentlich über die eigentliche Tendenz dieser Arbeiten ausgesprochen und in seinen neuesten Arbeiten in seltsam überraschender Weise zu bewahrheiten versucht hat. Derselbe citirt in seinem mehrfach genannten Werke über die Cometen die Schlussworte der Abhandlung Riemanns, welche den möglichen Einfluss der Arbeit desselben auf die Umgestaltung der newtonschen Weltauffassung andeuten, und knüpft hieran die Bemerkung, „dass diese und ähnliche Betrachtungen, welche die Bedeutung der angeregten Fragen für unsere Erkenntnis und Interpretation der Naturerscheinungen so bedeutsam hervorheben, den Untersuchungen Riemanns allein angehören." Er findet: „derselbe erhebt sich hierdurch sehr bedeutend über das Niveau seiner Mitarbeiter, indem er uns eine Perspective der fruchtbarsten und tiefsten Speculationen über die Erklärbarkeit der Welt eröffnet."[1] Diese Auffassung verrückt den Schwerpunkt jener Untersuchungen in wenig gerechtfertigter Weise. Dass der erste und wesentlichste Zweck derselben ist, das notwendige und hinreichende Axiomensystem der euklidischen Geometrie darzustellen, ist von Riemann mit eben derselben Bestimmtheit ausgesprochen worden, wie von Helmholtz. Auch der weitere Zweck derselben kann deshalb nur sein, die Besonderheit der ebenen Geometrie durch ihren Vergleich mit den anderen möglichen Geometrien aufzuweisen und die allgemeinen Gesetze zu bestimmen, als deren Spezialfälle sich unser Raum- und unser Zahlensystem darstellen. Ob die Anwendung dieser Ergebnisse auf die physikalische Forschung auch in dieser zu neuen allgemeineren Resultaten führe, oder gar eine Umwälzung unserer ganzen Naturauffassung zur Folge haben kann, darüber können nur die mechanischen Wissenschaften selbst entscheiden. Riemann selbst sagt, dass seine Theorie für diese Untersuchungen nur eine negative Bedeutung habe, sofern sie dazu dienen könne, dass dieselben „nicht durch die Beschränktheit der Begriffe gehindert und der Fortschritt im Erkennen des Zusammen-

---

[1] ZÖLLNER, Ueber die Natur der Cometen. S. 312.

hangs der Dinge nicht durch überlieferte Vorurteile gehemmt wird." Da demnach die Principien der Entscheidung über jene physikalischen, sowie selbstverständlich auch für die philosophischen Fragen auf ganz anderem Gebiete liegen, als denjenigen, das durch diese mathematischen Untersuchungen abgegrenzt ist, so folgt doch wol, dass ihre wesentliche Tendenz nicht durch jene Fragen bezeichnet werden kann. Ob aber ein gröfseres Verdienst darin bestand, auf jene möglichen Veränderungen in den Grundbegriffen unserer Naturauffassung hinzuweisen oder mit vorsichtiger Zurückhaltung lediglich diejenigen Consequenzen darzulegen, welche unmittelbar und sicher aus den gewonnenen Ergebnissen folgen, darüber hat die Zukunft zu entscheiden. Soviel wird jedoch aus dem früher Erwähnten nicht unwahrscheinlich geworden sein, dass diejenigen Umbildungen, welche bisher besonders von Zöllner selbst versucht worden sind, eher zu der Befürchtung Anlass geben, es sei eine gefährliche Kühnheit des grofsen Mathematikers gewesen, auf jene Möglichkeiten in so unbestimmter Form aufmerksam zu machen. Uebrigens sei auch erwähnt, dass die überraschenden Speculationen Riemanns, die uns in seinen Werken aufbehalten sind, sich von den zügellosen Phantasien, die an seine Aeuserungen geknüpft worden sind, wesentlich unterscheiden und besonders in ihrem physikalischen Teil in engem Zusammenhang mit den neuerdings von Maxwell u. a. wissenschaftlich durchgeführten Hypothesen über den Zusammenhang der Naturkräfte stehen, die von Hypostasirungen der Endlichkeit des Raumes oder seiner Ausdehnung nach vier Dimensionen durch jene tiefe Kluft getrennt sind, welche wissenschaftlich strenges Denken und phantastisch schweifendes Meinen stets geschieden hat.

Diejenigen philosophischen Consequenzen, welche uns das mathematische Ergebnis dieser Arbeiten zur Bestätigung der empiristischen Theorien darbietet, sind, wie das folgende Capitel ausführen wird, weitaus bescheidener, aber in eben dem Mafse hoffentlich auch sicherer begründet.

DRITTES CAPITEL.

PHILOSOPHISCHE CONSEQUENZEN.

Alle unsere Vorstellungen sind als Zeichen für eine als wirklich vorausgesetzte Gesammtheit von Dingen Gegenstand der besonderen Wissenschaften, welche die inhaltlich zusammengehörigen Gruppen derselben zu einem systematischen Ganzen zusammen zu fügen haben; sie sind als Vorstellungen zugleich Elemente des Bewusstseins, deren gegenseitige gesetzliche Beziehungen zu erforschen Aufgabe der Psychologie ist, deren Bedeutung als Zeichen für die Verhältnisse der Dinge selbst das Object einesteils der Logik, andrerseits der Erkenntnistheorie bildet. Eine jede Vorstellung kann demnach in vierfacher Hinsicht ein Gegenstand der wissenschaftlichen Forschung werden. Die besondere Wissenschaft beantwortet die Frage: welchen Inhalt hat die Vorstellung, welche systematische Stelle gebührt ihr daher in dem Ganzen unserer Erkenntnis? Das Problem der Psychologie lautet: welchen Ursprung hat die Vorstellung, welcher Zusammenhang verbindet sie demnach mit den übrigen Vorstellungen als solchen? Die Aufgabe der Logik besagt: welche Form hat die Vorstellung, welchen Wert hat sie deshalb für die formale Uebereinstimmung unserer Erkenntnis in sich selbst? Die Erkenntnistheorie endlich untersucht: welche Bedeutung hat die Vorstellung, welcher Wert also gebührt ihr für die inhaltliche Uebereinstimmung unserer Erkenntnis mit sich selbst?

Es ist ein Vorurteil, zu glauben, dass eines dieser Probleme unabhängig von den anderen gelöst werden kann. Die Bindeglieder der Wissenschaften sind so zahlreich und so fein, wie die Beziehungen der Dinge. Selbstverständlich zwar ist, dass die Forschungs-

methoden dieser verschiedenen Disciplinen nur in den allgemeinen
Principien übereinstimmen können, im besonderen aber durch die
differente Form der Fragestellung wesentlich bedingt sind; wahr
ist auch, dass das objective Problem vor den drei einander näher
stehenden subjectiven Problemen so weit selbständiger Behandlung
gewachsen ist, dass es im allgemeinen um vieles früher seiner ideellen vollständigen Lösung nahe gebracht werden kann als jene, deren
verwickeltere Beziehungen der Erforschung gröfsere Schwierigkeiten
bereiten. Dennoch lassen sich in jedem zu allgemeinerer Geltung
gelangten Lösungsversuch, den eine jener Frage zu irgend einer
Zeit erledigen sollte, die deutlichen Spuren nachweisen, die von den
gleichzeitig angenommenen Lösungsversuchen der übrigen herrühren.

Dieser Zusammenhang aller Erkenntnisgebiete, der die Grenzen
der Wissenschaften nicht aufhebt, sondern nur ihre Variabilität do-
cumentirt, ist auch in der vorhergehenden Untersuchung zum Ausdruck gekommen. Die Bestimmung des Inhalts unserer Raumvorstellung giebt uns Aufschlüsse über ihren Ursprung, ihre Form und
ihre Bedeutung, nicht über jeden dieser Punkte im gleichen Grade
und in derselben Weise, über jeden jedoch so viele und so bestimmte,
dass es erforderlich wird, dieselben genauer zu eruiren. Auch hier
wird es gegenüber der herrschenden Verwirrung notwendig sein,
die einzelnen Fragen möglichst scharf von einander zu sondern,
damit der Sinn ihrer Beantwortung möglichst eindeutig zum Vorschein komme. Aus demselben Grunde wird es zweckmäfsig sein,
die Gesammtheit der erlangten Resultate zum Schluss zu den Andeutungen einer allgemeinen Theorie der Geometrie zu vereinigen.

Die erste Frage, welche uns hier interessirt, ist die psychologische Frage nach dem Ursprung unserer Raumvorstellungen. Der
Gedankengang, der aus der obigen Erörterung die Stützpunkte für
eine empiristische Theorie des Raumes hergiebt, ist der folgende.
Die analytisch berechtigte Erweiterung unseres Gröfsenbegriffs vom
Raum zu dem Begriff einer n-fach ausgedehnten Mannigfaltigkeit
mit constantem Krümmungsmafs [1] beweist, dass sehr verschiedenartige Systeme von Gleichungen, die unserer analytischen Geometrie
entsprechen, je nach den gewählten Fundamentalgleichungen ana-

---

[1] Diese Erweiterung des Raumbegriffes genügt für den vorliegenden
Zweck.

lytisch gleich möglich sind. Das System unserer gewohnten analytischen Geometrie stellt einen besonderen Fall derselben dar: dasselbe ist überdies das einzige, dessen Gleichungen, geometrisch interpretirt, das System der Maßbeziehungen unseres Raumes, kurz unsere euklidische Geometrie ergeben. Hieraus folgt, dass diejenigen Merkmale unserer analytischen Geometrie, welche in den Grundlagen derselben dargestellt werden, durch die besondere Natur unserer Raumvorstellung bedingt sind. Die Axiome der Geometrie enthalten demnach die Merkmale des Raumbegriffs. Bis hierher ist der Beweisgang ohne Einfluss auf irgend eine der möglichen psychologischen Hypothesen: denn die Frage, ob der Inhalt dieser Raumvorstellung in nativistischem Sinne *a priori* oder in empiristischem *a posteriori* erworben wird, ist noch gar nicht berührt. Jedoch die Axiome der Geometrie enthalten nicht ausschließlich Prädicate der Vorstellung des reinen Raumes, sondern zugleich bestimmte mechanische Voraussetzungen über die Festigkeit und die Beweglichkeit der geometrischen Gebilde, Voraussetzungen, welche mit den entsprechenden mechanischen Begriffen vollkommen congruiren. Diese Voraussetzungen sind für die Geometrie notwendig, da sie das Fundament aller ihrer Maßbestimmungen bilden, in deren Entwicklung die Aufgabe der Geometrie im Grunde besteht. Daraus aber geht hervor, dass die Geometrie keine rein apriorische Wissenschaft, sondern die Wissenschaft von den empirischen Maßbestimmungen unseres Raumes ist. Diese Raumvorstellung selbst endlich ist ebenfalls keine apriorische Vorstellung in rationalistischem Sinne. Denn würde sie in der Tat unabhängig von aller Erfahrung durch die spontane Kraft der Seele erzeugt, wäre sie auch nur die allgemeine Anschauungsform der Receptivität gegen die äußeren Dinge im Sinne Kants, es müsste unmöglich sein, dass wir uns die Vorstellungen anderer dreifach ausgedehnter Mannigfaltigkeiten mit abweichenden Maßbestimmungen anschaulich bilden könnten. Nun aber haben Helmholtz' oben besprochene Untersuchungen gezeigt, dass wir tatsächlich „aus den bekannten Gesetzen unserer sinnlichen Wahrnehmungen die Reihe der sinnlichen Eindrücke herleiten können, welche eine sphärische oder pseudosphärische Welt uns geben würde, wenn sie existirte." [1] Da demnach andere Erfahrungen den

---

[1] Helmholtz. *Populäre Vorträge.* Heft III. S. 48.

Inhalt unserer Raumvorstellungen ebenfalls verändern würden, so
ergiebt sich, dass unsere Raumanschauung nicht unabhängig von
aller Erfahrung gegeben sein kann, dass sie eine empirische Vorstellung sein muss.

Der gegenwärtig noch nicht geschlichtete Streit der Psychologen und Physiologen über die Notwendigkeit einer nativistischen
oder einer empiristischen Raumtheorie macht es erforderlich, etwas
genauer darzulegen, in welchem Sinn das Ergebnis unserer bisherigen Betrachtungen als ein empiristisches aufzufassen ist. Es kann
nicht misverstanden werden, dass wir die Ueberlegungen darüber
mit allgemeinen, metaphysischen Bemerkungen über den Begriff der
Wechselwirkung beginnen. In der Tat kann sich keine Wissenschaft
solcher metaphysischer Voraussetzungen in den Grundbegriffen er-
wehren: am wenigsten aber die Psychologie, so lange der unbe-
zweifelbare, durchgreifende Zusammenhang der psychischen Tätigkeiten mit den Bewegungsvorgängen nur durch jenen rätselhaften
Gegensatz angedeutet werden kann, der für unser gegenwärtiges
Wissen die Welt des Bewusstseins von der Welt der Bewegung
scheidet. Selbst innerhalb desjenigen Kreises der psychischen Vorgänge, die zur Zeit der naturwissenschaftlichen Forschung zugänglich sind, treten solche Voraussetzungen als Hemmnisse der gleich-
mäfsigen Entwicklung auf: sind sie es doch fast allein, die den
Streit zwischen den eben genannten Theorien so unliebsam in die
Länge ziehen. Es ist deshalb notwendig, mit dieser innerhalb so
weiter Grenzen stetig veränderlichen Gröfse sorgfältig zu rechnen.
Es sind überdies nicht zweifelhafte Verallgemeinerungen irgend
welcher für ein besonderes Gebiet erprobter Gesetze des Wirkens,
die uns zur Stütze dienen sollen, sondern einfache Wahrnehmungen
über das Verhältnis beider Klassen von Vorgängen, die seit den
Zeiten von Leibniz und Locke die gemeinsame Grundlage alles verständigen Philosophirens gebildet haben. Die erste dieser Annahmen, dass die psychischen Tätigkeiten, die unsere Vorstellungs-
bildung bedingen, von den Bewegungsvorgängen der körperlichen
Welt spezifisch verschieden seien, ist erst neuerdings von hervor-
ragender naturwissenschaftlicher Seite mit einem Nachdruck betont
worden, den wir für unsern vorliegenden Zweck nicht anwenden
wollen, der überhaupt wol die allgemeinen Schranken unseres Erkennens den besonderen Grenzen unseres augenblicklichen Wissens

näher anpasst, als sachlich gerechtfertigt ist. Nur den alten leib-
nizischen Gedanken wollen wir benutzen, dass die Gesetze des Vor-
stellungsverlaufs, seines Ursprungs und seines inneren Zusammenhangs allen mechanischen Erklärungen absoluten Widerstand leisten.
Nicht einmal den besonderen Erklärungsversuch wollen wir in Anspruch nehmen, den Kant durch seine Auflösung des alten metaphysischen Gegensatzes in die Beziehungen des innern und äußern
Sinns für diese unzweifelhafte Tatsache gegeben hat. Wir setzen
demnach nur voraus, dass keine, auch nicht die mechanisch voll-
kommenste Einsicht in die Bewegungsvorgänge der Gehirnmassen
uns zur geringsten Erkenntnis der psychischen Beschaffenheit der
Vorstellungsgesetze führen könnte, dass wir immer nur Bewegung
aus Bewegung, nie Bewegung aus Vorstellung abzuleiten vermögen.
Auch der zweiten für unsere Zwecke notwendigen Voraussetzung
bedürfen wir nicht in der Form, wie sie von den Physiologen gern
dargestellt und von den Psychologen bereitwillig zugestanden wird.
Denn so wahrscheinlich es ist, dass trotz jener absoluten Verschiedenheit beider Gebiete jeder Vorstellungsverlauf, der abstrac-
teste nicht ausgenommen, an ihn begleitende Bewegungsvorgänge
im Centralorgan gebunden ist, so genügt uns doch hier die naturwissenschaftlich fest begründete Annahme, dass allen unseren Wahr-
nehmungsacten sowie den unmittelbar mit ihnen verbundenen psychischen Tätigkeiten Molecularbewegungen im Gehirn voraufgehen
resp. folgen oder etwa zur Seite gehen.

Aus diesen beiden Vordersätzen ergiebt sich, dass alle unsere
Anschauungen äußerer Dinge und Verhältnisse Producte einer
Wechselwirkung sind, deren Bedingungen teils in der gleichviel wie
bestimmbaren Beschaffenheit der Dinge, teils in dem Wesen der
psychischen Vorgänge begründet liegen. Ueber die Art und Weise
dieser Wechselwirkung sind wir in völliger Unkenntnis, aus seiner
Tatsächlichkeit dürfen wir jedoch folgende Gesichtspunkte herleiten.
Die Beschaffenheit erstens eines jeden Elements unserer Anschauungen muss abhängig sein teils von der Natur der erregenden Processe, teils von der Art, wie diese Reize von den psychischen Tätigkeiten aufgenommen und verarbeitet werden. Hieraus ergiebt sich
zunächst das auch von Seiten der Naturwissenschaften nicht mehr
bezweifelte Resultat, dass das ganze Material unserer Empfindungen
nur ein Zeichensystem für die Dinge ist, da die Eigenschaften, die

wir ihnen zuschreiben, nichts anderes sind als Resultate einer
Wechselwirkung, deren eines Glied, die Beschaffenheit unserer seelischen Tätigkeiten, wir als selbstverständlich voraussetzen. Diese
von Helmholz[1] mit glücklicher Präcision auch in dem Reich der
Naturwissenschaften eingebürgerte Ueberzeugung erfolgt jedoch aus
diesen Betrachtungen um nichts sicherer, als eine zweite, deren
allgemeiner Inhalt nach Kants Untersuchungen unveräufserliches
Eigentum der Psychologie hätte bleiben sollen. Auch die Formen
nämlich, in denen sich jenes Empfindungsmaterial ordnet, die räumlichen nicht mehr und nicht anders als die verstandesmäfsigen,
können nur ein Zeichensystem für die Verhältnisse und Beziehungen
der Dinge sein. Von den Consequenzen dieser Auffassung hinsichtlich des Begriffs der Apriorität, sowie des Verhältnisses der An-
schauungsformen zu den Kategorien sehen wir an dieser Stelle ab,
um dieselbe für die Raumvorstellung, deren Betrachtung uns allein
obliegt, noch etwas eingehender zu begründen. Dass unsere räumliche Auffassung kein unmittelbares Abbild entsprechender objectiver Raumverhältnisse sein kann, braucht nicht mehr bewiesen zu
werden. Die physiologische Untersuchung kommt nicht minder sicher
als die psychologische Analyse zu dem Ergebnis, dass kein Process
im Centralorgan gedacht werden kann, der den Sprung von den
beobachtbaren extensiven Erregungen zu der intensiven Vorstellungs-
bildung überflüssig machen könnte. Dies macht begreiflich, dass
die Erklärung des psychologischen Ursprungs der Raumvorstellung
von der Voraussetzung einer räumlich ausgedehnten Welt von Dingen
vollkommen unabhängig ist, wenn auch selbstverständlich nicht ge-
leugnet werden soll, dass irgend welche Anlässe, die unsere psychischen Tätigkeiten zur Entwicklung der Raumvorstellung treiben,
in den Beziehungen der Dinge selbst vorhanden sein müssen. Dass
diese Anlässe aber nicht selbst in räumlichen Beziehungen bestehen
können, folgt allein schon daraus, dass wir die Empfindungen
räumlich gruppiren. Schon der Gedanke, dass eine und dieselbe
Raumform einerseits die Beziehungen der Dinge vermitteln soll,
andererseits aber auch die Ordnung der von jenen Dingen vollkommen disparaten Empfindungen bewerkstelligen muss, erscheint wider-

---

[1] HELMHOLTZ, *Physiologische Optik* S. 112 ff., 453; *Populäre Vorträge*.
Heft II. S. 54 f., 61. 66. 208.

sprechend in sich selbst. Der Widerspruch tritt noch greller hervor, sobald wir überdies überlegen, dass diese Form als Anschauungsform unserer Empfindungen wie diese selbst nur das Product einer Wechselwirkung sein, also außerhalb derselben als die Form einer Reihe der wirkenden Elemente nicht in der gleichen Weise existiren kann. Das ganze Problem ruht also auf der Subjectivität der Empfindungen. Wird diese zugestanden, und es ist nicht mehr möglich, sie in Zweifel zu ziehen, so folgt auch die Subjectivität der sie verbindenden Formen, speziell unserer Raumvorstellung. Wir dürfen deshalb sagen, es sei nicht widerspruchsvoller zu fragen, ob die Dinge wirklich im Raume seien, als es für möglich zu halten, dass die sinnlichen Qualitäten Eigenschaften der Dinge selbst seien. Gegen dieses auch dem wissenschaftlich gebildeten Bewusstsein noch immer so widerstreitende Ergebnis scheint zwar ein Ausweg offen zu stehen, wie er durch Helmholtz' Trennung der reinen Form des Raumes von dem empirisch gegebenen Inhalt desselben, den Maßbeziehungen und der Bestimmtheit nach drei Dimensionen angedeutet ist. Denn es bleibt dann eine Art Reihenform übrig, deren Uebertragbarkeit auf die Zeitvorstellung zu dem Schluss führen könnte, dass diese reine Form nicht ein Product, sondern die Grundlage der Wechselwirkung zwischen Bewegungsvorgängen und psychischen Tätigkeiten sei, da es in der Tat, wie mir scheint, eine noch nicht ausgemachte Frage ist, ob das Substrat der Zeitvorstellung nicht auch als eine Form der Dinge gedacht werden müsse. Doch auch diese Argumentation wird von dem Einwand nicht frei, dass jene reine Form nur eine Abstraction unserer Raumvorstellung ist, welche die Empfindungen ordnet, und deswegen ihren ursprünglich psychischen Charakter, der sie von den Dingen trennt, nie verlieren kann.

Wir halten deshalb an dem oben entwickelten Begriff eines materialen und formalen Zeichensystems fest. In dem Begriff desselben liegt nicht blofs, dass es in allen seinen Beziehungen von den Verhältnissen der Dinge, die es wiedergebe, vollständig verschieden sei, sondern nicht minder auch, dass es alle jene Verhältnisse treu in seiner Weise zur Darstellung bringe. Dasselbe verlangt Correspondenz zwischen den Vorstellungen und den Dingen in derselben Weise wie es ihre Congruenz ausschliesst. Denn jene Wechselwirkung bedingt auch, dass in unseren Vorstellungen kein

Element vorhanden sei, das nicht durch entsprechende Elemente
in den Dingen selbst erst hervorgerufen wäre. Auch hier also tritt
ein wenig beachteter Parallelismus zwischen den Empfindungen und
den sie formenden Elementen hervor; denn die letzteren weisen
nicht mehr und nicht weniger als jene auf entsprechende Beziehungen der Dinge zurück. Diese Uebereinstimmung braucht jedoch
keine so absolute zu sein, wie jene Verschiedenheit; es ist wol möglich, und die physiologische Forschung hat dies für den speziellen
Fall des Gesichtssinnes nur bestätigt, dass nicht alle jene Beziehungen, deren Existenz in den Dingen wir voraussetzen müssen, in unseren Vorstellungen unmittelbar zu entsprechender Bezeichnung gelangen. Dennoch dürfen wir insofern von einer vollkommenen Correspondenz zwischen beiden reden, als jene Abweichungen doch so
gesetzmäfsig sind, dass wir sie wissenschaftlich zu construiren vermögen. Fassen wir diese Andeutungen in ein Resultat zusammen,
so dürfen wir behaupten: alle unsere anschaulichen Vorstellungen
correspondiren den Dingen nicht weniger vollkommen, wie sie von
ihnen in allen ihren Elementen absolut verschieden sind. Jeder
Teil dieser Vorstellungen daher, ihre Materie wie ihre Form, ist
a priori, sofern die psychischen Tätigkeiten, die sie erzeugen, in
Betracht kommen: jeder dieser Teile aber ist zugleich empirisch
oder *a posteriori*, sofern auf die Bedingungen gesehen wird, welche
seine Auslösung veranlassen. Dass wir diese Bedingungen nur in
der Form unseres Wissens zu erkennen vermögen, ist selbstverständlich und für unsern vorliegenden Zweck gleichgiltig. Der Gegensatz zwischen dem Apriorischen und dem Empirischen in unseren
Vorstellungen ist deshalb kein Gegensatz verschiedener Vorstellungsgruppen oder ihres Bildungsprocesses, sondern es ist ein Gegensatz
der Betrachtungsweise, der die beiden überall notwendig zu suppo-
nirenden Seiten jenes Processes zur Darlegung bringt. In diesem
Sinne sind z. B. die Begriffe der Materie und der Kraft der empirische Ausdruck des apriorischen Causalitätsprincips, und der Begriff der Trägheit, um auch ein spezielleres Beispiel zu gebrauchen,
der empirische Ausdruck des Satzes vom zureichenden Grunde.

Wenn wir nun diese Gesichtspunkte zur genaueren Charakterisirung der oben entwickelten Ansicht verwerten, wonach die Raumvorstellung eine empirische ist, so folgt erstens, dass es nicht unsere
Absicht sein konnte, den Inhalt dieser Vorstellung als einen durch

die Erfahrung irgend wie gegebenen hinzustellen. Sie ist vielmehr,
sofern sie durch psychische Vorgänge erzeugt worden ist, ein dem
Bewusstsein eigentümliches Besitztum. Die Raumvorstellung in uns
könnte nicht entstehen, wenn nicht eine besondere Disposition unserer seelischen Tätigkeiten vorhanden wäre, bestimmte Gruppen
äufserer Reize gerade räumlich zusammenzufassen. Ihre Entwicklung hängt von der Beschaffenheit der Bewusstseinsvorgänge nicht
minder ab, wie von der Natur der Dinge. Unsere Raumanschauung
ist demnach in diesem Sinne eine apriorische Vorstellung.

Trotzdem aber dürfen wir der entgegengesetzten Behauptung,
dass unsere Raumanschauung eine empirische sei, in anderer Hinsicht mit demselben Recht zustimmen; denn sie ist als Product
jener Wechselwirkung zwischen den Dingen und unseren psychischen
Tätigkeiten eben auch in jedem ihrer wesentlichen Merkmale bedingt durch die Beschaffenheit der Reize, welche jene Tätigkeiten
auslösen. Sowol für die Ausdehnung unseres Raumes nach drei Dimensionen und seine Unbegrenztheit als auch für seine Stetigkeit,
sowie endlich auch für den besonderen Wert seines Krümmungsmafses müssen besondere Anlässe in den Erregungen liegen, welche
die psychische Entwicklung der Raumvorstellung hervorrufen. Unsere Anschauungsform der von uns verschiedenen Dinge würde eine
andere werden, sobald die gegenseitigen, von ihrer besonderen Beschaffenheit unabhängigen Beziehungen der Dinge, die dieser Form
entsprechen, sich verändern würden. Unsere Raumvorstellung ist
also nicht unabhängig von den Dingen, sondern mit den Beziehungs-
formen derselben auf ebenso enge Weise verknüpft, wie mit der
Natur unseres Bewusstseins. Sie ist in diesem Sinne daher eine
empirische Vorstellung, deren Beschaffenheit durch entsprechende
Wahrnehmungsreihen in der Weise geändert werden könnte, wie
wir früher, bei Besprechung ihrer Congruenz in sich selbst und ihrer
Unendlichkeit, näher ausgeführt haben. Mit vollem Recht kann
deshalb auch die Frage aufgeworfen werden, wie beschaffen wir
jene Anlässe voraussetzen müssen, damit die tatsächlichen Merkmale unserer Raumvorstellung erklärlich werden, wenn die apriorische Disposition zu ihrer Bildung als gegeben angenommen wird.
Solche Untersuchungen sind sowol von philosophischer als auch von
physiologischer Seite her geführt worden. Besonders die dreifache
Ausdehnung hat den Anlass zu mancherlei seltsamen Speculationen

hergegeben. Jedoch auch für den eigentümlichen Charakter des
Aufsereinander und für die Continuität hat man empirische Erklä-
rungsgründe zu finden gesucht, ja selbst für die Unbegrenztheit
lassen sich aus Herbarts Reihentheorie Erklärungsansätze ableiten.

Wir müssen uns jedoch versagen, auf diese Versuche hier näher
einzugehen; nur einen von ihnen, der unser Gebiet unmittelbar berührt und überdies in der Gegenwart ein besonderes historisches
Interesse in Anspruch nimmt, wollen wir in der Kürze besprechen.
Es ist dies der bereits oben erwähnte Versuch Kants aus seiner
ersten Schrift, den „Gedanken von der wahren Schätzung der lebendigen Kräfte", die dreifache Ausdehnung daraus herzuleiten, dass
die Intensität der Gravitationskraft dem Quadrat der Entfernung
umgekehrt proportional sei. Es ist wol nicht überflüssig, die leicht
erkennbaren Mängel dieses Beweises, dessen Grundgedanken noch in
der jüngsten Zeit auch für das wunderliche Bemühen, die objective
Realität des Raumes darzutun, verwendet worden sind, mit wenigen
Worten aufzudecken. Es ist zwar geometrisch unzweifelhaft richtig,
dass sich die Wirkung aller bekannten, anscheinend in die Ferne
wirkenden Kräfte auf eine Kugelfläche verteilt denken lässt, deren
Inhalt dem Quadrat des Radius proportional ist; und ebenso sicher
ist, dass, wenn man die Principien dieser Construction auf Ausgedehntheiten von zwei oder vier Dimensionen überträgt, die Wirkungen den einfachen Entfernungen resp. ihrer dritten Potenz umgekehrt entsprechen müssten. Jedoch in dieser Uebertragung liegt
eine Diallele, da eben das die Frage ist, ob wir in jener Construction der Kugelfläche mehr sehen dürfen, als eine geometrische Veranschaulichung eines mechanischen Gesetzes, die in keinem notwendigen innern Zusammenhang mit demselben steht. Darüber
aber können wir aus den Mitteln unserer Erfahrung zu keiner Entscheidung kommen; denn erst dann würden wir ein Recht haben,
eine bestimmte bejahende oder verneinende Antwort zu geben, wenn
uns entsprechende Beobachtungen in einer zweifach oder vierfach
ausgedehnten Welt von Körpern zeigten, ob die Intensitäten der
Wirkungen dort den Entfernungen selbst oder ihren Kuben umgekehrt proportional würden. Dass wir im Stande sind, unter Voraussetzung solcher Hypothesen in sich consequente mechanische Systeme
für die Flächen und die Mannigfaltigkeiten von vier Dimensionen
abzuleiten, tut dieser Forderung natürlich keinen Eintrag. Ueber-

dies aber müssen wir beachten, dass jenes mechanische Gesetz nicht denselben Grad inductiver Allgemeinheit besitzt, den wir der dreifachen Ausdehnung zuschreiben dürfen. Die physikalischen Beobachtungen machen es zwar zur Gewissheit, dass dasselbe für alle sogenannten Fernwirkungen der bisher ermittelten Kraftbeziehungen giltig ist, aber diese Gewissheit reicht über das Gebiet der bisher untersuchten Bewegungsvorgänge nur als eine Forschungsmaxime hinaus, die durch entgegengesetzte Experimente aufgehoben werden kann. Hier ist also die Sicherheit in den Grenzgebieten nicht dieselbe wie im Felde der Beobachtung.

Anders verhält sich dies mit den empirischen Gründen für die Mafsverhältnisse unseres Raumes. Riemann zwar, der diese Frage zuerst aufgeworfen hat, gelangte mit Hilfe der Bemerkung, dass bei den stetigen Mannigfaltigkeiten das Princip ihrer Mafsverhältnisse nicht schon in ihrem Begriff enthalten sei, nur zu dem nicht ganz durchsichtigen Dilemma[1]: „Es muss also entweder das dem Raum zu Grunde liegende Wirkliche eine discrete Mannigfaltigkeit bilden, oder der Grund der Mafsverhältnisse aufserhalb, in darauf wirkenden bindenden Kräften gesucht werden." Helmholtz dagegen ist es gelungen, wenigstens die Congruenzbedingungen in den mechanischen Postulaten der Existenz fester, absolut beweglicher und durch eine Drehung um sich selbst unveränderlicher Körper nachzuweisen. So weit sich ohne analytische Discussion ein Urteil fällen lässt, scheint ein entsprechendes Postulat für die Ebenheit des Raumes in der Wahrnehmung zu liegen, dass die Richtung eines bewegten Körpers innerhalb der Grenzen unserer Erfahrung als vollkommen unabhängig vom Orte desselben angesehen werden kann.[2] — Noch von einer andern Seite her lässt sich dieser empirische Zusammenhang unserer Mafsbestimmungen mit den mechanischen Hypothesen über die Festigkeit und die Bewegungsformen der Körper dartun. R. Lipschitz hat gezeigt, dass auch die Begriffe der Mechanik sich den so erweiterten Vorstellungen über die ausgedehnten Mannigfaltigkeiten anpassen lassen, sobald man den Ausdruck für das Linearelement, der für unseren Raum gilt, in der früher angedeuteten Weise verallgemeinert. Denn unter dieser Voraussetzung bleiben die allge-

---

[1] Riemann, a. a. O. III. § 3.
[2] Man vgl. Riemann, a. a. O. II. § 5.

meinen für das Problem der Mechanik [1] gefundenen Ergebnisse bestehen und haben insofern die Eigenschaft, von den tatsächlich geltenden Voraussetzungen über das Maſs des Linearelements und der lebendigen Kraft unabhängig zu sein.

Diese Erörterungen machen deutlich, in welchem Sinne die mathematische Theorie dem psychologischen Empirismus Bestätigung gewährt. Dennoch ist es bei der herrschenden Verwirrung der Urteile über die Tragweite dieser Theorien geboten, die Entwicklungen ihrer hervorragendsten Vertreter mit den gegebenen Andeutungen in Beziehung zu setzen. [2]

Die Uebereinstimmung unserer obigen Erörterung, dass die Raumvorstellung trotz ihres empirischen Charakters in bestimmter Hinsicht auch als eine apriorische zu bezeichnen sei, mit der Lehre Lotzes, dessen Scharfsinn wir die erste klare Untersuchung der hierher gehörigen psychologischen Fragen verdanken, bedarf keines eingehenderen Nachweises. Schon in der *Medicinischen Psychologie* hat er ausdrücklich erklärt [3], dass er die Theorie der Localzeichen, deren Urheber er ist, keineswegs dazu benutzen wolle, „die Fähigkeit der Seele, Raum überhaupt anzuschauen, oder ihre Nötigung abzuleiten, das Empfundene in diese Anschauung aufzunehmen." Er setze vielmehr voraus, „dass es in der Natur der Seele Motive giebt, um deren willen sie einer räumlichen Anschauungsform nicht nur fähig ist, sondern auch zu ihrer Anwendung auf den Inhalt der Empfindungen gedrängt wird." Die Localzeichen sollen daher „nicht der Seele, die an sich weder Neigung noch Fähigkeit zu räumlicher Anschauung hätte, beide einflöſsen, sondern sie sollen ihr, die ihrer Natur gemäſs zu räumlicher Entfaltung ihres intensiven Inhalts drängt, Mittel sein, diese ihre allgemeine Vorstellungsweise in Ueber-

---

[1] Lipschitz, *Untersuchung eines Problems der Variationsrechnung, in welchem das Problem der Mechanik enthalten ist*, in *Borchardts Journal* Bd. 74. S. 120. Daselbst sind andere bezügliche Abhandlungen von demselben Verfasser und von Schering citirt.

[2] Es sei erwähnt, dass auch Hoüel in seiner mehr erwähnten interessanten Schrift die empirische Natur der Raumvorstellung und der geometrischen Wissenschaft lebhaft betont hat.

[3] Lotze, a. a. O. S. 332 f. Man vgl. dazu die sehr klare Auseinandersetzung dieser Fragen von Lotze im Anhang zu Stumpf, *Ueber den psychologischen Ursprung der Raumvorstellung*. Leipzig 1873.

einstimmung mit der Natur und den gegenseitigen Verhältnissen der Gegenstände anzuwenden."

Jedoch auch die physiologisch reich entwickelte Form, die Helmholtz der empiristischen Theorie gegeben hat, scheint dieser Auffassung nicht zu widersprechen. Gerade den neuen Anhängern Kants zwar, die mit wenigen Ausnahmen das Anerbieten der Naturwissenschaften zu einem engeren Freundschaftsbündnis freudig acceptirt haben, ist diese Theorie vielfach ein Stein des Anstofses gewesen; aber eine unbefangene Erörterung derselben zeigt, dass ihr Zusammenhang mit der kantischen Aesthetik ein viel engerer ist, als es auf den ersten Blick erscheint. Jener Anstofs liegt eben nur in der unberechtigten Forderung, dass Untersuchungen, die dem Gedankengang des kritischen Idealismus völlig fern liegen [1], die-

---

[1] Schon HELMHOLTZ hat darauf hingewiesen *Optik* S. 456, dass die Theorie der Localisation aufserhalb von Kants Weg lag. W. TOBIAS hat gegen diese Auffassung in seinem an Misverständnissen der Interpretation nicht eben armen Buche: *Grenzen der Philosophie* (Berlin 1875, Protest erhoben. Kant habe nur den umgekehrten Weg eingeschlagen, sofern die transcendentale Idealität des Raumes den Ausgangspunkt seiner Wanderung bilde. In jüngster Vergangenheit hat CLASSEN in seiner *Physiologie des Gesichtssinnes* (Braunschweig 1876.) sogar den Versuch gemacht, den ganzen systematischen Apparat der transcendentalen Analytik auf die physiologische Theorie zu übertragen, und auch THIELE gelangt durch seine Auffassung der bezüglichen Lehren trotz seines Gegensatzes gegen den strengen Kantianismus zu dem Schluss, dass die physiologischen Erfahrungen mit Kants Lehren im besten Einklange sind. (THIELE, *Kants intellectuelle Anschauung*. Halle 1876. S. 157.) Die Irrtümlichkeit dieser Auffassungen ergiebt sich aus dem Nachweis, dass Kant gezwungen ist, diese ganze Frage als eine unbeantwortbare und unberechtigte abzuweisen, daher denn auch seine Lehre gerade in diesem Punkt eine charakteristische Lücke zeigt, auf Grund deren hier die entgegengesetzten Interpretationen das gleiche Recht beansprucht haben. Wenn nämlich der Versuch gemacht werden soll, Kants Lehre von der blofs empirischen Realität der Raumanschauung auf die moderne physiologische Theorie der Localisation zu übertragen, so kann das Verhältnis beider unmittelbar nur durch die psychologischen Andeutungen über den Erwerb apriorischer Vorstellungen, welche sich in Kants erkenntnistheoretische Untersuchungen gelegentlich eingestreut finden, näher bestimmt werden. Mittelbar ferner können diejenigen Erörterungen auf dasselbe hinleiten, durch welche Kant den Begriff des empirischen Gegenstandes sowie den des empirischen Causalzusammenhanges festzustellen sucht. Für alle diese Entwicklungen gilt jedoch gleichmäfsig, wie Kant den Begriff der Apriorität bestimmt. Hier aber ist wol zu beachten, dass Kant mit aller Schärfe

jenigen Vorstellungskreise enthalten sollen, welche Kants erkenntnistheoretische Ausführungen beherrschen. Helmholtz hat es bestimmt

an der rationalistischen Fassung festhält, derzufolge diejenige Erkenntnis
a priori ist, die schlechterdings von aller Erfahrung unabhängig stattfindet. Diese absolute Apriorität betrifft zunächst zwar nur die allgemeine
Raumvorstellung sowie die allgemeinen Verstandesformen, aber sie macht es
doch unmöglich, für die besondere räumliche Gestaltung oder für die concrete Gesetzmäfsigkeit einzelner Naturvorgänge den Einfluss der Erfahrung
bestimmt zur Hilfe zu rufen. Denn die Erfahrung liefert in allen diesen
Fällen lediglich die für sich ungeordnete, formlose Materie. Wäre es möglich, dass auch die Besonderheit der Formung von der Art des Gegeben-
seins abhinge, so müsste Kant nicht blofs zugestehen, dass das transcendentale Object d. i. das Ding an sich als wirkende Ursache anzusehen sei,
sondern er müsste auch einräumen, es afficire unsere Sinne so, dass sie die
Vorstellungen von Raum, Materie und Gestalt bekommen. Er müsste sogar
zu der Behauptung kommen, dass wir diesem Object allen Umfang und Zusammenhang unserer möglichen Wahrnehmungen zuschreiben müssten. Nun
sind alle diese Behauptungen allerdings von Kant selbst gelegentlich wörtlich ausgesprochen worden, jedoch nicht minder bestimmt und weit mehr
ausgeführt finden sich in der Kritik der reinen Vernunft Erörterungen,
welche jeden formbestimmenden Einfluss der Dinge an sich resp. des durch
sie gegebenen Stoffes im Zusammenhang mit der Grundlage der Analytik
vollständig negiren. Dies beweisen vor allem die Ausführungen der Deduction, am deutlichsten diejenigen der ersten Auflage; denn in allen diesen
wird der transcendentale Gegenstand, eben weil seine Bedeutung für die
Einheit und den Zusammenhang der Erkenntnis erklärt werden soll, zu
Gunsten der transcendentalen Einheit eliminirt, weil er für uns nichts ist.
Denselben Gedankengang wiederholt die Erörterung über den Begriff der
Causalität, sowie der Abschnitt über die Phänomena und Noumena besonders in der ersten Auflage), endlich alle jene zahlreichen, meist rein idealistisch interpretirten Aeufserungen, welche die transcendentale Unwissen-
heit über die Existenz und die Beschaffenheit des Dinges an sich zum
Ausdruck bringen. Dieser unversöhnliche Zwiespalt in der Lehre Kants
macht alle diejenigen Ausführungen, welche für die Theorie der Localisation verwertet werden könnten, überall da, wo ihr Zusammenhang mit den
Lehren der modernen Sinnesphysiologie hervortreten müsste, ganz unzurei-
chend und lückenhaft. Sowol in der Lehre vom empirischen Object als
auch in der Untersuchung der Wahrnehmungs- und Erfahrungsurteile, sowie
endlich in den einzelnen Bemerkungen über das Verhältnis von Apriorität
und Aposteriorität in den Naturgesetzen kommt dies zum Vorschein. Da
dieser fundamentale Widerspruch in den Grundbegriffen des Systems durch
die historische Untersuchung erklärt wird, welche zeigen kann, dass für
Kant ursprünglich die ganze Reihe dieser Probleme fremd war, so wird
begreiflich, dass er diese Fragen überall da, wo er den Kern seiner Ge-

genug erklärt, dass er ebenso wie Lotze die rein psychologische
Frage nach dem apriorischen Grunde unserer Raumvorstellung als
nicht zu seinem Thema gehörig abweisen müsse. In der Abhandlung über „die neueren Fortschritte in der Theorie des Sehens"
bemerkt er: „da wir es hier nur mit dem Gesichtssinn zu tun
haben und der Tastsinn zur vollständigen Hervorbringung der Raumanschauung genügt, so können wir zunächst die letztere in ihren
allgemeinen Zügen als fertig gegeben voraussetzen und uns darauf
beschränken, zu untersuchen, wo die Uebereinstimmung zwischen
den Raumanschauungen des Gesichtssinns und des Tastsinns her-
rührt. Genau in demselben Sinne spricht sich das Schlusscapitel
der Optik aus. Die Frage, „wie es bei den gegebenen sinnlichen
Perceptionen überhaupt zur Raumanschauung kommen könne," wird
in der „Physiologischen Optik" selbst gar nicht berührt. Nur die
Abhandlung geht näher auf dieselbe ein. Dieselbe wirft die Frage
auf: „Können wir nun die Bewegungen unserer Hände und Augen
als Raumänderungen erkennen, ohne dies vorher zu wissen, und von
anderen Aenderungen, welche die Eigenschaften der Dinge betreffen,
unterscheiden?" Helmholtz bejaht diese Frage, da die Raumbeziehungen die einzigen veränderlichen Beziehungen zwischen den Substanzen sind, die unabhängig sind von der Masse und der Qualität
derselben. Die Verschiebungen der Bilder auf der Netzhautfläche
z. B. können in gleichem Sinne wiederholt werden, gleichviel durch
welche Eindrücke sie erzeugt werden. „Dadurch sind diese Verän-

danken am strengsten festhält, direkt abweist. Am deutlichsten geschieht
dies in den Betrachtungen über die Summe der reinen Seelenlehre. Hier
zeigt Kant, inwiefern „die berüchtigte Frage wegen der Gemeinschaft des
Denkenden und Ausgedehnten" darauf hinauslaufe: „wie in einem denkenden Subject überhaupt äußere Anschauung, nämlich die des Raumes (einer
Erfüllung desselben, Gestalt und Bewegung möglich sei." „Auf
diese Frage aber," findet er, „ist es keinem Menschen möglich eine Antwort
zu finden und man kann diese Lücke unseres Wissens niemals ausfüllen, sondern nur dadurch bezeichnen, dass man die äußeren Erscheinungen einem transcendentalen Gegenstande zuschreibt, welcher die Ursache dieser Art Vorstellungen ist, den wir aber gar nicht kennen, noch jemals einigen Begriff von ihm bekommen werden." Kant's *Werke*
r. Hartenstein. Bd. III. 612. Die moderne Theorie der Localisation ist deshalb dem transcendentalen Idealismus Kants nicht blofs fremd, sondern sie
kann auch demselben nicht eingefügt werden, ohne dass fundamentale
Widersprüche hervorkommen.

derungen charakterisirt als von der eigentümlichen Art, welche wir
eben Raumänderungen nennen." Es könnte zweifelhaft sein, ob diese
Aeufserungen nicht zu Gunsten eines der herbartischen Reihentheorie
analogen Empirismus, der jeden apriorischen Factor ablehnt, zu
verstehen seien, wenn Helmholtz nicht fortfahren würde: „Der empirischen Aufgabe ist hiermit Genüge geleistet, und wir brauchen
uns auf die Discussion der Frage, wieviel a priori, wieviel a posteriori von der allgemeinen Anschauung des Raumes gegeben sei, hier
nicht weiter einzulassen." Diesen allgemeinen Bemerkungen, welche
gleichsam ein negatives Kriterium der Uebereinstimmung zwischen
den erwähnten empiristischen Theorien abgeben, scheinen die spezielleren Ausführungen der „Physiologischen Optik" ebenfalls nicht
zu widersprechen, wenn man nur scheidet, was dieser rein psychologischen Frage angehört und was dagegen auf eine erkenntnistheoretische Ansicht deutet, welche der Kants allerdings zuwiderläuft. Zwei Punkte zwar lassen sich auch in rein empiristischem
Sinne verstehen. Der erste liegt darin, dass Helmholtz die Subjectivität der Empfindungen der des Causalgesetzes coordinirt, ohne
der gleichartigen Apriorität der Raumanschauung Worte zu leihen [1],
und dem entsprechend die empiristische Theorie gelegentlich als
diejenige definirt, „welche alle Raumanschauung als auf Erfahrung
beruhend betrachtet, und voraussetzt, dass auch die Localzeichen
unserer Gesichtsempfindungen ebenso wie deren Qualitäten an und
für sich nichts als Zeichen sind, deren Bedeutung wir zu lesen erst
lernen müssen." [2] Auch der Umstand könnte in diesem Sinne aufgefasst werden, dass Helmholtz ausdrücklich angiebt: „Die einzige
psychische Tätigkeit, die zur Wahrnehmung gefordert wird, ist die
gesetzmäfsig wiederkehrende Association zweier Vorstellungen." [3]
Dennoch sollen diese beiden Bemerkungen schwerlich in dieser
Weise verstanden werden, da sie nicht nur selbst sich in die oben
angedeutete Auffassung fügen, sondern auch durch die übrigen Entwicklungen in den behaupteten Zusammenhang eingereiht werden.
Helmholtz hat Lotzes Begriff des Localzeichens ausdrücklich adop-
tirt [4]; denn dass er es für verfrüht hält, „irgend welche weitere

[1] HELMHOLTZ, *Physiologische Optik.* S. 455.
[2] Ders. *Populäre Vorträge.* Heft II. S. 87. *Optik.* S. 812.
[3] Ders. *Optik.* S. 798, vgl. S. 804. *Vorträge.* Heft II. S. 87.
[4] Ders. *Optik.* S. 595; *Vorträge.* Heft II. S. 66.

Hypothesen über die Art derselben aufzustellen"[1], hat auf diese Fassung des Begriffs keinen Einfluss. Wenn er daher beide psychophysische Theorien als Theorien der Localisation behandelt, die sich auf den „wahrhaft reellen Inhalt" unserer Anschauungen[2] beziehen, so kann auch hier der Begriff nur in jener engeren Bedeutung gefasst sein, die ihm Lotze vindicirt. Am deutlichsten beweisen dies die lichtvollen Erörterungen über die Unähnlichkeit „zwischen dem Process im Gehirn, welcher die Vorstellung eines Tisches begleitet, und dem Tische selbst"; am schärfsten zeigen es die Auseinandersetzungen über den Sinn, in dem wir von einer Wahrheit unserer Vorstellungen reden können.[3] Auch hier muss allerdings das psychologische Problem von dem erkenntnistheoretischen wol geschieden bleiben. Auch darin endlich liegt eine Bestätigung dieser Auffassung, dass Helmholtz den grofsen Philosophen Königsbergs als den ersten Vertreter der nativistischen Theorie bezeichnet[4], wenn man nur beachtet, in welchem Sinne dies geschieht. Kant ist Nativist, nicht weil er Raum und Zeit für die apriorischen Formen der Sinnlichkeit hält, sondern weil er sie als „gegebene Formen aller Anschauung hinstellt, ohne weiter zu untersuchen, wieviel in der näheren Ausbildung der einzelnen räumlichen und zeitlichen Anschauungen aus der Erfahrung hergeleitet sein könnte. So betrachtete er namentlich die geometrischen Axiome auch als ursprünglich in der Raumanschauung gegebene Sätze." Kant unterscheidet sich deshalb von allen Empiristen, Lotze nicht ausgenommen, sofern er der Erfahrung gar keinen Einfluss auf die Entwicklung der Raumvorstellung gestattet; er weicht von den Nativisten ab, sofern er blofs behauptet, die Raumanschauung überhaupt sei eine Form unserer Receptivität, nicht auch voraussetzt, es seien gewisse spezielle Raumanschauungen angeboren.[5] Diese Mittelstellung lässt es deshalb zu, dass der grofse Fortschritt, den das philosophische Bewusstsein Kant verdankt, die Unterscheidung nämlich der reellen und ideellen Elemente der Erkenntnis, volle Anerkennung findet.[6]

[1] Helmholtz. *Populäre Vorträge*. Heft II. S. 66.
[2] Ders. Ebendaselbst. S. 90 u. oft.
[3] Ders. *Optik*. S. 443, 445 f.; 442, 453. *Vorträge*. Heft II. S. 51 f.
[4] Ders. *Optik*. S. 456 u. ö.
[5] Ders. Ebendaselbst. S. 141.
[6] Ders. Ebendaselbst. S. 428, 456.

Diese Erörterungen über den eigentlichen Sinn und die Grenzen des verteidigten psychologischen Empirismus erlauben uns auch,
eine spezielle Folgerung zu ziehen. Das bunte Gewirr von Meinungen, das gegenwärtig noch die oben eingehender dargelegten psychologischen Consequenzen überdeckt, macht es zur Pflicht, genauer
festzustellen, welches Verhältnis ihnen gegenüber die Arbeiten von
Riemann und Helmholtz einnehmen, in denen sie zuerst bestimmt
ausgesprochen sind.

Riemann hat seiner empiristischen Ueberzeugung gleich in den
einleitenden Sätzen Ausdruck gegeben, die den Plan der Untersuchung skizziren. Die so vielfach misverstandenen Bemerkungen
lauten wörtlich: „Ich habe mir daher zunächst die Aufgabe gestellt, den Begriff einer mehrfach ausgedehnten Größe aus allgemeinen Größenbegriffen zu construiren. Es wird daraus hervorgehen, dass eine mehrfach ausgedehnte Größe verschiedener Maſsverhältnisse fähig ist und der Raum also nur einen speziellen Fall
einer dreifach ausgedehnten Größe bildet. Hiervon aber ist eine
notwendige Folge, dass die Sätze der Geometrie sich nicht aus allgemeinen Größenbegriffen ableiten lassen, sondern dass diejenigen
Eigenschaften, durch welche sich der Raum von anderen denkbaren
dreifach ausgedehnten Größen unterscheidet, nur aus der Erfahrung
entnommen werden können. Hieraus entsteht die Aufgabe, die einfachsten Tatsachen aufzusuchen, aus denen sich die Maſsverhältnisse
des Raumes bestimmen lassen .... Diese Tatsachen sind wie alle
Tatsachen nicht notwendig, sondern nur von empirischer Gewissheit,
sie sind Hypothesen; man kann also ihre Wahrscheinlichkeit, welche
innerhalb der Grenzen der Beobachtung allerdings sehr groſs ist,
untersuchen und hiernach über die Zulässigkeit ihrer Ausdehnung
jenseits der Grenzen der Beobachtung sowol nach der Seite des
Unmessbargroſsen, als nach der Seite des Unmessbarkleinen urteilen." Dementsprechend sucht Riemann im letzten Teil seiner Abhandlung festzustellen, „wie, in welchem Grade und in welchem
Umfange diese Voraussetzungen durch die Erfahrung verbürgt
werden." Diese Schlussfolgerungen lassen erkennen, dass Riemann
der oben entwickelten psychologischen Theorie der Raumvorstellung
nicht zustimmen könnte: der Empirismus, dem er das Wort redet,
ist nicht jener relative, der die apriorischen Vorstellungsmomente
einschlieſst, sondern der absolute Empirismus Herbarts, dem die

Raumform ohne jede spezifische apriorische Nötigung aus der Reihenform entsteht.[1] Denn ohne diese Voraussetzung, zu der sich Riemann übrigens ausdrücklich bekannt hat[2], würde der Schluss von der Möglichkeit verschiedener Räume mit verschiedenen Maßbeziehungen auf die empirische Natur unserer Raumvorstellung keine Giltigkeit haben. Die Anhänger einer nativistischen Theorie könnten immer noch einwenden, daraus, dass die geometrischen Axiome sich nicht aus allgemeinen Größenbegriffen ableiten lassen, dürfe nur gefolgert werden, dass die Eigenschaften unseres Raumes lediglich durch die Anschauung gegeben würden, deren Apriorität oder Aposteriorität gar nicht in Frage komme.

Wesentlich verschieden hiervon ist der Gedankengang der Beweise von Helmholtz. In den ersten beiden Abhandlungen desselben findet sich, wie bereits früher angedeutet, die psychologische Consequenz unmittelbar gar nicht ausgesprochen. Nur der eine Schluss wird auf Grund der daselbst bestimmten mechanischen Postulate der Congruenz gezogen, „dass die ganze Möglichkeit des Systems unserer Raummessungen von der Existenz solcher Naturkörper abhängt, die dem aufgestellten Begriffe fester Körper hinreichend nahe entsprechen." Erst die neuere Abhandlung „über den Ursprung und die Bedeutung der geometrischen Axiome" wirft die Frage auf, „wo die besonderen Bestimmungen herkommen, die unseren Raum als ebenen Raum charakterisiren"; sie prüft deshalb die Möglichkeit, „ob sie empirischen Ursprungs sind, ob sie aus Erfahrungstatsachen abzuleiten, durch solche zu erweisen, beziehlich zu prüfen und vielleicht auch zu widerlegen seien." Diese Untersuchung führt Helmholtz mit Hilfe des Kriteriums, das er in der Optik für die ausschließlich subjectiven Empfindungen festgestellt hat, des Satzes nämlich, „dass nichts in unseren Sinneswahrnehmun-

---

[1] Dagegen spricht natürlich nicht, dass auch Herbart behauptet: „allerdings kommt aus dem Innern etwas hinzu, welches der Wahrnehmung die räumliche Form giebt." Denn so wenig dieses Etwas auch ein Seelenvermögen in dem Sinne ist, den Herbart mit Recht bekämpft, so wenig genügt es doch auch, zu supponiren, es seien die schon vorhandenen Vorstellungen, welche in ihrem Hervortreten ein gewisses Gesetz befolgen, ein Gesetz der Ordnung, nach welchem jede auf das Hervortreten der mitverbundenen wirkt. (HERBART, *Psychologie als Wissenschaft*. Bd. II. § 111.).

[2] Man vgl. S. 35 dieser Abh. und RIEMANN, *Werke*. S. 475 f.

gen als Empfindung anerkannt werden kann, was durch Momente,
die nachweisbar die Erfahrung gegeben hat, im Anschauungsbilde
überwunden und in sein Gegenteil verkehrt werden kann." Denn
selbstverständlich ist, dass dieses Kriterium sich auch auf eine
etwaige rein apriorische Raumanschauung anwenden liefse, da diese
ebenfalls durch keine Erfahrung geändert werden könnte. Diese
Erörterung erst führt ihn zu dem Resultat, dass die Raumvorstellung eine empirische sei. In Helmholtz' Untersuchungen liegt demnach die Schlussreihe angedeutet, durch die wir oben zu dem gleichen Ergebnis gelangten.

Der Unterschied der Abhandlung von Riemann von den Arbeiten von Helmholtz liegt demnach hinsichtlich dieser psychologischen Consequenzen darin, dass Riemann dieselben unter still-
schweigender Voraussetzung der Giltigkeit von Herbarts Psychologie gezogen hat, während Helmholtz sie vorsichtiger ohne jede
besondere psychologische Hypothese entwickelt und dadurch zugleich gegen jeden Angriff geschützt hat, der aus den spezifischen
Lehrsätzen eines philosophischen Systems heraus gegen dieselben
gerichtet werden könnte; denn die einzige Voraussetzung, an welche
sein Beweisgang gebunden ist, liegt in jenem oben angeführten Kriterium der Empfindung resp. der Erfahrung. Dieses aber wird die
empiristische Theorie sowol als die nativistische anerkennen müssen, da es eine Hypothese zu Grunde legt, gegen die sich keine
von beiden verschliefsen darf. Der einzige Einwand nämlich, der
gegen dasselbe, soweit ich sehe, erhoben werden kann, liegt in der
durch die Entwicklungstheorie garantirten Möglichkeit, dass die
Empfindungsqualitäten, durch die wir die Einwirkung der Dinge
bezeichnen, einer allmählichen oder vielleicht auch plötzlichen Veränderung unterworfen sein und insofern sich selbst gleichsam zu
widerlegen im Stande sein können. Damit eine solche Möglichkeit
aber einen festen Sinn behielte, müsste weiter angenommen werden,
dass jene Veränderungen durch rein psychische Ursachen bedingt
würden, welche die Seele zwängen, auf dieselben äufseren Erregungen nunmehr durch andere qualitativ oder modal verschiedene Empfindungen zu antworten. Denn dass anders geartete, noch unbe-
kannte und unbegreifliche äufsere Reize andere Empfindungsklas-
sen erzeugen würden, gehört nicht hierher. Jene Consequenz aber
widerstreitet der bald noch genauer zu besprechenden, durch unsere

bisherige Kenntnis des tatsächlichen Zusammenhanges psychischer
Tätigkeiten und mechanischer Kräfte gewährleisteten Ueberzeugung,
dass eine wesentliche Aenderung der ersteren nicht ohne entsprechende Ursachen in den letzteren entstehen könne, und damit
dem Gesetz des zureichenden Grundes.

Die vielen verschiedenartigen Einwendungen, welche gegen die
empiristisch psychologischen Folgerungen der neuen geometrischen
Theorie besonders von Seiten der Kantianer unserer Zeit erhoben
worden sind, erledigen sich nach den vorstehenden Erörterungen
im allgemeinen von selbst. Nur weniges möge zur Charakteristik
dieser ganzen Polemik hinzugefügt werden, als deren Vertreter
J. K. Becker und besonders W. Tobias gelten mögen, da die unzählbaren und zum Teil unregistrirbaren gelegentlichen Aeufserungen, die sich in jeder der allmonatlich erscheinenden Schriften
über Kant finden, sich jeder gesonderten Beurteilung entziehen.
Eine wunderliche Eigentümlichkeit ist allen diesen Einwürfen, den
ausführlichen nicht weniger als den kürzeren gemeinsam, die nämlich, dass man sich gegenüber jenen mathematischen und psychologischen Untersuchungen kurzweg auf die Ausführungen Kants be-
ruft, sie etwa wie Becker einfach abschreibt, als ob ein solcher
Hinweis vollkommen zur Verurteilung genüge.[1] Es sollte doch
vielmehr auch dem überzeugtesten Schüler Kants eine selbstverständliche Pflicht sein, die Lehren seines Meisters, die er auch den
gegenwärtigen Problemvorstellungen gegenüber für ausreichend erachtet, auf die veränderten Fragen nur nach eingehender kritischer
Prüfung zu übertragen: denn nur dadurch lässt sich die Ueberzeugung sicher gewinnen, dass ein philosophisches System, von dem
wir durch eine reiche geistige Entwicklung von hundert Jahren
getrennt sind, auch in seinen besonderen Theoremen noch den Forderungen der Wissenschaft unserer Zeit völlig gewachsen ist. Diese
vornehme Sicherheit hat denn auch charakteristische Schwächen
im Gefolge gehabt. Am deutlichsten sind dieselben in der Beurteilung Riemanns hervorgetreten, dessen Studiengang vor dem Erscheinen seiner Biographie in den „Mathematischen Werken" nur

---

[1] J. K. BECKER, *Abhandlungen aus dem Grenzgebiete der Mathematik
und Philosophie.* Zürich 1870. S. 18, 19, 22, 38 u. ö. Man vgl. dazu die
etwas schärfer geschriebene Recension der noch zu erwähnenden Abhandlung von ROSANES in der *Zeitschrift für Mathem. u. Physik.* Bd. 17. u. a. m.

wenig bekannt war. Da die oben citirte Schlussweise dieses „grofsen
Mathematikers, der aber nicht zugleich Philosoph war." vom Stand-
punkte Kants aus betrachtet, als „ein gewaltsamer Sprung" erschien,
sofern an seiner Folgerung „nicht eine Spur von Denknotwendigkeit
zu entdecken sei," so war es selbstverständlich, dass hier ein „durch
nichts vorhergehendes motivirtes, blofses Decret" vorlag, dass es
„eben nur ohne alle Begründung ausgesprochene Meinungen waren,
die nichts beweisen, als dass Riemann den einzigen Philosophen,
der ihm über seinen Scrupel Aufklärung hätte geben können, nicht
gelesen habe."[1] Dennoch hätte wol nur gröfsere Aufmerksamkeit
und ein wenig guter Wille eindringenden Verstehens dazu gehört,
hier die Abhängigkeit Riemanns von Herbarts Gedankengang zu
erkennen, auf die von Riemann selbst in den unmittelbar auf jene
Aeufserungen folgenden Worten zum Ueberfluss noch hingewiesen
ist. Aber auch Helmholtz gegenüber hat diese selbstgewisse Ab-
geschlossenheit zu den unzulässigsten Interpretationen geführt. Es
ist schon oben erwähnt worden, wie wenig es gerechtfertigt ist, auf
die bezüglichen Erörterungen der empiristischen Theorien ohne weiteres die Lehren Kants als Mafsstäbe der Beurteilung zu übertragen,
da es sich hier um ein Gebiet handelt, das den Untersuchungen
Kants vollkommen fern liegt. Gerade Tobias aber macht sich nicht
nur der Ungeheuerlichkeit schuldig, in Riemanns mathematische
Entwicklung unmittelbar die kantische Unterscheidung des Apriorischen und Aposteriorischen, sowie des Analytischen und Synthetischen hinein zu interpretiren, er begeht auch das Unrecht, Helmholtz' empiristische Theorie der Localisation ohne weiteres an Kants
Auffassung des Verhältnisses von Anschauung und Begriff, Sinnlichkeit und Verstand, empirischem Stoff und apriorischer Form zu
messen. Von dem fundamentalen Gegensatz, der die Entwicklungen
beider Forscher trennt, dass nämlich bei Helmholtz die Erfahrung
als die psychische Tätigkeit des Verständnisses, der Auslegung, der
Deutung und der Beobachtung der Empfindung dem rein subjectiven, reinen Empfindungsgehalt der Perception gegenübersteht[2],
während bei Kant die Erfahrung eine Erkenntnisquelle bezeichnet,

---

[1] Diese Citate beziehen sich auf BECKER, a. a. O. S. 16 f., 22 f. und
auf TOBIAS, *Grenzen der Philosophie*. S. 54 f.
[2] HELMHOLTZ. *Physiologische Optik*. S. 431, 438. 441. 798; 435, 437.

der die Empfindungen als der Stoff der Erkenntnis angehören.
deren Gegenstand deshalb durch diejenigen Formen dargestellt wird.
die von allem Empfindungsmaterial vollkommen unabhängig sind.
findet sich in seiner Kritik keine Spur. Dazu kommt, dass Tobias
ebenfalls in Folge seiner wenig kritischen Berufung auf Kant bei
seiner Beurteilung der empiristischen Consequenzen die psychologische
Frage nach dem Ursprung der Raumvorstellung fortlaufend mit der
erkenntnistheoretischen nach ihrer Subjectivität oder Objectivität vermischt. Für Kant sind Apriorität und ausschliefsliche Subjectivität
allerdings Wechselbegriffe, aber doch schon Herbart hat daran erinnert, und Kant würde das nicht bestreiten. dass die Frage, wie
wir zu unseren Vorstellungen des Räumlichen und Zeitlichen kommen mögen, notwendig gesondert werden müsse von der völlig
heterogenen Frage, ob wirklich etwas aufser uns in räumlichen
Verhältnissen existire.[1] Und in der Tat, diese Trennung ist selbstverständlich geboten. sobald man zugiebt. dass die etwaigen räumlichen Beziehungen der Körper nicht ohne weiteres in unsere Vorstellungen dieser Beziehungen hinüberwandern können. Jedoch wir
könnten über diese Vornehmheit gegen die gerechten Forderungen
vorurteilsfreier Interpretation hinwegsehen, da diese bei dem vorläufig unversöhnbaren Gegensatz der philosophischen Ueberzeugungen selten nur ganz erfüllt werden können. hätte die gleiche Vornehmheit nicht auch hinsichtlich der rein mathematischen Untersuchungen dieser Probleme Platz gegriffen. Es ist zwar sicher, dass
das Bedürfnis zu urteilen bei den Menschen immer gröfser gewesen
ist als ihre Fähigkeit und Lust zu verstehen. aber dieser tatsächlichen Ungebundenheit des literarischen Gewissens sind denn doch
enge Grenzen gezogen. Gerade die Philosophen aber sollten da, wo
die eigenartige Natur ihrer Wissenschaft sie zwingt, in das Gebiet
einer anderen Disciplin einzutreten. mit jener vorsichtigen Zurückhaltung verfahren, die auch nach der sorgfältigsten Einsicht in
fremdartige Verhältnisse dem absprechenden Urteil auferlegt bleibt;
denn der durch die Ueberstürzung der Philosophie in ihrer specu-
lativen Periode nicht ganz unbegründete Verdacht, dass die Philosophen „Pioniere seien, die ihr abenteuernder Trieb hindert, an der
regelmäfsigen Arbeit der eigentlichen Forscher Teil zu nehmen,"

---

[1] Herbart. *Psychologie als Wissenschaft*. Bd. II. § 109. S. 122.

ist auch jetzt noch nicht ganz erloschen, wo die Philosophie gelernt hat. sich auf ein ihr allein zugehöriges Gebiet zu beschränken. Wo aber das Recht zu der mathematischen Polemik herkömmt, die Becker und Tobias gegen Riemann und Helmholtz führen, wird durch den Inhalt derselben unerfindlich.[1] Daher kommt es denn auch. dass der springende Punkt der ganzen Untersuchung von keinem von beiden auch nur annähernd getroffen ist.[2] Solchen

[1] Die ganze Polemik beider Schriftsteller beruht. so weit ich sehe. auf Misverständnissen des Zweckes und des Inhaltes jener Untersuchungen. Der allgemeine Grund für dieselbe liegt in dem Umstande, dass beide den analytischen Sinn der Entwicklungen von der anschaulichen Uebertragung. die den Resultaten partiell gegeben werden kann. nicht unterscheiden. Da die mathematische Wissenschaft ihr Urteil über die Berechtigung und die Bedeutung der neuen Theorie lange gesprochen hat, ist es überflüssig, diese Misverständnisse, die sich bei eingehenderem Studium von selbst heben. im einzelnen zu berichtigen. Nur gegen Tobias, dessen Polemik, trotzdem sie mit einem ganz willkührlich construirten Schattenbilde kämpft. doch von gröfserer dialektischer Schärfe zeugt. sei bemerkt, dass die Trennung von geometrischen und arithmetischen Axiomen. die er seinem Angriff zu Grunde legt, die selbstverständliche Grundlage auch für Riemann und Helmholtz bildet. Es ist eben auch für den Mathematiker nicht nötig. alles zu sagen. Dass aber Tobias die Ansprüche, welche jene Abhandlungen an die philosophische Unbefangenheit stellen. nicht erfüllt. geht allein schon aus der ganz irrtümlichen Art hervor. in welcher er Riemanns Fragestellung, so wie die Begriffe der Transportirbarkeit und der Unbegrenztheit auffasst.

[2] J. K. Becker findet. dass Riemanns Untersuchung auf einem „ihm unzugänglichen" Wege zu dem richtigen Resultat führe, „dass die Sätze der Geometrie sich nicht aus allgemeinen Gröfsenbegriffen ableiten lassen." Da nun die geometrischen Constructionsbegriffe zweifellos nicht reine Gröfsenbegriffe sind, so ist ihm „unbegreiflich. warum für Riemann diese Frage noch einer so subtilen Untersuchung bedürftig schien." Herr Becker gesteht selbst ein, dass er dem Wege Riemanns zu diesem keineswegs neuen Resultate „nur mit der gröfsten Mühe und wahrer Selbstüberwindung eine Strecke weit gefolgt sei, er es daher anderen überlassen müsse, die in dergleichen abstracten Untersuchungen mehr bewandert sind, Riemann hier zu folgen, oder ihn zu widerlegen, wenn er etwa sich geirrt haben sollte." Da wir nun wol annehmen dürfen. dass der Mathematiker Riemann nicht weniger als der Mathematiker Becker „gewohnt war. mit jedem Wort seiner Entwicklungen einen klaren Begriff zu verbinden" und dass auch der Herbartianer Riemann nicht weniger als der Kantianer Becker „nur solche Begriffe passiren liefs, die durch irgend eine Anschauung, aus der sie abgezogen sind, sich als solche gehörig legitimiren können." so wird jene Selbstverständlichkeit des Resultats ebenso wie die Unbegreiflichkeit seiner Ab-

Ausschreitungen gegenüber ist die Beschränkung Langes, der allerdings Beckers Abhandlung das Lob spendet, dass sie die Bedeutung der Anschauung im kantischen Sinne mit gründlicher Sachkenntnis wahre, nur lobend hervorzuheben. [1]

Jedoch zur Charakterisirung dieser unerquicklichen Polemik sei hiermit genug geschehen. Schon mehrfach mussten wir andeuten, dass neben jenen physiologischen Consequenzen auch bestimmte erkenntnistheoretische Folgerungen aus den gewonnenen mathematischen Resultaten gezogen werden können. Auch hier aber ist der Streit der Meinungen zu grofs, als dass wir eine vorläufige Orientirung über die allgemeinen Gesichtspunkte, die unsere Untersuchung leiten müssen, entbehren könnten. Es genügt jedoch hier, die Problemreihen anzugeben, deren Lösung die Aufgabe der Erkenntnistheorie bildet. Die allgemeine Frage der Erkenntnistheorie nämlich, in welchem Sinne und in welchem Umfange unsere Vorstellungen uns die Beschaffenheit der Dinge selbst zu erkennen geben, spaltet sich bei näherer Betrachtung in zwei wol zu unterscheidende Probleme. Da wir in unsere Welt von Vorstellungen festgebannt sind, die Existenz einer Gesammtheit von Dingen also nicht unmittelbar zu erkennen vermögen, so gilt es zunächst, nachzuweisen, ob, resp. aus welchen Gründen der transcendente Schluss von der Wirklichkeit unserer Vorstellungen auf die Existenz von Dingen gerechtfertigt ist. Diese Frage, deren begriffliche Elemente bereits in der eleatischen Lehre zum Vorschein kommen, die jedoch erst

leitung lediglich die von Herrn Becker selbst ausgesprochenen subjectiven Gründe haben. Dass jenes Ergebnis, welches natürlich nur analytisch zu deuten ist, vor Riemanns Untersuchungen nicht erkannt war, geht daraus hervor, dass fast alle Raumtheorien, selbst die herbartische einbegriffen, die Mafsbeziehungen des ebenen Raumes für die einzig möglichen hielten. Jene Untersuchung war deshalb notwendig; dass sie begreiflich ist, zeigt der durch dieselbe bewirkte Fortschritt der geometrischen und mechanischen Disciplinen. Ebenso falsch, wenn auch nicht ebenso schwach motivirt, ist die Auffassung von Tobias, der als das Endresultat das von Kant schon in seiner ganzen Unzulänglichkeit erwiesene Intellectuiren der Erscheinungen erblickt. Dass weder Riemann noch Helmholtz daran denken, einer solchen Vermischung des Anschaulichen und Begrifflichen das Wort zu reden, geht aus unserer Darstellung zur Genüge hervor.

[1] Vgl. S. 12 dieser Schrift und LANGE, *Gesch. des Materialismus*. 2. Aufl. Buch II. Iserlohn 1875. S. 123, 450 ff.

Erdmann, Geom. Axiome. 8

seit den Untersuchungen von Malebranche und Berkeley im eigentlichen Sinne ein Gegenstand der philosophischen Forschung ist,
bildet den Streitpunkt für die beiden allgemein möglichen Systeme
des erkenntnistheoretischen Idealismus und Realismus, deren Ver-
mittlung in jenem Skepticismus enthalten ist, der das Problem anerkennt, ohne seine Lösung für möglich zu halten. An diese erste
Aufgabe nun schliefst sich eine zweite, die in der Fragestellung des
Realismus lautet: in welcher Art und innerhalb welcher Grenzen
stimmen unsere Vorstellungen von den Dingen mit diesen selbst
überein. Auch auf diese Frage sind wesentlich von einander verschiedene Antworten möglich. Unsere Vorstellungen können nämlich entweder von den Dingen vollkommen abhängig oder aber vollkommen unabhängig sein. Die erste dieser Möglichkeiten vertritt
der Empirismus, die zweite behauptet der Rationalismus. Jede
dieser beiden Ueberzeugungen aber lässt drei verschiedene Fälle zu.
Der Empirist kann annehmen, dass unsere Vorstellungen mit den
Dingen absolut übereinstimmen, dass sie Bilder derselben sind; dadurch wird er zum Sensualisten. Er kann zweitens beweisen wollen,
dass unsere Vorstellungen nur partielle Bilder der Dinge sind, etwa
in allen quantitativen Beziehungen des Raumes, der Zeit und der
Gesetzlichkeit mit ihnen übereinstimmen, in allen qualitativen dagegen differiren: darin liegt der Standpunkt des formalen Empirismus. Endlich kann er darzulegen suchen, dass alle unsere Vorstellungen von der Beschaffenheit und den Beziehungen der Dinge
zwar vollkommen verschieden sind, denselben jedoch in allen Stücken
correspondiren; diese Lehre können wir als Apriorismus bezeichnen.
In ähnlicher Weise differenzirt sich auch das rationalistische System.
Dasselbe kann erstens ebenfalls annehmen, dass alle unsere Vorstellungen trotz ihrer absoluten Unabhängigkeit von den Dingen
dennoch vollkommen getreue Bilder derselben geben; dies ist die
Meinung des Lehrsystems von der prästabilirten Harmonie. Der
Rationalismus kann ferner ebenfalls behaupten, jene Uebereinstimmung sei keine vollkommene, nur etwa die Formen des Denkens
seien identisch mit den Formen des Seins; diese Theorie, deren
Gegensatz gegen die entsprechende Form des Empirismus ebenso
deutlich ist wie ihre Uebereinstimmung mit derselben, ist der formale Rationalismus. Die Behauptung endlich, dass alle Elemente
unserer Vorstellungen von den Dingen nicht blofs gänzlich unab-

hängig, sondern auch spezifisch verschieden sind, lässt sich als absoluter Rationalismus oder als Nativismus bezeichnen.

Es tut dieser systematischen Klassificirung natürlich keinen Eintrag, dass die historisch gegebenen Systeme sich selten nur rein in dieselbe einfügen lassen. Kants Kriticismus z. B., der allerdings weniger noch als die meisten übrigen philosophischen Systeme einen einheitlich durchgeführten, erkenntnistheoretischen Grundgedanken enthält, würde sich einerseits als naiver Realismus, andrerseits als formaler Rationalismus auffassen lassen, daneben aber auch die Principien des Apriorismus enthalten, sofern er den Stoff der Sinnlichkeit als gegeben betrachtet, und die Formen des Verstandes und der Vernunft in schreiendem Widerspruch gegen ihren rationalen Charakter lediglich auf das Feld möglicher Erfahrung beschränkt. Es ist eben wol zu beachten, dass die Entwicklung der Wissenschaften von zufälligen Erkenntnissen ausgeht und zunächst nur unzulängliche Principien gewinnen kann. Dazu kommt, dass speziell die Erkenntnistheorie erst durch Kant zu dem Rang einer selbständigen philosophischen Disciplin erhoben worden ist, dass ihre Gesichtspunkte daher, da wir jetzt erst im Begriff stehen, Kants Vermächtnis anzutreten, bis auf die Gegenwart mit psychologischen Doctrinen und metaphysischen Theoremen, wie besonders den Speculationen über Materialismus und Spiritualismus, auf das engste vermischt gewesen sind.

Wenden wir nun diese Einteilung der möglichen erkenntnistheoretischen Lehrmeinungen auf unsere oben entwickelten mathematischen und psychologischen Ergebnisse an, so wird ohne weiteres deutlich, dass die letzteren zu den rationalistischen Doctrinen in vollem Gegensatz stehen. Es ist durch dieselben unmöglich gemacht, unsere Raumanschauung als unabhängig von aller Erfahrung anzusehen. Dass die Beweise hinfällig sind, welche die Raumvorstellung als eine notwendige Eigenschaft aller denkenden Intelligenzen darzustellen suchen, folgt unmittelbar aus der Möglichkeit, dass wir die Wahrnehmungsreihen, welche ein sphärischer oder pseudosphärischer Raum darbieten würde, anschaulich entwickeln können. Denn keine dieser Entwicklungen, die wir gemäfs den Gesetzen unserer tatsächlichen Wahrnehmung anstellen, führt zu Absurditäten, die uns nötigten, unsere Begriffe von Substanzen, Kräften u. s. w. als unzulänglich aufzugeben. Ebenso wenig aber lässt sich der

Raum als eine a priori gegebene Form unserer Receptivität auffassen, nach deren Bedingungen der Möglichkeit nicht weiter ge-
fragt werden könne. Kant selbst hat mit vorahnendem Scharfblick
angegeben, an welche Voraussetzungen seine Theorie gebunden ist,
sagt er doch [1]: „wie aber eine solche sinnliche Anschauung (als der
Raum ..) ... selbst möglich sei ..., das ist uns schlechterdings unmöglich weiter zu erklären, weil wir sonst noch eine andere Anschauungsart, als die uns eigen ist, ... haben müssten, wir können
aber alle Anschauung nur durch die unsrige anschauen.“ Eben
diese von Kant für unerfüllbar gehaltene Voraussetzung ist uns
aber jetzt gegeben, seitdem wir gelernt haben, die verschiedenen
möglichen Arten von Mafsbeziehungen der dreifach ausgedehnten
Mannigfaltigkeiten zu unterscheiden. Unerklärlich bleibt allerdings
noch die dreifache Ausgedehntheit unseres Raumes; aber auch hier
ist keine Grenze unseres Erkennens, seitdem wir wissen, dass die
analytischen Begriffe mehrfach ausgedehnter Mannigfaltigkeiten nicht
in sich widersprechend sind, so dass wir auch hier auf eine allmähliche Einsicht in die empirischen Bedingungen hoffen dürfen.

Eine negative Bedeutung der neuen geometrischen Erkenntnis
für die rationalistische Theorie ist demnach gesichert. Es fragt
sich daher nur noch, ob sie vielleicht auch positive Beziehungen zu
einem der empiristischen Systeme enthält. Unsere obige Erörterung
lehrt, dass dies nicht der Fall ist, denn keine unter jenen drei möglichen Lehrmeinungen darf leugnen, dass die räumliche Anschauung,
gleichviel ob sie auch die Form der Dinge selbst ist, von den psychischen Tätigkeiten neu erzeugt werden muss, und jede derselben
erkennt an, dass die Beschaffenheit unserer Raumvorstellung von
den Beziehungen der Dinge selbst in allen ihren Merkmalen abhängig ist. Nur zu dem einen Schluss also haben uns die mathematischen Ergebnisse gezwungen, dass unsere Raumvorstellung durch
die Wirkungen der Dinge in unser Bewusstsein, die wir erfahren,
eindeutig bedingt sein muss; die psychologische Notwendigkeit, zu
diesen einseitigen wenn auch notwendigen Bedingungen noch die
Natur des Bewusstseins hinzuzunehmen, damit sie hinreichend würden, liefsen sie unberührt.

---

[1] In dem Briefe an Herz vom Mai 1789. KANT's *Werke, herausg. von
Hartenstein.* Band VIII. S. 717, vgl. 746.

Die Bedeutung der mathematischen Theorie für die zweite Frage der Erkenntnistheorie ist also nicht positiv bestimmend: die Entscheidung zwischen Sensualismus, formalem Empirismus und Apriorismus liegt daher auf anderem Gebiet. Ganz beziehungslos endlich verhält sie sich zu der ersten Frage, ob der Realismus oder der Idealismus den Tatsachen der Erfahrung besser genügt. Denn beide Systeme müssen gleicherweise anerkennen, dass die räumliche Anschauung kein willkürlich aufgebbares Product der Einbildungskraft ist, sondern dass es aufserseelische Ursachen sind, die ihre Erzeugung bedingen. Es ist deshalb auf unsere Theorie ohne jeden Einfluss, ob man mit dem Realismus glaubt, die Begriffe fester Körper u. s. w. von selbständigen Dingen ableiten zu dürfen, oder mit dem Idealismus behauptet, die productive Einbildungskraft etwa setze dem teilbaren Ich ein teilbares Nichtich entgegen, oder eine Gottheit sei es, welche diese Vorstellungen ins Bewusstsein wirke.

Es ist auch hier nötig, noch im besondern nachzuweisen, dass die vorstehende Entwicklung durchaus in der Richtung des von Riemann und Helmholtz eingeschlagenen Weges liegt, da man die Erörterungen derselben auf Grund jener oben schon besprochenen Vermischung des psychologischen und des erkenntnistheoretischen Standpunktes fast ausnahmslos in entgegengesetztem Sinne interpretirt hat.

Was zunächst Riemann betrifft, so ist allerdings zweifellos, dass die ganze Form seiner Darstellung nur den einen Schluss zulässt, er sei ein entschiedener Anhänger des formalen Empirismus: selbst von der herbartischen Unterscheidung des sinnlichen und intelligibeln Raumes findet sich in den bezüglichen Stellen seiner Abhandlung keine Spur, so dass er in diesem Punkt offenbar kein Schüler Herbarts gewesen ist. Diese Auffassung wird durch die philosophischen Fragmente Riemanns lediglich bestätigt. Dort bemerkt er behufs Erläuterung der Frage, wann unsere Auffassung der Welt wahr sei [1]: „die Elemente unseres Bildes von der Welt sind von den entsprechenden Elementen des abgebildeten Realen gänzlich verschieden. Sie sind etwas in uns: die Elemente des Realen etwas aufser uns. Aber die Verbindungen zwischen den Elementen im Bilde und im Abgebildeten müssen übereinstimmen.

---

[1] Riemann, Werke. S. 491.

wenn das Bild wahr sein soll." Dann beantwortet er die sich an-
schliefsende Frage: „woraus soll der Zusammenhang der Dinge erkannt werden." zwar ganz im Sinne Herbarts durch die Bemerkung:
„aus dem Zusammenhange der Erscheinungen," jedoch die nähere
Erklärung giebt auch hier die Abweichung von Herbarts Theorie
des intelligibeln Raumes zu erkennen. Die Qualitäten der Sinnendinge nämlich sind etwas lediglich unserer Empfindung entnomme-
nes, dagegen „die Vorstellung von Sinnendingen in bestimmten räumlichen und zeitlichen Verhältnissen ist dasjenige, was beim absicht-
lichen Nachdenken über die Natur vorgefunden wird oder für dasselbe gegeben ist." „Dasjenige, woraus der Zusammenhang der Dinge
erkannt werden muss, sind also quantitative Verhältnisse, die räumlichen und zeitlichen Verhältnisse der Sinnendinge und die Inten-
sitätsverhältnisse der Merkmale und ihrer Qualitätsunterschiede."
Unzweifelhaft ist es also, dass Riemann den Raum wie die Zeit für
die objectiven Formen der Dinge hielt. aber auch nicht die leiseste
Andeutung findet sich in seinen Schriften, dass er glaubte, diese
Ansicht aus seinen geometrischen Theoremen herleiten zu
können. Denn für die ganz unsinnige Ansicht, die Tobias in der
Habilitationsabhandlung desselben niedergelegt findet, es sei nach ·
Riemann möglich, „dass die beobachtbare Welt mit ihren wirklich
vorhandenen drei Dimensionen in einer nicht absehbaren Entfernung von der Erde ein Ende erreiche, und dass daselbst ein anderer
Weltenraum beginne mit einem anderen Krümmungsmafse und mit
vielleicht mehr als drei Dimensionen"[1], für diese Ungeheuerlichkeit
ist die subjective Auffassung des Interpreten allein verantwortlich.
Ebenso wenig vermag ich den geringsten Grund zu entdecken, der
zu der Ansicht berechtigen könnte, die Wundt über die Consequenzen der Riemannschen Theorie in spottender Polemik ausgesprochen
hat.[2] Die Fragmente der philosophischen Speculationen enthalten
manche wunderliche Gedanken; welche von ihnen jedoch zu Behauptungen führen, wie die, dass die Zeit endlich sei, ein bestimmtes Krümmungsmaß besitze, dass unser Bewusstsein der spezielle
Fall eines transcendenten Bewusstseins von n Dimensionen sei u. s. w.,

---

[1] Tobias, a. a. O. S. 81. Es bedarf kaum der Bemerkung, dass Herr
Tobias auch nicht die Spur eines Belegs für seine Interpretation beibringen
kann.

[2] Wundt, *Vierteljahrsschrift für Philosophie.* I. Jahrg. I. Heft. S. 114.

kann ich um so weniger sehen, als ich auch in seiner Abhandlung
über die Axiome den vollsten Gegensatz zu solchen wüsten Träu-
mereien erkenne. Das Beispiel Riemanns also zeigt gleichsam *in
concreto*, dass die neue geometrische Theorie sich mit dem formalen Empirismus verträgt, weil sie zu seinen Lehren ohne Beziehung ist.

Nicht anders verhält sich diese Sache bei Helmholtz. Dass
auch er ein Anhänger des formalen Empirismus ist, hätte nicht in
Zweifel gezogen werden können, wenn man sich an seine Erklärungen gehalten, und nicht heterogene Beziehungen zu Kant hinein-
gemischt hätte. Ob derselbe früher sich zu Kants Lehre von der
ausschliefslichen Subjectivität des Raumes bekannt habe, ist, nach
dem Vortrag „über das Sehen des Menschen" vom Jahre 1855 zu
urteilen, nicht unwahrscheinlich, aber sicher ist, dass er in seiner
„Physiologischen Optik" sowie in allen übrigen bezüglichen Schriften
auf das unzweideutigste dem formalen Empirismus das Wort redet.
Helmholtz trennt überall die Eigenschaften der Körper als die Wir-
kungsproducte der Dinge auf unsere Sinne von ihren zeitlichen und
räumlichen, veränderlichen Beziehungen, die nicht von der Qualität
und Masse derselben abhängen.[1] Die ersteren sind Symbole oder
schärfer Zeichen der Dinge, die letzteren dagegen sind Bilder ihrer
wirklichen Verhältnisse. Auf das unzweideutigste erklären dies die
Worte, in welche die Abhandlung über „die neueren Fortschritte
in der Theorie des Sehens" ihr Ergebnis zusammenfasst. Dort
nämlich heifst es: „Nur die Beziehungen der Zeit, des Raumes, der
Gleichheit, und die davon abgeleiteten der Zahl, der Gröfse, der Gesetzlichkeit, kurz das Mathematische, sind der äufseren und inneren
Welt gemeinsam, und in diesen kann in der Tat eine volle Uebereinstimmung der Vorstellungen mit den abgebildeten Dingen
erstrebt werden." Genau in demselben Sinne ist auch sonst, wo
diese Frage in Betracht kommt, von einer „Abbildung der Raumverhältnisse", von einem „räumlichen Bild der uns umgebenden Welt
von drei Dimensionen in unserer Anschauung"[2] die Rede. An anderen Stellen zwar tritt ein anderer Gedanke in den Vordergrund.
So heifst es in dem oft citirten Capitel der Optik: „Die einzige

---

[1] HELMHOLTZ, *Physiologische Optik*. S. 444 f.; *Populäre Vorträge*. Heft II.
S. 90.

[2] Ders. *Optik*. S. 445. *Vorträge*. Heft II. S. 207.

Beziehung, in welcher eine wirkliche Uebereinstimmung unserer Wahrnehmungen mit der Wirklichkeit stattfinden kann, ist die Zeitfolge der Ereignisse mit ihren verschiedenen Eigentümlichkeiten. Die Gleichzeitigkeit, die Folge, die regelmäſsige' Wiederkehr der Gleichzeitigkeit oder Folge kann in den Empfindungen ebenso stattfinden, wie in den Ereignissen." An anderen Stellen wird der Begriff der Gesetzmäſsigkeit, also das Princip der Causalität, das in diesen Worten, in denen es nach dem Zusammenhang der Darstellung noch nicht ausdrücklich betont werden konnte, stillschweigend mitgedacht wird, dem Begriff der bloſsen Zeitfolge coordinirt. So heiſst es kurz nach den citirten Bemerkungen schon bestimmter: „So sind die Vorstellungen von der Auſsenwelt Bilder der gesetzmäſsigen Zeitfolge der Naturereignisse." In präcisester Form kehrt derselbe Gedanke gegen das Ende der Rede „über das Ziel und die Fortschritte der Naturwissenschaft" wieder. Dort wird gesagt: „Wir sehen nun zum Schluss, dass unsere Sinnesempfindungen ... nur in der Darstellung der zeitlichen Folge die Bedeutung von Bildern haben. Eben deshalb sind sie aber auch im Stande, die Gesetzmäſsigkeit in der zeitlichen Folge der Naturphänomene direct abzubilden." [1] Vergleichen wir nun diese Bemerkungen mit den vorher citirten, so wird klar, dass hier nicht, wie vielfach behauptet worden ist, ein Widerspruch vorliegt, sondern dass vielmehr hier eine Eigentümlichkeit zur Geltung gebracht wird, welche die Zeit und die Causalität von dem Raume nach Helmholtz' Auffassung scheidet. Erstere nämlich gelten für Ereignisse und Vorstellungen in der gleichen Weise; letztere dagegen ist auf die Ereignisse beschränkt, da die Beziehungen der Vorstellungen des Raumes nicht selbst räumliche sein können. Ueber eine solche Auffassung kann man rechten, da sie, besonders was die Causalität betrifft, nur durch metaphysische Hypothesen festen Halt gewinnt, über die zur Zeit eine wissenschaftliche Entscheidung wol noch nicht gegeben werden

---

[1] Helmholtz, *Populäre Vorträge*. Heft II. S. 208. In etwas anderer Wendung kommt der Gedanke noch S. 54 desselben Heftes zum Ausdruck, wo die Vorstellungen hinsichtlich der Zeitfolge, der Gleichheit und der gesetzlichen Ordnung als Bilder dargestellt werden. Hier findet allerdings eine Anordnung der Begriffe statt, deren Beziehung zu der oben citirten Zusammenstellung auf S. 98 derselben Abhandlung aus den sonstigen Erörterungen nicht verständlich ist.

kann, aber man muss anerkennen, dass sie einen tatsächlichen Unterschied der räumlichen, sowie der zeitlichen und causalen Beziehungen der Dinge zum Austrag bringt. Andrerseits aber lässt sich auch
denken, dass hier ein Zusammenhang zwischen Raum und Zeit vor-
geschwebt hat, demzufolge unsere Raumvorstellung sich auf die Zeitvorstellung zurückführen lässt, eine Theorie, die bekanntlich bereits
mehrfach ausgeführt worden ist. Jedenfalls aber ist klar, dass hierdurch der Standpunkt des formalen Empirismus, den Helmholtz
einnimmt, in keiner Weise berührt wird. Demnach ist es selbstverständlich, dass diese erkenntnistheoretischen Ueberzeugungen
auch in Helmholtz' bezüglichen mathematischen Arbeiten zur Geltung kommen, aber so wenig wie bei Riemann enthalten dieselben
irgend welche Andeutungen, dass Helmholtz sie aus seiner geometrischen Theorie folgere. Seine ersten Abhandlungen behaupten nur, dass die Geometrie keine rein apriorische Wissenschaft
der Raumformen sei, seine letzte will nur beweisen, dass die Raumvorstellung in dem oben besprochenen Sinne als eine empirische
aufgefasst werden müsse. Deshalb dürfen wir auch darauf Verzicht leisten, die Bemerkung von O. Liebmann in den Bereich der
Discussion zu ziehen, wonach Helmholtz im mündlichen Gespräch
erklärt haben solle, dass er den Raum im Sinne Kants für eine
subjective Form unserer Anschauung halte.[1] Mündliche Aeußerun-
gen, auch wenn der gewissenhafteste Berichterstatter sie colportirt,
gehören nicht vor das Forum der öffentlichen literarischen Untersuchung, so lange nicht etwa die besondere Pflicht vorliegt, die
Gesinnung oder die Anschauungsweise eines bereits Dahingeschie-
denen zu retten.

Diese Erörterung der erkenntnistheoretischen Ueberzeugungen
der beiden Mathematiker, die zu solchen Interpretationen Anlass
gegeben haben, beweist somit im besonderen, dass unsere obige
Darlegung der Beziehungslosigkeit jener geometrischen Theoreme
und psychologischen Consequenzen zu den möglichen Formen des
erkenntnistheoretischen Empirismus in sich gerechtfertigt war. Der
Apriorismus, den wir oben in kurzen Andeutungen verteidigten, genügt ihnen nicht weniger, als der formale Empirismus von Riemann
und Helmholtz; selbst der Sensualismus, der heut nur noch die

---

[1] LIEBMANN, *Philosoph. Monatshefte*. Bd. VII. S. 337 f.

naive Annahme des wissenschaftlich rohen Bewusstseins ist. könnte durch dieselben nicht widerlegt werden.

Es fehlt jedoch viel, dass diese Auffassung zu allgemeiner Anerkennung gelangt wäre. Nicht genug. dass die Ausführungen von Riemann und Helmholtz von einzelnen Mathematikern, wie Rosanes [1] und vielen Philosophen wie Becker, Dühring und Tobias in dem eben als irrtümlich nachgewiesenen Sinne verstanden worden sind. es sind auch Versuche gemacht worden, dieselben direct für die Probleme der Erkenntnistheorie zu verwerten. Charakteristischer Weise hat sich hierbei das Wunder begeben. dass man in ihnen sowol die Beweismittel für Kants formalen Rationalismus als auch das Medium für ein unklassificirbares Mittelding zwischen formalem Empirismus und Sensualismus gefunden hat.

Da auch in diesem Fall die Untersuchungen einzelner das Urteil vieler gefangen nehmen, so ist es erforderlich, die etwaige Berechtigung dieser Schlussfolgerungen in der Kürze zu prüfen.

Jene rationalistische Folgerung hat O. Liebmann in dem mehrfach citirten Aufsatz „über die Phänomenalität des Raumes" zu erhärten versucht. Er findet daselbst. dass jene „höchst sublimen" mathematischen „Speculationen in der Tat das Berkeley-Kantische Paradoxon auch in dem letzten und extremsten Sinn zu bewahrheiten scheinen." Bei der Prüfung der Ergebnisse Riemanns handelt es sich nach seiner Auffassung um zweierlei, „erstens darum, ob der entwickelte mathematische Begriff (einer u-fach ausgedehnten Mannigfaltigkeit) überhaupt formal logische Berechtigung hat. zweitens, wenn dies der Fall sein sollte. ob ihm überdies eine metaphysisch materiale Bedeutung zugeschrieben werden darf." Was nun diesen zweiten Punkt betrifft, der uns hier allein interessirt. so findet Liebmann. dass hinsichtlich der metaphysischen Bedeutung jenes Begriffs „die Frage aufgeworfen werden kann. ob aus dem subjectiven, intellectuellen Unvermögen unserer und jeder uns homogenen Intelligenz, ihr Entsprechendes anzuschauen. die objective, reale, die transcendente Existenzunfähigkeit eines solchen Raumes zu folgern sei." Er antwortet hierauf: „Nur zu der problematischen Behauptung sind wir berechtigt: ein ebener Raum von drei Dimen-

---

[1] ROSANES. Ueber die neuesten Untersuchungen in Betreff unserer Anschauung vom Raume. Breslau 1870.

sionen scheint mit der wesentlichen Organisation unseres An-
schauungsvermögens und jedes ihm homogenen solidarisch verknüpft
zu sein." wennschon wir vorläufig noch nicht wissen, „weshalb unsere
intuitive Intelligenz an diese immanenten Schranken gebunden ist."
Das Endergebnis seiner eingehenderen Darstellung ist demnach der
problematische Satz: „Ob die transcendente Anordnung der absolut
realen Welt, welche ausserhalb unseres Bewusstseins liegt, mit unserer Raumanschauung übereinstimmt, ob sie ihr commensurabel
oder incommensurabel ist, wissen wir nicht."

Diese Analyse der Argumentation Liebmanns zeigt zunächst,
dass eine auffallende Incongruenz besteht zwischen der Bedeutung,
die den Ergebnissen Riemanns nach Liebmanns anfänglicher Darstellung zukommen soll und dem Resultat, zu dem seine Untersuchung gelangt. Jene Ergebnisse „griffen in das Problem der Phänomenalität ein," als „die Untersuchung desselben zu der Frage gedrängt hatte: Kommt dem reinen Raum etwa transcendente Realität
zu? Ist er etwa die Ordnung der absolut realen Welt, welche auser-
halb und jenseits unseres subjectiven Bewusstseins liegt?" Sie sollten, wie wir schon erfuhren, die Phänomenalität des Raumes „im
letzten und extremsten Sinne bewähren." Statt dessen lautet
das Resultat doch nur: wir können nicht wissen, „ob abgesehen von
unserer und jeder ihr homogenen Intelligenz ein unserem Raum
ähnliches, absolutes Correlat desselben realiter existirt." Wir würden dieses Misverhältnis zwischen der Behauptung Liebmanns und
dem Resultat seines Beweises für ein Zeichen halten können, dass
hier der Zwang der Sache einmal stärker gewesen sei, als die Hoffnung, in derselben eine Bestätigung der eigenen Ueberzeugung zu
finden, wenn wir nur ein Recht hätten, jenes vorsichtigere Ergebnis
wirklich als eine Folgerung aus Riemanns „Speculationen" anzusehen. Dieses Recht besitzen wir jedoch nicht. Liebmann fragte,
ob aus der Unfähigkeit unserer Seele, einen n-fach ausgedehnten
Raum vorzustellen, seine transcendente Existenzunfähigkeit folge.
Wir wollen einmal zugeben, dass in dieser Frage, die den sprin-
genden Punkt von Liebmanns Beweisführung bildet, in Wirklichkeit
ein Problem enthalten sei, obgleich es schwer denkbar ist, dass
jemals ein Mensch so töricht gewesen sein könnte, hier die Möglichkeit einer bejahenden Antwort zu finden. Aber so selbstverständlich demnach jene Frage verneint werden muss, so deutlich

ist doch auch, dass diese Antwort zu den Theoremen Riemanns in
gar keiner sachlichen Beziehung steht. Denn der Grund dieser
Verneinung liegt doch nicht in jenem Begriff der n-fach ausgedehnten Mannigfaltigkeit, sondern in der tatsächlichen Gebundenheit
unserer Anschauung an die ihr eigenen Formen. Wir würden für
jeden beliebigen anderen Begriff, den wir dem Begriff einer n-fachen
Ausgedehntheit substituiren wollten, genau zu derselben Antwort
gelangen. Hieraus aber folgt, dass Liebmanns Untersuchung der
„metaphysischen Bedeutung" des Begriffs der n-fach ausgedehnten
Mannigfaltigkeit zu der geometrischen Theorie des grofsen Mathematikers in gar keiner sachlichen Beziehung steht, so lange man
nicht den Umstand, dass er jener Theorie einen Begriff entnimmt,
der durch jeden möglichen anderen ebenso gut ersetzt werden könnte,
für eine sachliche Beziehung ausgiebt. Diejenigen Beziehungspunkte,
welche Helmholtz' Untersuchungen, mehr und bestimmter als diejenigen von Riemann, zu der von Liebmann verteidigten Erkenntnistheorie Kants in Wirklichkeit haben, werden in der ganzen Abhandlung leider gar nicht berührt.

Wie dürfen deshalb zu den entgegengesetzten Bestrebungen
übergehen, die jene mathematischen Ergebnisse für den formalen
Empirismus und ihm analoge erkenntnistheoretische Ueberzeugungen
in Anspruch nehmen. Davon zwar dürfen wir absehen, dass jenes
oben schon charakterisirte Misverständnis, wonach die Arbeiten von
Riemann und Helmholtz direct für den formalen Empirismus plai-
diren sollen, mehrfach auch in bezüglichen mathematischen Schriften,
besonders in der bereits citirten Abhandlung von Rosanes[1], den
Schein einer wolbegründeten, notwendigen Folgerung angenommen
hat. Die Behauptung aber müssen wir zunächst prüfen, dass jene
Schriften zu noch gröberen Misverständnissen tatsächlich Anlass
gegeben haben sollen. Von mathematischer Seite ist dieser Vorwurf erhoben worden. Felix Klein nämlich, der wie Baltzer der
Ueberzeugung ist, dass die mathematische Theorie gar keine philosophischen Consequenzen zulasse, nicht einmal irgend eine psychologische Ansicht bestätige[2], hat in seinen *Vergleichenden Betrach-*

---

[1] Rosanes, *Ueber die neuesten Untersuchungen in Betreff unserer Anschauung vom Raume.*

[2] Klein, a. a. O. S. 44. Dort wird gesagt: „Völlig unabhängig von
den entwickelten Gesichtspunkten der Selbständigkeit des Parallelenaxioms

tungen über neuere geometrische Forschungen die Behauptung ausgesprochen, dass die Ausdrucksweise von Riemann und besonders
von Helmholtz, so unzweifelhaft sie manches Gute habe, doch zu
einem ausgebreiteten Irrtum geführt habe.[1] Der Umstand nämlich,
dass man „statt von den Individuen einer Mannigfaltigkeit, von den
Punkten eines höheren Raumes u. s. w." geredet habe, sei von nach-
teiligen Folgen geworden, sofern „in ausgedehnten Kreisen die Untersuchungen über Mannigfaltigkeiten mit beliebig vielen Dimensionen
als solidarisch erachtet werden mit der Vorstellung, der Raum habe
eigentlich vier oder unbegrenzt viele Dimensionen, wir seien aber
nur im Stande, drei wahrzunehmen." Jene Redeweise nun sei
„allerdings dieser Vorstellung entflossen", dennoch sei die
geometrische Theorie „ihrem Wesen nach von einer solchen Behauptung vollkommen unabhängig." Es ist leider richtig, dass ein
derartiger Irrtum bei vielen, die diesen Untersuchungen selbst fern
geblieben sind, verbreitet ist — es werden in philosophischen Schriften geradezu haarsträubende Dinge von der sogenannten Metama-
thematik erzählt —, und es ist unzweifelhaft, dass jene Ergebnisse
nicht den geringsten Anhalt zu derartigen Consequenzen bieten.

und der Bedeutung des Begriffs einer Mannigfaltigkeit von constantem
Krümmungsmafs) steht die Frage, welche Gründe das Parallelenaxiom
stützen, ob wir dasselbe als absolut gegeben — wie die Einen wollen —
oder als durch Erfahrung nur approximativ erwiesen — wie die Andern
sagen — betrachten wollen. ... Die Fragestellung ist offenbar eine philosophische, welche die allgemeinsten Grundlagen unserer Erkenntnis betrifft.
Den Mathematiker als solchen interessirt die Fragestellung nicht, und er
wünscht, dass seine Untersuchungen nicht als abhängig betrachtet werden
von der Antwort, die man von der einen oder der andern Seite auf diese
Frage geben mag." Zur Bestreitung dieser ganzen Auffassung genügt der
Hinweis auf die obige Erörterung: was den letzten Punkt derselben betrifft,
so ist aus dem Früheren ebenfalls deutlich, dass die mathematischen Untersuchungen von einer philosophischen Entscheidung über den Sinn der Giltigkeit des Parallelenaxioms nicht abhängig sein können, da vielmehr jene
Entscheidung durch die Resultate dieser Untersuchungen bedingt wird. Wie
übrigens mit dieser Ansicht Kleins die Behauptung verträglich ist, dass die
„betreffenden mathematischen Untersuchungen sofort geometrische Verwen-
dung finden würden, wenn die Vorstellung der objectiven Realität einer
n-fach ausgedehnten Mannigfaltigkeit richtig wäre," vermag ich nicht einzusehen.

[1] Klein, a. a. O. S. 42 f.

aber dass die Redeweise von Riemann und Helmholtz einer solchen
Vorstellung entflossen sein solle, dafür finde ich keine Spur von
Beleg. Liebmann hat zwar ebenfalls berichtet, dass er *verba ipsis-
sima* von Helmholtz besitze, wonach derselbe es für möglich halte,
„dass aufserhalb unseres Bewusstseins vielleicht eine Welt von mehr
als drei Dimensionen existire." [1] Ich wage jedoch, auch diesem Be-
richt über eine mündliche Aeufserung allen jenen Unglauben ent-
gegenzusetzen, der mit der Ueberzeugung von der Competenz des
Berichterstatters irgend verträglich ist. Mir scheint, eine solche
Hypothese sei nicht allein nirgends in den bezüglichen Schriften
von Helmholtz angedeutet, sondern sie widerspreche auch auf das
unzweideutigste sowol seiner empiristischen Raumlehre als auch
dem formalen Empirismus seiner Erkenntnistheorie. Für den letzteren ist dies selbstverständlich: unsere Vorstellung des ebenen
Raumes ist kein Bild einer n-fach ausgedehnten, natürlich ebenen
Mannigfaltigkeit. Aber auch die Psychologie kann ein solches reales
Ungeheuer nicht zulassen, denn vorausgesetzt, es wäre vorhanden,
so wäre nicht mehr einzusehen, weshalb unsere Anschauung diesen
objectiven Verhältnissen nicht folgen sollte, da die Raumvorstellung,
wenn sie nicht als eine von aller Erfahrung absolut unabhängige
apriorische oder angeborene Form der Erscheinungen behauptet
werden soll, doch durch die Natur der äufseren Reize positiv bestimmt wird. Zu der Annahme eines subjectiven Unvermögens aber,
den objectiven Einwirkungen an sich mehr als dreifach ausgedehnter
Dinge zu folgen, liegt nicht der geringste psychologische Anlass vor;
übrigens würde dieselbe zu Consequenzen führen, welche den Principien der Entwicklungstheorie widersprechen, will man nicht die
müfsige Behauptung gelten lassen, dass die Dinge zwar mehrfach
ausgedehnt seien, in ihren Einwirkungen auf uns jedoch keine Nötigung liege, mehr als drei Dimensionen auszubilden. Noch weniger
würde es natürlich der Physiologie möglich sein, Gründe für die
Annahme eines vier- oder hundertfach ausgedehnten Raumes zu
finden, da diese mit allen ihren Untersuchungen in den dreifach ausgedehnten Raum unserer tatsächlichen Anschauung festgebannt ist. [2]

---

[1] Man vgl. auch S. 23 dieser Schrift.

[2] Ich vermag deshalb nicht zu verstehen, welche Gründe P. Tannery
(*Revue philos.* Novembre 1876) besitzt, eine Auflösung dieses scheinbar metaphysischen Problems von der Physiologie zu erwarten.

Keine Redeweise der Arbeiten von Riemann und Helmholtz kann also dieser Auffassung entnommen sein, die allen philosophischen Consequenzen ihrer Theorie so vollkommen zuwiderläuft.

Sind wir demnach durch diese Erörterungen von der Furcht befreit, es seien irgend welche versteckte Beziehungen zum formalen Empirismus oder zu der letztbesprochenen unbezeichenbaren Vorstellungsweise in unserer obigen Erörterung übergangen worden, so werden wir auch unbesorgt der Untersuchung entgegensehen können, welche uns eine solche Beziehung als eine notwendig anzunehmende kennzeichnen will. Es ist Herr von Hartmann, dessen Argumentation wir besprechen müssen. In seiner Schrift: *Kritische Grundlegung des transcendentalen Realismus* finden sich die „Erwägungen, welche dem Ding an sich hinsichtlich seines Daseins und Wirkens auch Räumlichkeit zuzuschreiben nötigen."[1] Vorausgesetzt nämlich, dass die Welt außer uns eine gleichzeitige Vielheit außer einander befindlicher Dinge sei, so folgt, wie Herr von Hartmann annimmt, zunächst, dass „die dem Raum entsprechende Daseinsform" eine continuirliche Größe sein müsse, da die „Möglichkeit der Bewegung festgehalten werden muss, aus welcher nach den Principien der neueren Naturwissenschaft alle, auch die scheinbar qualitativen Veränderungen in den Dingen an sich hervorgehen." Diese continuirliche Größe nun muss ferner dreifach ausgedehnt sein, denn Räume von einer oder zwei Dimensionen können unsere Sinneswahrnehmungen nicht erklären, eine vierte Dimension aber zu den gegebenen drei hinzuzudenken, liegt nicht die geringste Nötigung vor. Endlich aber ist es höchst unwahrscheinlich, dass diese dreifach ausgedehnte Größe eine andere als unser Raum ist, „denn es ist auch nicht das Allergeringste ausfindig zu machen, was für den entgegengesetzten Fall spräche, und nicht das Allergeringste, was gegen eine solche Identität spräche."

Es genügt zur Charakterisirung dieser Argumentation, dass wir die Voraussetzungen eruiren, welche ihren Fortschritt bedingen. Dem ganzen Beweise liegt der Gedanke zu Grunde, „dass wir gewisse Merkmale eines höheren Gattungsbegriffs festzuhalten haben, unter welchen die eventuelle Daseinsform ebenso wol fallen müsste, wie die Anschauungsform des Raumes, wenn nicht wiederum jede

---

[1] v. HARTMANN, a. a. O. S. 128 ff.

Möglichkeit aufgegeben werden soll, die Vorgänge unserer Wahrnehmung als Wirkungen der Dinge an sich zu verstehen." Wir
können diesem Gedanken, der den Zusammenhang zwischen dem
Beweise Herrn von Hartmanns und der geometrischen Theorie von
Riemann und Helmholtz vermitteln soll, zunächst eine präcisere
Fassung geben und sagen: Wenn wir unsere Wahrnehmungen
als Wirkungen der Dinge verstehen wollen, so müssen wir den Formen dieser Dinge gewisse Merkmale beilegen, die unserer Anschauungsform tatsächlich zukommen. Versuchen wir nunmehr, die
Mittelglieder zu finden, welche Hypothesis und Thesis verbinden.
Unmittelbar folgt aus der Voraussetzung, dass unsere Wahrnehmungen Wirkungen der Dinge an sich sind, nur zweierlei, einerseits,
dass Dinge an sich existiren und auf unsere Seele wirken können,
andrerseits, dass unsere Wahrnehmungen als die Producte einer
Wechselwirkung in ihrer Beschaffenheit abhängig sind sowol von
der Natur der Dinge als von dem Wesen der Seele. Kein Teil dieser Wahrnehmungen daher, so schließen wir weiter, weder ihre
Materie noch ihre Form, kann einem der beiden Factoren jener
Wechselwirkung für sich zukommen: auch der Raum also kann
weder eine Form der Dinge noch eine Form der Seele sein, weil
er eine Form der sinnlichen Vorstellungen ist. Sind demnach unsere
Wahrnehmungen nach Inhalt und Form nur ein Zeichensystem für
die Dinge und ihre Beziehungen, so folgt, dass auch alle diejenigen
Vorstellungen, die wir durch ihre Verknüpfung und Trennung bilden
können, vor allem auch die abstracten Begriffe, aus diesem Charakter ihres Fundaments nicht heraustreten können. Hieraus nun aber
ergiebt sich, dass die Forderung, Merkmale zu bestimmen, welche
der Daseinsform der Dinge und der anschaulichen Form unserer
sinnlichen Vorstellungen gemeinsam sind, der Natur unseres Erkennens widerspricht. Die Thesis des Herrn v. Hartmann widerspricht also der Hypothesis, durch deren Setzung sie bedingt sein
soll, in der unvereinbarsten Form. Vorausgesetzt jedoch, dieser
Grundgedanke des Beweisganges sei in sich gerechtfertigt, so sollte
folgen, dass jene Daseinsform eine continuirliche Größe sein müsse,
da sonst die Möglichkeit der Bewegung der „an sich seienden Atome" [1]
aufgehoben werde. Herr von Hartmann fügt diesem ersten Schluss

---

[1] v. Hartmann, a. a. O. S. 91.

die Beschränkung hinzu: „d. h. es muss mindestens ein Analogon
der Bewegung in dem Analogon des Raumes möglich sein." Diese
sorglose Vorsicht kann uns jedoch an dem eigentlichen Sinn der
Behauptung nicht irre machen. Denn wir wissen, es handelt sich
darum, einen Gattungsbegriff zu finden, unter dem unser Raum und
die entsprechende Daseinsform der Dinge gleicherweise enthalten
ist: es handelt sich also um identische, nicht um analoge Merkmale.
Dazu kommt, dass für Herrn v. Hartmann die Meinung der materialistischen Naturforscher, die wir nach Kant gewohnt sind, für den
Gipfel aller Ungereimtheit zu halten, dass nämlich die Objecte der
Naturwissenschaft die Dinge an sich sind, eine feste erkenntnistheoretische Ueberzeugung ist.[1] Die Daseinsform der Dinge also muss
continuirlich sein, damit die Dinge an sich, oder besser die Mole-
keln an sich bewegt sein können. Vergleichen wir hiermit die Consequenzen, zu denen unsere obige Analyse des Hartmannschen Vorder-
satzes führt. Wir sahen zuletzt, dass alle die Schlussreihen, auf
welche uns die wissenschaftliche Analyse unserer Wahrnehmungen
bringen kann, das ursprüngliche Gebiet dieser Ausgangspunkte niemals verlassen können, um etwa zu der Beschaffenheit der Dinge
an sich zu führen. Schon in diesem Ausdruck einer „Beschaffenheit der Dinge an sich" liegt der Widersinn einer solchen scheinbaren Möglichkeit angedeutet. Jene wissenschaftliche Analyse nun
zeigt uns, dass wir unsere Wahrnehmungen nicht als die ursprünglichen, unmittelbaren Ergebnisse jener Wechselwirkung zwischen
den Vorgängen in den Dingen und unserer psychischen Tätigkeit
auffassen dürfen, dass wir vielmehr eine Reihe von Processen vor
denselben einschieben müssen. Diese Processe nun haben sich der
bisherigen Forschung in objectiver Beziehung als Bewegungsphänomene der kleinsten selbständigen Körperteile, der Atome und Mole-
keln ergeben. Selbstverständlich also ist nach dem Vorhergehenden,
dass diese Bewegungserscheinungen der Atome, d. i. nach der Definition von W. Thomson der „Teilchen Materie von messbaren
Dimensionen, mit Gestalt, Bewegung und Tätigkeitsgesetzen behaf-
tet," nichts anderes sind, als die vorläufigen Haltepunkte, welche
unsere begriffliche und als solche in erkenntnistheoretischem Sinne
natürlich rein subjective Analyse der Naturerscheinungen, d. i. der

---

[1] v. Hartmann, a. a. O. S. 70 ff., 111 ff.

Erdmann, Geom. Axiome.　　　　　　　　　　9

Wahrnehmungsobjecte zu setzen genötigt ist. Ebenso selbstverständlich allerdings ist andrerseits, dass diese Bewegungsphänomene nicht in demselben Sinne subjectiv sind wie jene Wahrnehmungsobjecte: sie constituiren die Weltanschauung, zu welcher unser Causalitätsbedürfnis die Interpretation der sinnlichen Erscheinungen notwendig hinführt, während das sinnliche Weltbild, das aus der Synthese der unmittelbaren Wahrnehmungsobjecte entsteht, lediglich praktischen und ästhetischen Bedürfnissen genügen soll. Hier betrachten wir unsere Vorstellungen naiv als Eigenschaften der Dinge, dort suchen wir die Voraussetzungen zu finden, welche uns diese Vorstellungen als Wirkungen der kleinsten Körperteile verständlich machen. Darin liegt allerdings ein Cirkel, aber ein solcher, der durch die Natur unseres Erkennens notwendig gemacht wird und deshalb durch kein Wissen aufgehoben werden kann, den wir als transcendente Illusion begreifen müssen. Wir können nur Voraussetzungen suchen wollen, welche unser Erkennen begreiflich machen, nicht Hypothesen, welche die Natur der Dinge erkennen lassen. Hieraus folgt demnach wiederum, dass die Möglichkeit der Bewegung, die allerdings durch keine Theorie angetastet werden darf, ohne Beziehung ist auf die Frage, deren Discussion uns vorliegt. Herrn v. Hartmanns Forderung verlangt also einerseits weniger, als sie verlangen sollte, denn sie bezieht sich lediglich auf die Verhältnisse unseres Anschauungsraums: sie beansprucht jedoch zugleich mehr, als wir ihr jemals zugestehen können, denn sie will für die Daseinsform der Dinge unseren Anschauungsraum, in dem die Synthese der Empfindungen sich vollzieht, der zugleich die Beziehungsform der kleinsten Körperteilchen ist. Der folgende Teil des Beweises lässt diese Subreption noch deutlicher hervortreten. Die Daseinsform des Aufsereinander der Dinge kann nicht zweifach ausgedehnt sein, weil die Verschiebungen der Wahrnehmungsbilder durch denselben dann nicht erklärt werden könnten; sie kann nicht vier Dimensionen besitzen, da, wenn „die transcendente Beschaffenheit der Dinge eine solche vierte Dimension" aufwiese, wir nach so langer Zeit auch eine Nötigung empfinden müssten, „zur Hilfsconstruction derselben fortzuschreiten," obgleich übrigens „diese vierte Dimension eine subtile Frage ist, deren Beweisführung dem Behauptenden obliegt." Machen wir uns diesen neuen, wunderbaren Gedanken recht deutlich. Sein erster Teil besagt: Setzen wir den

dreifach ausgedehnten ebenen Raum unserer Anschauung als gegeben voraus, so kann doch der transcendente Raum, die Daseinsform der Dinge nicht zwei Dimensionen besitzen, weil derselbe dann
„zu jeder Erklärung von Sinneswahrnehmungen unbrauchbar wäre,
da die Wissenschaft durch den Zwang der Tatsachen dazu geführt
werden müsste, über die blofse Fläche hinauszugehen, durch welche
schon der instinctive oder unbewusste Vorstellungsprocess beim
Wahrnehmen gezwungen wurde, über die zunächst gegebene Fläche
zur dritten Dimension hinauszugehen, um sich bei gewissen Veränderungen und Verschiebungen der Wahrnehmungsbilder vernünf-
tiger Weise entsprechende Vorgänge in den Dingen an sich denken
zu können." In der Tat, gegen eine solche Auffassung lässt sich
nicht streiten: man muss keinen Sinn für den Satz vom Widerspruch
haben, um sie denken zu können. Zeigt der erste Teil dieser Behauptung demnach, dass es keine undenkbaren Gedanken giebt, so
beweist der zweite, dass auch die zutreffendsten Gedanken durch
die Berührung mit derartigen Vorstellungsgruppen angekränkelt
werden. Denn entkleiden wir das Argument Herrn v. Hartmanns
seines naiven Sensualismus, so bleibt die berechtigte Bemerkung
zurück, dass unser Raum ein vierfach ausgedehnter werden müsste,
falls irgend welche Verhältnisse in den Dingen zu einer solchen
Ausbildung der Anschauung antreiben würden. Es ist nach alle-
dem erklärlich, dass Herr v. Hartmann über die Mafsbeziehungen
unseres Raumes, d. h. über seine Ebenheit, die zu einer gegründeten
skeptischen Vorsicht Anlass giebt, und überdies die vorläufig allein
berechtigten Anhaltepunkte für mechanische Consequenzen bietet,
die vortrefflich zu allerhand Conceptionen über die Beschaffenheit
der Dinge von dem Speculationsbedürftigen verwendet werden könnten, mit vollem Stillschweigen hinweggeht. Denn seine letzte Schluss-
folgerung behandelt nur die überdies ohne alle Präcision gestellte
Frage, ob der Raum der Dinge nicht trotz seiner erwiesenen Continuität und dreifachen Ausgedehntheit dem Anschauungsraum der
sinnlichen Objecte sehr unähnlich sei. Dass Herr v. Hartmann diese
Frage in erkenntnistheoretischer Beziehung mit der Bemerkung ab-
fertigt, dass nichts für die Nichtübereinstimmung und nichts gegen
die Uebereinstimmung beider Formen spreche, kann uns kein Wunder
nehmen. Fechner hat offenbar zur Charakterisirung solcher Beweisführungen den Schluss vorher erfunden, durch den er lange vor der

Veröffentlichung der neuen geometrischen Theorien als Dr. Mises
die Möglichkeit einer vierten Dimension mit feinem Spott erwiesen
hat: „Soll etwa die Welt nicht über drei zählen können? Es ist
auch nicht der allergeringste Grund da, warum sie bei drei auf-
hören sollte; und so schliefse ich nach dem Gesetz des zureichenden
Grundes, dass sie wirklich nicht dabei aufhört."

Diese Analyse des Hartmannschen Beweises, welche leider ausführlich werden musste, da derselbe den Schein einer begründeten
erkenntnistheoretischen Ueberzeugung zu erwecken vermag, beweist
wiederum, dass auch hier die Beziehung zu der allgemeinen Geometrie nicht aus dem Wesen der letzteren entspringt. Die einzigen
Merkmale unseres Raumes, welche für denselben tatsächlich benutzt
werden, die Continuität und die Ausdehnung nach drei Dimensionen,
sind gerade diejenigen, welche als sichere Eigentümlichkeiten unserer Anschauung lange erkannt waren, diese aber werden überdies
in einer Weise verwendet, die nicht von ihrer besonderen Natur,
sondern von der allgemeinen Beschaffenheit der erkenntnistheoretischen Ansichten Herrn v. Hartmanns abhängig ist. Es ist eben
nur ein Schmuck, der den dürren Beweisgang weniger deutlich
hervortreten lässt. Unser Ergebnis, dass die Resultate der allgemeinen Geometrie auf die besonderen Formen des Empirismus der
Erkenntnistheorie ohne Einfluss sind, bleibt unverändert bestehen.[1]

Wir dürfen deshalb zu den Consequenzen übergehen, die für
die logische Seite des Raumproblems resultiren. Da wir genötigt
waren, dieselben bereits am Beginn der Untersuchung vorwegzu-
nehmen[2], so können wir uns hier auf den Nachweis beschränken.

---

[1] Ich habe oben nur diejenigen der mir bekannt gewordenen Einwürfe
gegen resp. Folgerungen aus der geometrischen Theorie von Riemann und
Helmholtz kritisch erörtert, die mir allgemein charakteristisch zu sein scheinen. Auf die Einwendungen, welche SCHMITZ-DUMONT in seiner Schrift:
*Zeit und Raum in ihren denknotwendigen Bestimmungen abgeleitet aus dem
Satze des Widerspruchs* (I. Leipzig 1875.) und in seiner neuesten Abhandlung über *die Bedeutung der Pangeometrie* (Leipzig 1877.) erhoben hat, bin
ich nicht näher eingegangen, weil dieselben, soweit sie meines Erachtens
zutreffend sind, gegen eine Auffassungsweise polemisiren, die weder in Riemanns noch in Helmholtz' Arbeiten enthalten ist. Diejenigen Bedenken aber,
welche aus seiner Auffassung des Raums entspringen, sind hinfällig, wenn die
obigen Ausführungen auch nur in ihrem allgemeinsten Gedanken zutreffend sind.

[2] Vgl. S. 41 ff. dieser Schrift.

dass die dort unabhängig von den jetzt gewonnenen Ergebnissen aufgestellten Ansichten auch von den nunmehr erhaltenen Gesichtspunkten aus bestätigt werden. Die Lehre zunächst, dass die Raumvorstellung uns als Raumanschauung gegeben ist, wird durch die Theoreme der allgemeinen Geometrie nicht berührt; dieselbe fordert dagegen, dass ein Größenbegriff vom Raume gebildet werde. Diesen Größenbegriff nun haben wir genau auf demselben Wege entwickelt, der alle unsere Begriffsbildung leitet, wenn sie im bewussten Denkprocess vollzogen wird: wir haben den Gattungsbegriff bestimmt, dem er subsumirt werden muss, sodann die Reihe der Artbegriffe wenigstens angedeutet, die diesen Gattungsbegriff determiniren, und endlich diejenigen Artbegriffe genauer besprochen, die unserem Größenbegriff coordinirt sind. So gelangten wir zu einer festen Definition desselben. In einem einzigen Punkte war unsere Untersuchung von den üblichen Deductionen dieser Art unterschieden, aber diesen Punkt hatte unsere Darstellung mit den Erörterungen aller entsprechenden mathematischen Begriffe gemein. Der allgemeinste Gattungsbegriff nämlich, zu dem wir gelangten, der Begriff einer n-fach bestimmten Mannigfaltigkeit überhaupt, ist kein höchster Begriff in dem Sinne der gewöhnlichen logischen Forderungen. Jene Begriffe entstehen durch die Abstraction von immer neuen Merkmalen, dieser Begriff ging aus der unbestimmten Erweiterung eines besonderen Merkmals hervor. Darin liegt aber kein Widerspruch gegen die logische Theorie, sondern eine Modification derselben, die durch eine in der allgemeinen Erörterung der logischen Wissenschaft nicht einbegriffene Anwendung auf die eigenartige Natur des Zahlbegriffs erforderlich wird, dessen gleichartige Synthesis eine solche Erweiterung möglich macht. Charakteristisch dabei ist, dass sie nur ins unbestimmte, nicht ins unendliche gesteigert werden kann, da der Begriff des Unendlichgroßen nicht den allgemeinsten sondern lediglich einen bestimmten Grenzfall bezeichnet, der nur beziehungsweise gesetzt werden kann. Eigenartig dagegen war die Bildung des Raumbegriffs, zu dem wir diesen Größenbegriff dadurch umformten, dass wir seine Merkmale auf den Inhalt der uns gegebenen Anschauung übertrugen. Diese Besonderheit des Weges wird jedoch dadurch erfordert, dass die anschauliche Grundlage dieser ganzen Begriffssysteme in eigentümlicher Weise von den sonstigen Fundamenten unserer begrifflichen Entwicklungen abweicht. Das Begriffssystem z. B., dessen Aufstellung die Aufgabe der botanischen und zoologischen Wissenschaften bildet, ordnet eine grofse Anzahl anschaulich gleichmäfsig gegebener und insofern anschaulich coordinirter Objecte derartig zusammen, dass jedem einzelnen derselben nach der Natur seiner spezifischen Merkmale und dem Zusammenhang derselben mit den übrigen eine bestimmte Stellung zu allen anderen angewiesen werden kann; und die Ueberzeugung, dass alle diese Objecte ohne jede Ausnahme durch allmähliche Variation der einfachsten entstanden sind, dass also sehr viele Uebergangsstufen zwischen den einzelnen vorhanden sein müssen, kann sogar da, wo jene Bindeglieder uns in den älteren Erdschichten nicht aufbewahrt sind, in manchen Fällen dazu führen, die fehlenden Objecte anschaulich aus den vorhandenen und aufgefundenen zu reconstruiren. Dieselbe Ableitung gilt in entsprechender Weise auch für die formalen Naturwissenschaften, die Physik und die Chemie, obschon der bisherige Stand unserer Kenntnisse uns nicht berechtigt, die lichtvolle Hypothese Darwins auch für diese Wissenszweige zur Geltung zu bringen, da die von uns bis jetzt entdeckten Naturgesetze selbst als die Grundlagen aller Entwicklung nicht ebenfalls als entwicklungsfähig angesehen werden dürfen. Anders verhält sich dies mit dem Begriffssystem der allgemeinen Geometrie. Hier ist uns nur eine einzige, allgemeine Anschauung, die unseres Raumes, unmittelbar gegeben; eine begriffliche Entwicklung derselben kann daher nur mittelbar erfolgen. Wie wir oben gesehen haben, wird eine solche dadurch möglich, dass sich erstens aus jener Anschauung heraus geometrisch ein System von Mafsbeziehungen anschaulich eruiren lässt, welches trotz aller Gleichartigkeit seiner Formen doch ebenfalls unendlicher Variation fähig ist, und dass zweitens diese Mafsbeziehungen sich als Gröfsenbegriffe auch rein analytisch definiren lassen. Denn die Gleichartigkeit jener Formen mit der allgemeinen Anschauung macht nicht nur möglich, die Grundbegriffe ihrer Mafsbestimmungen auf jene Anschauung selbst zu übertragen, sondern auch gemäfs den Gesetzen, die ihrer eigenen Entstehung zu Grunde liegen, so zu erweitern, dass das ursprüngliche System zum Spezialfall wird. Diese Entwicklung nun führt zugleich zu einem Ergebnis, welches zeigt, dass wir trotz des rein begrifflichen, abstracten Charakters des Systems doch das Recht haben, nicht blofs den Gröfsenbegriff unseres Raumes, sondern auch einen Raumbegriff zu bilden, d. h. also die analytischen Merkmale des ersteren anschaulich zu interpretiren. Da nämlich die Grundlagen unserer Maſsbestimmungen empirischer Natur sind, so folgt, dass wir auch im Stande sein müssen, die anschaulichen Vorstellungen, die ein pseudosphärischer oder sphärischer Raum bieten würde, gemäſs den Gesetzen unserer tatsächlichen Wahrnehmungen zu entwickeln. Dadurch wird zwar die Einzigartigkeit unserer Raumanschauung selbst nicht aufgehoben, denn die allgemeine Anschauung eines pseudosphärischen oder sphärischen Raumes mit bestimmtem Krümmungsmaſs vermögen wir nicht zu concipiren; aber jene Einzigartigkeit hört auf, eine absolute zu sein, sofern wir gleichartige Teile jener Räume anschaulich fixiren und mit den Maſsbeziehungen der Teilvorstellungen unseres Raumes vergleichen können. Die Begriffe jener Räume dagegen lassen sich mit all' jener Klarheit und Deutlichkeit bilden, welche die discursive Natur der begrifflichen Erkenntnis überhaupt zulässt. Deshalb haben wir das Recht, auch von einem Raumbegriff zu sprechen. Zugleich aber wird deutlich, weshalb wir denselben nicht unmittelbar bilden können, sondern den Umweg durch den Gröſsenbegriff machen müssen. Die unbedingte Gewöhnung an die besondere Natur unseres Raumes, die sehr früh schon beginnt und fester wird als fast alle die übrigen Gewöhnungen unserer psychischen Tätigkeit, hat den Erfolg, dass wir weder jene anschaulichen Teilvorstellungen der krummen Räume noch die allgemeinen Begriffe derselben anders als unter der Anleitung der analytischen Entwicklung abzuleiten vermögen. Diese Gewöhnung übrigens ist es auch, welche zunächst und zumeist dazu beigetragen hat, den neuen Fortschritt der geometrischen Wissenschaft für die Gegenwart aufzusparen: dieselbe macht es auch den neuen Resultaten so schwer, sich allgemeinen Eingang und volles Verständnis zu verschaffen.

Es wird deshalb zweckmäſsig sein, die bisher erhaltenen Resultate in eine allgemeine Theorie der Geometrie zusammenzufassen.

VIERTES CAPITEL.

GRUNDZÜGE EINER THEORIE DER GEOMETRIE.

Unsere letzte Aufgabe ist es demnach, zu untersuchen, zu welcher Auffassung des Wesens der geometrischen Wissenschaft überhaupt die bisher besprochenen philosophischen Consequenzen der mathematischen Raumtheorie hinleiten. Erst diese Besprechung wird dazu führen, die zweite der im Eingang unserer Erörterungen aufgeworfenen Fragen, das philosophische Problem des Axiomensystems [1], im Zusammenhange zu beantworten. Auch ein solcher Einfluss allerdings ist der geometrischen Theorie abgestritten worden, und zwar von einem Mathematiker, der die Bedeutung derselben für die Feststellung des Axiomensystems in vollem Maße anerkennt. Baltzer behauptet in der Vorrede zu seiner Geometrie [2]: „Wenn man die Axiome der Geometrie als Hypothesen oder als Tatsachen auffasst, auf welche die Geometrie gegründet ist, so ist man weit entfernt, die Geometrie als hypothetisch oder als empirisch hinzustellen; man bezweifelt damit nicht die Richtigkeit der Geometrie und man behauptet nicht, dass ein Satz derselben durch Versuche und Beobachtungen erschüttert werden könnte." Dass jedoch die Ueberzeugung von der empirischen, hypothetischen Natur der Axiome die allgemeine Ansicht von der Stellung der Geometrie unter den übrigen Wissenschaften sehr bestimmt beeinflusst, wird schon durch den Hinweis auf die Geschichte der philosophischen

---

[1] Vgl. S. 15 ff. dieser Schrift.
[2] BALTZER, *Elemente der Mathematik*. 1. Aufl. Leipzig 1874. Bd. II. Vorrede.

Theorie der Mathematik bezeugt. Die folgenden Erörterungen sollen überdies zeigen, dass die empiristische oder rationalistische Auffassung der Axiome sogar von fundamentaler Bedeutung für die allgemeine Lehre von dem Wesen der Geometrie ist, sofern sie den zweiten für diese Lehre maßgebenden Punkt, die Ansicht von der Beschaffenheit der Constructionsbegriffe, auf das unzweideutigste mitbestimmt. Es lässt sich sogar behaupten, dass auch die allgemeine Theorie der Mathematik überhaupt mit der besonderen Lehre von den geometrischen Axiomen so eng verbunden ist, dass die eine durch die andere in ihren wesentlichen Elementen gegeben ist. Da auch dieser Nachweis im Folgenden an einem wichtigen Punkt versucht werden soll, so sei von vornherein bemerkt, dass die entwickelte Theorie der Geometrie zugleich den Anspruch erhebt, in der Hauptsache auch für die Mathematik überhaupt giltig zu sein.

Da die besondere Beschaffenheit einer jeden Wissenschaft bedingt ist einerseits durch die Natur ihres Gegenstandes andrerseits durch die Art ihrer Methode, so werden wir diejenige Bestimmung dieser beiden Begriffe zum Ausgangspunkte nehmen, die uns durch die bisherigen Ergebnisse unserer Untersuchung schon gegeben ist.

Wir haben die Geometrie oben definirt als die Wissenschaft von den Maßbeziehungen unseres Raumes. Der Begriff ihres Gegenstandes wird demnach bestimmt sein, wenn erstens der Maßstab angegeben wird, den sie zu ihren Vergleichungen braucht, und zweitens nachgewiesen wird, welches die Einheiten sind, auf die jener Maßstab bezogen werden kann. Elementare Maßstäbe besitzt die Geometrie, wie früher gezeigt, nur einen einzigen: die gerade Linie; alle anderen Maßstäbe, z. B. der rechte Winkel oder das Quadrat als Flächeneinheit, lassen sich auf diesen einen zurückführen. Die Maßstäbe der Geometrie sind demnach, allgemein genommen, die Constructionsbegriffe derselben. Die Einheiten dagegen, die den besonderen Inhalt jener Maßstäbe ausmachen, liegen in den Axiomen, die unseren Raum als eine dreifach ausgedehnte congruente und ebene Mannigfaltigkeit charakterisiren. Die Frage nach dem Gegenstand der Geometrie reducirt sich somit auf die Frage nach dem Wesen ihrer elementarsten Axiome und Definitionen. Diese Vereinfachung der Problemstellung gilt nicht für die Geometrie allein; sie kommt auch allen denjenigen Disciplinen zu, die sich mit der Geometrie in den Begriff der reinen Mathematik vereinigen lassen, der Arithmetik nämlich und der Algebra. Die erstere ist analog der Geometrie die Wissenschaft von den Gleichheitsbeziehungen der Zahlen; auch ihr Gegenstand lässt sich deshalb, obwol das Vergleichen in ihr in Folge des Gegensatzes der continuirlichen Raumgröfsen zu der für sich d. h. vor ihrer Uebertragung auf den Zeitbegriff discreten Zahlgröfse ein andersgeartetes ist, auf eine begrenzte Anzahl elementarer Definitionen und Axiome zurückführen. Dass eben dasselbe auch in der Algebra stattfindet, wird schon daraus deutlich, dass sich die Geometrie wie die Arithmetik als spezielle Fälle aus derselben herleiten lassen, sofern in ihnen die verschiedenartigen logisch gleich möglichen Formen der stetigen und discreten Gröfsen durch besondere ursprünglich gegebene Bedingungen näher begrenzt sind. Die algebraischen Axiome und Definitionen der Gröfsengleichheit bilden deshalb das gemeinsame Fundament auch jener beiden speziellen Wissenschaften. Die Frage nach dem Wesen der Axiome und Definitionen der Geometrie ist demnach dem allgemeineren Problem nach den Grundlagen der reinen Mathematik vollkommen analog. Dass diese Gleichartigkeit auch in materieller Hinsicht vorhanden ist, wird deutlich, sobald wir darauf achten, in welchem gemeinsamen Gegensatz dieses axiomatische und definitionelle Fundament der reinen Mathematik gegen die Grundbegriffe der übrigen Wissenschaften steht. Nehmen wir als Beispiel die Grundbegriffe einer philosophischen Wissenschaft, etwa der Psychologie. Diese, z. B. die allgemeinen Begriffe des Denkens, Fühlens und Wollens, der allgemeine Begriff der psychischen Tätigkeit und andere sind, trotzdem sie im eigentlichsten Sinne als Grundbegriffe betrachtet werden müssen, da sie bei der Auffassung und Lösung jedes besonderen Problems mitwirken, dennoch, je allgemeiner desto mehr, die schwierigsten, dunkelsten Begriffe, die letzten Probleme der Wissenschaft. Die Geschichte der Psychologie zeigt, ein wie hoher Abstractionsgrad dazu gehörte, sie überhaupt zu concipiren; der Begriff der psychischen Tätigkeit in unserem Sinne z. B. ist, wie bekannt, der Psychologie der griechischen Denker noch vollständig fremd, erst durch Cartesius' Trennung der geistigen und ausgedehnten Substanz entstanden und erst durch Leibniz' Auflösung der Bewegungsvorgänge in die geistigen Vorgänge der Monadenwelt näher entwickelt worden. Die Grundbegriffe der Geometrie dagegen sind die einfachsten, selbstverständlichsten Abstractionen ihres Gebiets, deren systematische Aufzählung zu den frühesten Errungenschaften des geometrischen Denkens gehört. Jene Grundbegriffe der übrigen Wissenschaften gehören ferner, wie aus ihrer schwankenden Stellung sofort folgt, zu den am meisten veränderlichen Begriffen derselben; ihrem Inhalt wie ihrer Form nach haben sich die allgemeinsten Vorstellungen über das Wesen der Seele von Epoche zu Epoche umgestaltet und noch heute sind sie so wenig gesichert, dass eine wesentliche Erweiterung und Vertiefung derselben nichts weniger als ausgeschlossen ist. In schneidigem Gegensatz hierzu befindet sich das Fundament der Geometrie und der reinen Mathematik überhaupt. Keine der mannigfachen mathematischen und philosophischen Streitigkeiten, die um dasselbe erregt worden sind, hat ihren Inhalt verändert, etwa Merkmale zu Tage gefördert, die zu einer Aenderung irgend einer bereits erworbenen Lösung selbst des speziellsten Problems hätten führen können. Keine der vielfachen Erweiterungen ferner, die dem euklidischen System zugefügt worden sind, hat es notwendig gemacht, auch nur eine einzige der früher gebrauchten Voraussetzungen aufzugeben. Nicht eine der unzähligen theoretischen und praktischen Anwendungen derselben endlich hat zu dem Resultat geführt, dass eins der Axiome oder eine der Definitionen ungehörig sei, absurde oder empirisch falsche Consequenzen erzeuge, so dass wir in Wirklichkeit dahin gelangt waren, die Erscheinungen der Körperwelt gar nicht mehr daraufhin zu untersuchen, dass sie zu einer Correction der geometrischen Grundlagen Anlass geben könnten. Und selbst seitdem eine solche Möglichkeit verständlich geworden ist, hat doch nichts bis jetzt zu der Vermutung berechtigt, dass eine solche Correctur einmal erforderlich sein werde. In engstem Zusammenhang hiermit steht die Geltung der mathematischen Grundbegriffe. Sie sind von den Anhängern rationalistischer Theorien immer als das Vorbild unbedingt allgemeiner und notwendiger Erkenntnisse angesehen worden, und selbst die entschiedensten Empiristen haben sich der Anerkennung nicht verschliefsen können, dass ihnen jene Prädicate in einer Weise zukommen, die sie vor den allgemeinen Erkenntnissen aller übrigen Wissenschaften in eine weitaus bevorzugte Stellung bringt.

Nicht minder deutlich als diese Verschiedenheit des Gegen-

standes ist der Gegensatz der Methode der Mathematik gegen die
Methode der anderen Forschungsgebiete. Wenn auch nicht bezweifelt werden kann, dass die Induction sowol für die Auffindung der
Probleme als auch für die nicht seltenen Fälle einer Vorwegnahme
der Lösung vor dem Auffinden des strengen Beweises auch in der
Mathematik von grofser Bedeutung ist, wie dies Gauss z. B. für das
Gebiet der Zahlentheorie oft genug betont hat, so ist doch andrerseits ebenso sicher, dass die Deduction [1] die Form jedes mathematischen Beweises ist und dass dieselbe in ihnen mit einer Strenge
zur Anwendung kommt, die ohne Gleichen ist. Dadurch ist die
Mathematik allerdings nur von den Disciplinen geschieden, die wir
jetzt gewöhnt sind, als inductive zu betrachten, den formalen und materialen Naturwissenschaften, sowie den geschichtlichen Geisteswissenschaften. Jedoch selbst wenn die formale Grundwissenschaft
der Philosophie, die Psychologie, an irgend einem Punkte zu wesentlich deductiver Untersuchung Anlass geben könnte, wie dies bei
den normativen philosophischen Doctrinen, der Logik, Erkenntnistheorie, Ethik und Aesthetik in gewissem Sinne allerdings der Fall
ist, so würde doch immer noch ein tiefgreifender Unterschied zwischen der philsosophischen und mathematischen Deduction bestehen
bleiben. Denn dass es möglich sei, die allmähliche Beschränkung
der Ausgangsgebiete in den normativen philosophischen Wissenschaften, die kurzweg als deductive bezeichnet werden mögen, auf
rein apriorischem Wege durch Hinzunahme rein apriorischer Begriffe und Anschauungen zu vollziehen, ist eine Ansicht, deren Berechtigung durch das Vorurteil Kants nur so lange zugestanden
werden konnte, als seine verhängnisvolle Abweisung der Psychologie
in Kraft blieb. Sie ist durch das Schicksal der idealistisch-rationa-
listischen Philosophie nach Kant gerichtet. Die mathematische Deduction dagegen ist, wie auch die empiristische Theorie nicht leugnen kann, von jeder besonderen Erfahrung bei dem Fortschritt ihrer
Entwicklungen des einmal gegebenen Axiomensystems vollständig
unabhängig, trotzdem sie in unvergleichlich höherem Grade als jede
andere Wissenschaft mit den Ergebnissen der Erfahrung übereinstimmt, da nicht sie durch die Erfahrung, sondern bisher die Er-

---

[1] Ich setze als erwiesen voraus, dass kein Syllogismus ohne Induction
möglich ist.

fahrung überall durch sie corrigirt worden ist. Selbst für den Rationalismus, der eine Gleichartigkeit einzelner oder aller philosophischen Disciplinen mit den Doctrinen der reinen Mathematik behaupten wollte, würde dieser Gegensatz insofern bestehen bleiben, als jene vermeintlich absolut apriorische Methode bisher nie zu dem Resultat einer allgemeinen, allem Fortschritt der Erfahrung überlegenen Einstimmigkeit geführt hat, während dieselbe den geometrischen Theoremen stets zu Teil geworden ist.

Das allgemeine Problem von dem Wesen der Geometrie resp. der reinen Mathematik reducirt sich demnach auf zwei Fragen. Die erste lautet: In welchem Sinne kommen den Axiomen und Definitionen der Geometrie die Prädicate der Einfachheit, der Unveränderlichkeit, der Allgemeinheit und Notwendigkeit zu? Die zweite will wissen: Wie erklärt sich der Gegensatz der deductiven Methode der Geometrie gegen die inductive resp. deductive Methode der übrigen Wissenschaften?

Die erste dieser Fragen gliedert sich in dreifacher Weise; denn sie ist vollständig erst gelöst, wenn die Eigenart der geometrischen Grundlage sowol an den Axiomen der Raumvorstellung, wie an den Definitionen der Constructionsbegriffe und den Axiomen der Größengleichheit, die aus der allgemeinen Größenwissenschaft hinzukommen, erklärt worden ist.

Den Eingang in diese Untersuchung möge eine Betrachtung vermitteln, welche das Verhältnis der eigentlich geometrischen Grundlage, der Axiome und Definitionen der Raumvorstellung zu der Gesammtnatur dieser Vorstellung begrifflich fest zu bestimmen erlaubt. An früherer Stelle haben wir die Prädicate unserer Raumvorstellung gemäß der bereits von Riemann angegebenen Unterscheidung zerlegt in solche, welche die Ausdehnungsverhältnisse, und in solche, welche die Maßbeziehungen derselben betreffen. Diese Teilung können wir nunmehr, gestützt auf Andeutungen, die besonders in dem letzten Vortrage von Helmholtz vorhanden sind, einer zweiten subordiniren. Die rationalistischen Raumtheorien haben ausnahmslos behauptet, dass die Raumvorstellung, die der Geometrie zu Grunde liege, rein formaler Natur sei, etwa wie bei Kant, der diese Ansicht am schärfsten zum Ausdruck gebracht hat, die reine Form unserer äußeren Anschauung sei. Denn wenn derselbe auch, besonders in der zweiten Auflage der Kritik der reinen

Vernunft. den Raum als blofse Form der Anschauung von dem Raum, sofern er als Gegenstand vorgestellt wird, sorgfältig unterscheidet, so soll doch das, was die concrete Vorstellung mehr enthält, lediglich die synthetische Verbindung des Mannigfaltigen a priori zur Einheit der Apperception sein, so dass der apriorisch formale Charakter des Inhalts gewahrt bleibt. Auch die empiristischen Theorien sind bisher zu keiner schärferen Trennung der verschiedenartigen Bestandteile unserer Raumvorstellung gelangt. Die obigen Ausführungen dagegen setzen uns in den Stand, auch an der Raumvorstellung jene Scheidung von Inhalt und Form, die für jede einzelne Vorstellung notwendig ist, bestimmt zu vollziehen. Unter der Form der Vorstellungen verstehen wir dabei in allgemeinerem Sinne als Kant lediglich die Art der Ordnung des Vorstellungsinhalts; als den Inhalt derselben bestimmen wir dagegen, ebenfalls in weiterer Fassung als Kant, das Mannigfaltige, das in jener Form geordnet ist. Hinsichtlich der Form also sehen wir davon ab, ob resp. in wie weit sie als Tätigkeit gedacht werden soll, d. h. als dasjenige, welches macht, dass das Mannigfaltige geordnet werden kann, und wir lassen es ebenso unbestimmt, ob dieselbe, wenn sie auch selbstverständlich nicht jenes Mannigfaltige selbst sein kann, nicht doch wenigstens von diesem Stoff abhängig ist. Dementsprechend beschränken wir das Mannigfaltige nicht auf die Empfindung als solche, sondern beziehen es auf jede Gruppe von Merkmalen, die sich als geordnet ansehen lässt. Wenn wir diese Abstractionen auf die Raumvorstellung übertragen, so folgt, dass wir als Form des Raumes diejenigen Merkmale desselben bezeichnen können, welche allen Ausdehnungs- und Mafsverhältnissen der Ausgedehntheiten gleicherweise zu Grunde liegen, also sowol den Mannigfaltigkeiten von beliebig vielen Dimensionen als auch den verschiedenen Arten einer und derselben Ausgedehntheit, etwa den sphärischen, pseudosphärischen und der ebenen in derselben Weise zukommen. Denn diese Merkmale, die wir kurz unter dem Ausdruck einer Reihenform des Aufsereinander begreifen können, bedingen in allgemeinster Weise die Ordnung des räumlichen Mannigfaltigen gegenüber der Ordnung der anderen stetigen, mehrfach bestimmten Mannigfaltigkeiten. Wol zu unterscheiden von dieser blofsen Form des Aufsereinander sind die Ausdehnungs- und Mafsbeziehungen, welche ihr einen bestimmten Inhalt geben, für unseren

Raum also die Dreizahl der Dimensionen und die Ebenheit der Mafsverhältnisse. Hieraus nun ergiebt sich, dass die Axiome und Definitionen der Raumvorstellung, welche die Ausgangspunkte der geometrischen Untersuchung bilden, den Inhalt derselben betreffen, die Geometrie demnach genauer als die Wissenschaft von dem Inhalt unserer Raumvorstellung anzusehen ist.

Es ist jedoch wol zu beachten, dass diese Unterscheidung zwischen Inhalt und Form durchaus nicht wie bei Kant zu dem Gegensatz des Empirischen und absolut Apriorischen hinleiten soll. Sie will nicht psychologischer oder erkenntnistheoretischer, sondern logischer Natur sein[1]: sie behauptet nicht einen realen Gegensatz der Entstehungsweise, sondern nur die Möglichkeit eines abstracten Auseinanderhaltens der einzelnen Prädicate. Auch hier allerdings ist der Gegensatz des Apriorischen und Empirischen anwendbar, jedoch auch hier zeigt sich, dass er nur in dem früher besprochenen Sinne einer verschiedenartigen Beziehung, die Inhalt wie Form der Vorstellungen in gleicher Weise betrifft, aufgefasst werden kann. Es genüge darauf hinzuweisen, dass jede empiristische Raumtheorie die Erzeugung der dritten Dimension in einen Act der psychischen Tätigkeit verlegen muss, dass aber auch keine der nativistischen Theorien mehr behaupten kann, diese Erzeugung sei von den äufseren Reizen und der durch sie erzeugten Differenz der correspondirenden Netzhautbilder gänzlich unabhängig. Eine andere Frage ist, ob sich erkenntnistheoretische Consequenzen aus dieser Scheidung von Inhalt und Form ergeben; darüber aber werden wir erst an späterer Stelle entscheiden können. Hier genügt uns daran, jene wesentliche methodologische Consequenz hervorzuheben, welche die vom Rationalismus immer behauptete Ausnahmestellung der geometrischen Axiome und Definitionen vor den Grundbegriffen der übrigen Wissenschaften zum Teile aufhebt. Denn der scheinbar rein formale Charakter der ersteren hat fast immer ein Beweismittel dafür liefern müssen, dass sie absolut apriorischer Natur seien. Jedoch dieses Argument wird durch den Nachweis, dass auch die Raumvorstellung Inhalt und Form erkennen lässt, und dass die

---

[1] Sie ist nicht in die Erörterung der logischen Consequenzen hineingezogen worden, weil ihre Bedeutung für die Geometrie hier deutlicher zum Vorschein kommt.

Grundbegriffe der Geometrie sich auf den ersteren beziehen, nur beseitigt, nicht in sein Gegenteil verwandelt. Es ist daher nur wahrscheinlich geworden, dass die rationalistische Auffassung der Geometrie den Tatsachen nicht gerecht wird; eine definitive Entscheidung wird erst durch die speziellere Untersuchung der drei verschiedenartigen Klassen von Grundbegriffen möglich werden.

Was zunächst die Axiome der Raumvorstellung betrifft, so folgt aus den oben entwickelten psychologischen Consequenzen der geometrischen Theorie sofort, dass dieselben nicht rationale Erkenntnisse sein können. Es ist jedoch notwendig, jene Beweisgründe für die einzelnen Axiome noch in doppelter Hinsicht zu prüfen, da wir ebenso sehr der von Seiten der Mathematiker mehrfach erfolgten Ueberschätzung derselben entgegentreten, als die rationalistischen Versuche abwehren müssen, dieselben ihrem Begriffssystem entsprechend umzudeuten.

Die empirische Natur des ersten Axioms von der dreifachen Ausdehnung des Raumes ist, wie früher angedeutet, keine unmittelbare Folge der geometrischen Raumlehre. Denn da diese nur zeigt, dass die Dreizahl der Dimensionen nicht die einzig mögliche, vielmehr ein spezieller Fall ist, so bleibt nicht blos unentschieden, ob wir es hier mit einer Tatsache der äußeren oder inneren Erfahrung zu tun haben, sondern auch ganz unbestimmt, ob es überhaupt eine Erfahrungstatsache oder etwa eine reine Bewusstseinsform sei, die wie sie absolut a priori erzeugt sein würde, so wol auch rein a priori zum Bewusstsein kommen könnte. Die mathematische Lehre kann daher in diesem Fall nur dazu dienen, die empiristische Raumtheorie der Psychologie zu bestätigen, sofern sie den mannigfachen rationalistischen Scheinbeweisen von der begrifflichen Notwendigkeit der drei Dimensionen entgegentritt. Da es jedoch für unseren Zweck genügt, die Mitwirkung der Erfahrung bei der Erzeugung der dritten Dimension gesichert zu sehen, so bedarf es hier nicht einmal der Parteinahme für die empiristische oder nativistische Theorie, da auch die letztere, wie schon mehrfach angedeutet, nicht mehr umhin kann, einen solchen Einfluss zuzugestehen. Die Erfahrung kann nicht blos der äußere, occasionalistische Anlass zur Entstehung des dreifach ausgedehnten Raumes sein, wenn zweifellos ist, dass die besondere Beschaffenheit der Dinge außer uns dazu nötigt, gerade drei Dimensionen, nicht mehr und nicht weniger, zu entwickeln. Das erste Axiom der Geometrie bezieht sich deshalb auf keine notwendige, sondern eine tatsächliche Eigenschaft unserer Raumvorstellung: es ist keine rationale, sondern eine empirische Wahrheit.

Zu demselben Ergebnis führt die Untersuchung der Axiome, die den Maßbeziehungen unseres Raumes zur Grundlage dienen. Nur ist hier die Beweiskraft der geometrischen Theorie eine intensivere. Zunächst bleibt das obige Argument auch hier bestehen, denn die Beschaffenheit unserer Maßbeziehungen bildet sowol hinsichtlich der Congruenz als hinsichtlich der Ebenheit wieder einen speziellen Fall aus sehr vielen logisch gleich berechtigten Möglichkeiten. Es ergiebt sich jedoch überdies, dass hier ein apriorischer Erwerb nicht mehr wie in dem ersten Fall ebenso möglich ist. Denn die Voraussetzung der Congruenz involvirt die Begriffe der Bewegung und der Festigkeit; und die Axiome der Ebenheit lassen sich wenn auch in begrenzter Weise durch partielle Anschauungen sphärischer und pseudosphärischer Maßbeziehungen überwinden. Die mathematische Theorie führt demnach direkt auf die Gründe, welche die empirische Natur dieser Axiome kennzeichnen. Die eigentlichen Beweisgründe allerdings, die auf solche Weise bestimmt worden sind, liegen auch hier nicht auf mathematischem, sondern auf psychologischem Gebiet. Denn sie beruhen, wie aus den früheren Betrachtungen folgt, im ersten Fall darauf, dass die Begriffe der Festigkeit und der Bewegung notwendig als empirische Begriffe, nicht als rationale, rein a priori erzeugte aufzufassen sind, im zweiten Fall aber darauf, dass das von Helmholtz aufgestellte Kriterium der Erfahrung zulässig ist.

Kann demnach die geometrische Theorie aus sich selbst nur dazu führen, diejenigen psychologischen Beweisgründe zu bezeichnen, deren Discussion die Entscheidung zwischen Empirismus und Rationalismus zu treffen hat, so folgt zunächst, dass die Hoffnung mancher Mathematiker und einzelner allzu eifriger Philosophen, durch die neuen Theoreme eine neue Aera der psychologischen oder gar der erkenntnistheoretischen Forschung herbeigeführt zu sehen, eine unbegründete war. Die eigentlichen Entscheidungsgründe für die psychologische Frage nach dem Ursprung der Raumvorstellung, sowie für die zur Methodologie der Erkenntnistheorie gehörige nach dem Wesen der Geometrie resp. der Mathematik überhaupt ver-

bleiben den bezüglichen philosophischen Wissenschaften. Die Geometrie kann aus ihrer Aufgabe heraus, den Inhalt der Raumvorstellung möglichst klar und deutlich zu bestimmen, durch keine
noch so tiefgehende Fortsetzung ihrer Beweisführungen dahin kommen, ein philosophisches Problem zu lösen. Nur das eine kann sie
erreichen, dass ihre Entwicklungen diejenigen Punkte herausheben,
deren philosophische Discussion zu einer festen Entscheidung führen kann. Jene Divergenz der objectiven Grundlagen und der subjectiven Erkenntnisprincipien in den einzelnen Wissenschaften, der
wir schon im Eingang unserer Untersuchungen das Wort redeten[1],
wird also durch eine sorgsamere Erwägung der Consequenzen der
mathematischen Theorie lediglich bestätigt.

In Wirklichkeit aber ist jener Hinweis so bestimmt erfolgt,
dass es kaum mehr möglich scheint, der rationalistischen Theorie
eine sachliche Berechtigung beizulegen. Eine kurze Erörterung der
möglichen Formen der Abwehr, die derselben noch übrig bleiben,
mag dies bekräftigen.

Da das allgemeinste der drei mafsgebenden Argumente, die
logische Möglichkeit mehrfach ausgedehnter Mannigfaltigkeiten, auf
einen nicht blofs auslösenden, sondern zugleich positiv bestimmenden
Einfluss der Erfahrung d. h. der Beschaffenheit der von uns verschiedenen, uns afficirenden Dinge hinweist, den auch die psychophysische Forschung auf ihrem Wege bereits als unabweisbar erkannt hat, so folgt, dass der Begriff der Apriorität, der durch Kants
erkenntnistheoretische Lehren in unserer Philosophie eingebürgert
ist, einer Modification unterzogen werden muss, welche die rationalistischen Elemente der ursprünglichen Fassung geradezu in ihr
Gegenteil verkehrt. Für Kant hat die Erfahrung in objectivem
Sinne, als die Summe der Einwirkungen der Dinge, nur eine occasionalistische Bedeutung: sie ist die Gelegenheitsursache, welche die
Auslösung der von ihr absolut unabhängigen apriorischen Formen
bewirkt. Für die Physiologie und Psychologie unserer Zeit dagegen,
der sowol die erkenntnistheoretische Untersuchung des Begriffs der
Wechselwirkung, als auch die biologische Theorie der psychischen
Entwicklung zur Seite tritt, hat sie die Bedeutung eines Factors,
der das Erkenntnisprodukt nach Form und Inhalt gleich wesentlich

---

[1] Man vgl. S. 8 ff. dieser Schrift.

bestimmt. Jeder Versuch, Kants Lehre von der Apriorität als des subjectiven, von aller Erfahrung absolut unabhängigen Erkenntnisfactors, trotzdem zu halten, ist deshalb von vornherein aussichtslos. Wir bedürfen einer Weiterbildung des kritischen Idealismus, die, wenn sie den neu gefundenen Tatsachen zugiebt, was ihnen gebührt, eben zur empiristischen Theorie überführt. Dass wir es trotzdem mit einer Weiterbildung, nicht mit einer Aufhebung des kritischen Lehrgebäudes zu tun haben, ergiebt sich daraus, dass die objective Erfahrung bei Kant, allerdings in unlösbarem Widerspruch mit seinen rationalistischen Voraussetzungen, noch eine zweite Rolle spielt. Denn so sehr dieselbe nur die Gelegenheitsursache der Erzeugung der apriorischen Formen ist, so ist doch alle Geltung der letzteren lediglich auf die mögliche Erfahrung eingeschränkt. Raum und Zeit haben nur empirische Realität, die Kategorien nur empirischen Gebrauch. Dadurch entsteht jener wunderliche Dualismus zwischen der Annahme rein apriorischer Wissenschaften, der reinen Mathematik, Naturwissenschaft u. s. w. und der Behauptung ihrer ausschliefslichen Beziehung auf Erfahrung. In dem Mafse nun, als wir gezwungen sind, jene Voraussetzung aufzugeben, tritt diese beschränkende Consequenz in den Vordergrund, und da in ihr das hervorragendste Verdienst Kants begründet liegt, so haben wir das Recht, die empiristischen Bestrebungen unserer Zeit an Kant anzuknüpfen, um so mehr als dieselben die apriorischen Grundlagen nicht aufheben, sondern nur in eine andere psychologische Beziehung zur Erfahrung setzen wollen. Diese allgemeineren Betrachtungen zeigen demnach, dass es selbst dem System des Rationalismus, das einer empiristischen Auffassung am meisten zugegeben hat, nicht möglich sein wird, die Hinweisung, welche in dem ersten der obigen Argumente auf die Erfahrung als ein constitutives Glied der Erkenntnis liegt, durch eine Umformung zu entgehen, welche den rationalistischen Grundbegriff, das absolute A priori, rettet.

Dieses allgemeine Ergebnis wird durch die Erörterung der beiden besonderen Argumente für die Congruenz und die Ebenheit unseres Raumes lediglich bestätigt.

Gegen die Behauptung, dass die Begriffe der Festigkeit und besonders der Bewegung schon in den ersten Grundlagen der Geometrie vorhanden seien, hat der Rationalismus sich seit alter Zeit zweier Argumente bedient. Man versuchte einesteils, diese Tatsache

in Abrede zu stellen, die Hinzunahme der Bewegung z. B., die
vor den Untersuchungen von Helmholtz allein in Betracht gezogen
wurde, nur als ein didaktisches Hilfsmittel anzusehen; oder aber
man gab diese Tatsache zu, glaubte aber nachweisen zu können,
dass es sich hier nicht um den empirischen, sondern um einen rationalen Begriff der Bewegung handle. Jedoch nur das letzte dieser
Argumente kann noch beibehalten werden, seitdem die mathematische Untersuchung der Grundlagen unserer Congruenzbeziehungen
die Notwendigkeit jener Begriffe dargetan hat. Aber auch die Beweise, welche eine rationalistische Umdeutung derselben befürwortet
haben, werden sich nicht halten lassen. Der Gegensatz zunächst
zwischen der Auffassung der Bewegung in der Geometrie und in
der Mechanik, der oft für die Behauptung des rationalen Charakters
der ersteren verwendet worden ist, lässt, wenn er richtig interpretirt wird, die empirische Natur der Bewegung unangetastet.
Dass ein solcher Gegensatz vorhanden ist, wird auch der empiristische Mathematiker zugeben müssen; aber es ist nicht schwer, zu
zeigen, dass derselbe nicht die Annahme zweier entgegengesetzter
Begriffe, eines reinen und eines empirischen fordert, sondern nur
notwendig macht, zwei verschiedenartige Abstractionsformen desselben empirischen Begriffs anzunehmen. Gemäfs der seit Lagrange
üblichen Darstellungsweise der Mechanik betrachtet dieselbe die
Bewegung als die Wirkung von Kräften; sie sucht die Bewegungsgesetze zu bestimmen, um die realen Beziehungen der ihnen hypostasirten Kräfte zu ermitteln. Die Geometrie dagegen sieht die
Bewegung als die Ursache der Entstehung ihrer Abstractionsformen
sowie der Möglichkeit der Transportirbarkeit derselben an. Für
die erstere bildet sie den nächsten Zweck, für die letztere ein seiner
Beschaffenheit nach gleichgiltiges Mittel der Untersuchung. Dieser
Gegensatz würde sich auch nicht verschieben, wenn die neuerdings
von hervorragendster Seite geltend gemachte Behauptung, dass die
Aufstellung der Bewegungsgesetze nicht blofs der erste, sondern
sogar der einzige Zweck der Mechanik sei, jene bisher allein herr-
schende Ansicht verdrängen sollte, wenn es wirklich Aufgabe der
Mechanik und der physikalischen Wissenschaften überhaupt nur sein
sollte, die Bewegung zu beschreiben.[1] Denn ob die Erforschung

----

[1] Diese von KIRCHHOFF vertretene Auffassung der Mechanik wird dem

der Bewegungsgesetze zu Hypothesen über die Natur ihnen zu
hypostasirender Kräfte berechtigt oder nicht. ist für diesen Gegensatz selbstredend gänzlich irrelevant. In der obigen Form aber
sagt er über den empirischen oder rationalen Charakter der Bewegung nichts aus. Dass auch die nicht ganz zutreffende Unterscheidung der mechanischen und geometrischen Bewegung als einer
zeitlichen und zeitlosen. die Hoüel gegen die Bedenken rationalistischer Mathematiker benutzt hat[1]. für keine der Parteien ent-
scheidet, da jede dieselbe unbeschadet ihrer sonstigen Ansichten
acceptiren könnte, bedarf keiner weiteren Discussion mehr. Mit
gröfserem Recht. so scheint es, könnte sich der Rationalismus darauf
berufen, dass die Bewegung in der Mechanik als ein realer Vorgang
aufgefasst wird, während sie in der Geometrie nur als ein idealer
in Betracht kommt, den man passend constructive Bewegung nennen
könnte. wenn jeder Gedanke einer Zusammengehörigkeit derselben
mit jener constructiven Bewegung Trendelenburgs ausgeschlossen
bleibt, die den Gegensatz von mechanischen und psychischen Vor-

Eifer für weitgehende philosophische Speculationen, der gegenwärtig manche
selbst der bedeutenden Kräfte auf fast allen Gebieten der Naturwissenschaft
dazu geführt hat. die so erfolgreich bisher benutzten Grundsätze besonnener.
fast zurückhaltender Induction aufzugeben. zum Teil mit schweifenden Phan-
tasmen zu vertauschen. gewiss heilsam entgegenwirken. Aber mir scheint,
dieselbe widerspricht unserem tatsächlichen Causalitätsbedürfnis. Wenn
wir auch nicht mehr ins Innere der Natur dringen wollen. so ist es doch
die Aufgabe unseres Erkennens geblieben, die Begriffe. welche uns die Erfahrungstatsachen aufnötigen, zu einem einheitlichen, systematischen Ganzen
zu verknüpfen. Wäre aber die Aufgabe der Naturwissenschaften damit
erledigt, dass sie alle Bewegungsvorgänge zu beschreiben vermöchten. und
wäre dementsprechend das Ziel der psychologischen Disciplinen erreicht.
sobald es ihnen gelungen wäre, eine vollständige Beschreibung aller psychischen Tätigkeiten zu liefern. so bliebe das Bedürfnis jener einheitlichen
Verknüpfung aller Erfahrungstatsachen unbefriedigt: denn eine Verbindung
beider Vorgangsreihen oder eine Uebertragung der einen in die andere wird
erst möglich, wenn wir zu den Ursachen beider übergehen. — Daraus aber.
dass es bisher nicht gelungen ist, eine widerspruchslose Reduction derselben
auf die letzten Ursachen vorzunehmen. kann nach meinem Dafürhalten nur
gefolgert werden, dass die Prämissen einer Aenderung bedürfen, die von
dem Fortschritt der Erkenntnis zu erwarten ist. Die Widersprüche bilden
keine Grenze des Erkennens. sondern nur einen Beweis der Lückenhaftig-
keit des Erkannten.

[1] Hoüel. *Essai critique sur les principes fondament. de la géom. élém.* S. 60

gängen dadurch zu überwinden sucht, dass sie die letzteren unter
dem Bilde der ersteren betrachtet. In Wirklichkeit ist diese Differenz auch in der angedeuteten Weise verwendet worden. Der tief-
sinnigste Begründer einer rationalistischen Theorie der Mathematik,
Kant hat ihn benutzt, die absolute Apriorität der geometrischen
Axiome vor dem Zweifel eines seiner einsichtsvollsten ersten Schüler
zu retten. Gegen den Einwurf, dass schon die elementarsten geometrischen Constructionen eine Art Bewegung, also einen empirischen Begriff voraussetzen, verwahrt er sich in der zweiten Auflage
seiner Kritik der reinen Vernunft dadurch, dass er die Bewegung
eines Objects im Raume, die allerdings, da sie etwas bewegliches
voraussetze, nur durch Erfahrung erkannt werden könne, sorgfältig
unterscheidet von der Bewegung als Beschreibung eines Raumes,
die ein reiner Actus der successiven Synthesis des Mannigfaltigen
in der äufseren Anschauung überhaupt durch productive Einbildungskraft sei und nicht allein zur Geometrie, sondern sogar zur Trans-
scendentalphilosophie gehöre.[1] Jedoch diese Auffassung des Gegensatzes zwischen mechanischer und geometrischer, constructiver Bewegung widerspricht den Tatsachen der inneren Erfahrung, da sie
voraussetzen muss, dass wir Vorstellungen von Raumteilen, Flächen
und Linien bilden können, ohne etwas anderes, als die von jedem
materiellen Inhalt vollkommen freie Raumanschauung selbst zu bedürfen. Diese Voraussetzung aber ist nicht erfüllt. Denn die unbefangene Selbstbeobachtung zeigt, wie schon oft bemerkt worden
ist, dass jede ideelle Construction von Gestalten im Raum, jede constructive Bewegung sich an einem materiellen Träger vollzieht. Die
Vorstellung dieses Trägers bleibt unbestimmt, da wir von jeder
qualitativen Bestimmung desselben, weil sie für den geometrischen
Zweck gleichgiltig ist, tatsächlich abstrahiren. Dennoch hat sie,
eben weil es eine abstracte Vorstellung ist, die nicht rein vollzogen
werden kann, sondern im Process lebt d. h. discursiv ist, nicht allen
Inhalt abgestreift: sie heftet sich an das mannigfaltige Material der
empirischen Construction, und zwar an das eine oder das andere,
je nachdem sie mit diesem oder jenem enger associirt ist. Sind
doch auch die Constructionsbegriffe, wie noch genauer zu zeigen
sein wird, ihrem Ursprung nach Abstractionen aus der Erfahrung.

---

[1] Kant's *Werke, herausg. von Hartenstein.* Band III. S. 128 Anm.

Die geometrische Bewegung ist demnach kein reiner Verstandes-. sondern ein abstracter Erfahrungsbegriff.

Zu dem gleichen Resultat werden wir geführt, wenn wir untersuchen, ob der Begriff der Festigkeit als ein a priori erworbener angesehen werden kann. Einen Anlass zu solchen Bemühungen könnte der Umstand bieten, dass der geometrische Begriff der Festigkeit, achtet man lediglich auf die Deutung, die ihm gegeben werden kann, weiter ist als der mechanische Begriff derselben. Aus unseren früheren Betrachtungen folgt jedoch [1], dass nicht jene dreifache Möglichkeit, zu welcher die Forderung der Constanz des Verhältnisses der Dimensionen Anlass bietet, sondern lediglich die mechanische Vorstellung der Constanz der Dimensionen selbst, die erst auf Anlass der neuen Untersuchungen des Raumbegriffs als ein spezieller Fall erkannt worden ist, den geometrischen Theoremen zu Grunde liegt. Selbst aber wenn eine solche weitere Fassung gerechtfertigt wäre und daraus gefolgert werden könnte, dass die geometrische Festigkeit etwa als Unveränderlichkeit oder Substantialität in rein apriorischem Sinne gedacht werden müsse, so blieben viel gröfsere Hindernisse noch unbesiegt. Die erstere Behauptung könnte nur ein absoluter Rationalismus wagen, weil der Begriff der Veränderung von jeder anderen Erkenntnistheorie für einen empirischen gehalten werden muss. So ist derselbe denn auch, da ein solcher extrem rationalistischer Standpunkt auf realistischer Grundlage niemals consequent festgehalten worden ist, sondern nur etwa in den rationalistischen Voraussetzungen des kritischen Idealismus oder in den metaphysischen Grundgedanken der prästabilirten Harmonie erkennbar sein möchte, in den meisten rationalistischen Systemen für empirisch ausgegeben worden. Mit dem idealistischen Rationalismus aber, wie er etwa durch Fichtes ersten Standpunkt dargestellt wird, haben wir hier nicht zu rechten, da für diesen der Gegensatz des Empirischen und Apriorischen überhaupt seinen Sinn verliert. Nicht anders steht es um die Umdeutung der Festigkeit zur Substantialität. Doch es mag genügen, hier darauf hinzuweisen, dass es einigermafsen schwer sein würde, aus dem Begriff der Substanz, der doch immer nur als das apriorische Correlat der relativen Beharrlichkeit der empirischen Körper gedacht werden könnte,

---

[1] Man vgl. S. 61 dieser Schrift.

zu beweisen, dass von den Objecten der äußeren Wahrnehmung eine Constanz des Verhältnisses der Dimensionen zu fordern sei. Auch der Begriff der geometrischen Festigkeit also ist ein abstracter Erfahrungsbegriff.

Noch weitaus weniger als gegen die notwendige Hinzunahme der Bewegung und der Festigkeit ist der Rationalismus gegen die partielle Anschaubarkeit der sphärischen und pseudosphärischen Maßbeziehungen gewappnet. Das von Helmholtz aufgestellte Kriterium der Erfahrung, das, wie mehrfach erwähnt, die Beweiskraft dieses Arguments bedingt, ist eigentlich nichts anderes als eine verallgemeinerte Umkehrung des zweiten Arguments der Aesthetik Kants. Dort wird der Begriff der Notwendigkeit, das eine Merkmal des absoluten A priori, benutzt, um die Apriorität des Raumes zu erweisen, der von keiner äußeren Anschauung fortgedacht werden könne. Helmholtz folgert aus der Besiegbarkeit einzelner Vorstellungen, d. i. also aus der Zufälligkeit derselben ihren Ursprung aus der Erfahrung. Die Rationalisten müssten daher, um diesem Einwand zu entgehen, die Beweiskraft eines ihrer wesentlichsten Argumente selbst aufheben. Denn der Umstand, dass der Begriff der Notwendigkeit, der dem Kriterium von Helmholtz versteckt zu Grunde liegt, mit dem Kants nicht identisch ist, tut hier nichts zur Sache. Der Schluss von der Notwendigkeit auf die Apriorität bleibt ungeändert, gleichviel, ob dieselbe als absolute oder als jene relative gedacht wird, welche vom empiristischen Standpunkt aus die allein zulässige ist. Vielleicht ist es zweckmäßig, noch einem anderen Einwande zu begegnen. Es scheint auf den ersten Blick, als sei dieses Argument von der anschaulichen Vorstellbarkeit der sphärischen und pseudosphärischen Maßbeziehungen deshalb unzulänglich, weil eine solche Construction der Wahrnehmungen in den krummen Räumen nur durch die Supposition unseres Raumes möglich sei. Aber es bedarf nur des Hinweises darauf, dass bei jener Construction nur diejenigen Eigenschaften unserer Raumvorstellung zur Wirkung kommen, die unserem Raum mit jenen beiden anderen gemeinsam sind, die Prädicate der dreifachen Ausdehnung und der Congruenz. Es ist überdies auch möglich, sich die Maßbeziehungen eines Raumes teilweis anschaulich zu vergegenwärtigen, dessen Krümmungsmaß nicht nach allen drei Dimensionen oder nicht in allen Punkten constant ist, so dass selbst dasjenige Merkmal der Maß-

beziehungen, das allen drei Räumen mit constantem Krümmungsmafs eigen ist, particll überwunden werden kann. Es folgt also
hier, entsprechend dem Früheren, dass die Axiome der Ebenheit
empirische Urteile sind.[1]

Nunmehr sind wir in den Stand gesetzt, die Frage, welche den
Ausgangspunkt unserer Untersuchungen bildete, vollständig zu beantworten. Den Axiomen der Geometrie kommen die Prädicate der
Notwendigkeit, Allgemeinheit und Unveränderlichkeit nicht in ab-
solutem, rationalistischem Sinne zu. Sie sind nicht das einseitige
Erzeugnis einer geistigen Tätigkeit, die der Erfahrung bei den ersten
zufälligen Anlässen mit einer geschlossenen Reihe fertiger Formen
gegenübertritt, nicht ewige Wahrheiten, die einer Erfahrung, von
der sie gänzlich unabhängig sind, die sie vielmehr im eigentlichsten
Sinne selbst machen, unabänderliche Gesetze vorschreiben. Sie
bilden das Product einer Wechselwirkung von zwei gleich wesentlich bestimmenden Ursachen, deren eine in den Tiefen unseres
Geistes, deren zweite in der Natur der Dinge ruht, sie geben Urteile über Tatsachen, welche die bisher unseren Sinnen zugänglich
gewordene Erfahrung (in objectivem Sinne) zu ihrem geistigen
Ausdruck bringen. Sie müssen als Hypothesen bezeichnet werden,
wenn man unter Hypothesen diejenigen Annahmen versteht, die
behufs Erklärung einer Summe von Vorgängen gemacht, jedoch,
entweder weil noch nicht alle dazu gehörigen Vorgänge untersucht
wurden oder weil sie zur vollständigen Erklärung der bekannten
Vorgänge nicht ganz ausreichend befunden wurden, noch nicht
streng verificirt werden konnten. Als tatsächliche Wahrheiten oder
kurzweg als Tatsachen lassen sie sich bezeichnen, sofern alle Tatsachen nichts anderes sind als Urteile über bisher gewonnene Erfahrungen, sofern sie überdies im Gegensatz stehen teils gegen die
Definitionen der Constructionsbegriffe, welche auf Grund der tatsächlichen Eigenschaften unserer Raumvorstellung zum Zweck der
Ableitung besonderer Fälle gebildet sind, teils gegen alle jene Formen der Untersuchung und Darstellung, welche die Besonderheit

---

[1] Es sei hier erwähnt, dass die während des Druckes dieser Arbeit er-
schienene Schrift von J. K. BECKER, *Die Elemente der Geometrie auf neuer
Grundlage streng deductiv dargestellt* I. Thl. Berlin 1877., mir keine Veranlassung bot, das oben S. 109 f. und S. 112 Anm. 1. 2. ausgesprochene
Urteil über eine frühere Schrift desselben Verfassers zu ändern.

der Methode ausmachen. Ein Blick auf die früher erlangten Ergebnisse bestätigt dies. Das Axiom von der dreifachen Ausdehnung
ist relativ notwendig und allgemein, sofern alle Anschauungen äuſse-
rer Objecte, der einfachsten wie der complicirtesten, und alle begrifflichen Untersuchungen über die Voraussetzungen, durch welche
jene Anschauungen erklärbar werden, uns dasselbe als das einzig
mögliche erkennen lassen. Es ist unveränderlich, sofern keine Erfahrung bisher die Veranlassung geworden ist, einen irgend wie
gerechtfertigten Zweifel an seiner alleinigen Zulässigkeit zu erregen.
Da überdies die discrete Natur der Ausdehnungsverhältnisse es aus-
schlieſst, dass ihre Giltigkeit in den Grenzfällen nur eine annähernd
genaue sein möchte, so kann es als sicher bezeichnet werden. [1]
Aehnliches gilt von den Axiomen der Maſsbeziehungen. Dieselben
sind relativ notwendig und allgemein giltig, sofern sie die einfachsten überall bestätigten Aussagen über die quantitativen Verhältnisse der Körper darstellen. Sie sind unveränderlich, sofern ebenfalls bisher kein gegründeter Anlass geboten wurde, sie zu modificiren. Da ihre Anwendbarkeit jedoch in den Grenzgebieten unserer Erfahrung nicht dieselbe ist, wie in den endlichen Verhältnissen, sofern es nicht ausgemacht werden kann, ob das Krümmungsmaſs unseres Raumes nicht doch einen sehr geringen positiven oder
negativen Wert besitzt, oder etwa nicht nach jeder Dimension das
gleiche ist [2], mögen sie im Gegensatz zu dem ersten Axiom nicht
als sicher, sondern nur als gewiss bezeichnet werden.

Unerklärt bleibt nur noch der Gegensatz, der diese Axiome
von den veränderlichen, wenig aufgehellten Grundbegriffen der
übrigen Wissenschaften trennt. Derselbe kann jedoch erst verständlich werden, wenn die eigenartige Natur der Constructionsbegriffe,
die das Fundament der Geometrie vervollständigen, in der rechten
Weise verstanden worden ist.

Das letztbesprochene Argument, welches von der Tatsache ausgeht, dass sich die elementaren Maſsbeziehungen unseres Raumes
durch die Grundlagen der sphärischen und pseudosphärischen Geometrie teilweis überwinden lassen, bei sorgfältiger Uebung unter
Anleitung der Analysis sogar offenbar in jedem Fall überwunden

---

[1] Vgl. S. 75 f. dieser Schrift.
[2] Vgl. S. 66 f. dieser Schrift.

werden können, da einem solchen Versuch nichts als die allerdings
sehr feste Gewöhnung an die uns tatsächlich gegebenen Mafsbeziehungen gegenübersteht. dieses Argument lässt sich auch für die Constructionsbegriffe verwerten. Denn ist es möglich, die Vorstellung
einer sphärischen oder pseudosphärischen Körperwelt auf Grund der
uns gegebenen Wahrnehmungen anschaulich auszuführen, so folgt,
wiederum die Wahrheit des Helmholtz'schen Kriteriums der Erfahrung zugestanden, dass auch unsere Constructionsbegriffe nicht
blofs in der Natur der raumbildenden Seele, sondern zugleich auch
in der besonderen Beschaffenheit der afficirenden Dinge ihre Gründe
haben. Es genüge, die Verschiedenartigkeit dieser Definitionen an
einem Beispiel zu verdeutlichen. Auf Grund der früheren Ausführungen muss die strenge Definition der geraden Linie, des elementarsten Constructionsbegriffs unserer Geometrie, lauten: Eine
gerade Linie ist eine solche, deren jedes Linearelement das constante Krümmungsmafs Null hat. Ebenso muss die Ebene als eine
Fläche, deren jedes Element das constante Krümmungsmafs Null
besitzt, definirt werden. Wenn diese Definition der geraden Linie
auf das erste Axiom der Ebenheit, demzufolge zwischen zwei Punkten nur eine gerade Linie möglich ist, übertragen wird, so ergiebt
sich der Lehrsatz, der oft ungehöriger Weise als die Definition der
Geraden gebraucht worden ist, dass nämlich die gerade Linie der
kürzeste Weg zwischen zwei Punkten ist. Denn hieraus folgt, dass
jede andere Linie, die zwischen zwei Punkten gezogen werden kann,
entweder eine gebrochene oder eine krumme oder eine gemischte
ist; und, wie bekannt, lässt sich allgemein beweisen, dass jede dieser
Linien gröfser sein muss als die gerade. [1] Diese elementaren Beziehungen gestalten sich im sphärischen Raum wesentlich anders.
Sehen wir davon ab, dass das Krümmungsmafs in demselben unendlich viele verschiedene Werte haben könnte, so folgt, dass die geradeste Linie im sphärischen Raum diejenige sein würde, die in
jedem ihrer Punkte dasselbe constante positive Krümmungsmafs
besitzt. Auf Grund des ersten Axioms der pseudosphärischen Geometrie, dass zwischen zwei Punkten im allgemeinen mindestens zwei
gradeste Linien möglich sind, lassen sich dann entsprechende Sätze

---

[1] Eine elementare Darstellung giebt z. B. BALTZER. *Elemente der Mathematik*. 4. Auflage. Leipzig 1874. Bd. II. § 3. S. 19.

über das Gröfsenverhältnis der geradesten Linien zu den anderen
möglichen Linien ableiten. wie solche schon an früherer Stelle benutzt worden sind.[1] In entsprechender Weise kann die Definition
der geradesten. unserer Ebene correspondirenden Fläche des sphärischen Raumes abgeleitet werden. die sich in unserem Raum bekanntlich als Kugelfläche darstellt. Analoges gilt von der pseudosphärischen Geometrie. Nun lässt sich sehr wol eine Körperwelt
denken, die uns veranlasste. jene dem sphärischen Raum entsprechenden Mafsverhältnisse zu bilden. Die Begriffe der Ebene und
der geraden Linie würden dann in jener hypothetischen Geometrie
eine ähnliche Rolle spielen wie in unserer tatsächlich gegebenen
die Begriffe der Kugel und der gröfsten Kreise. und es würde voraussichtlich eine ebenso lange Zeit vergangen sein. ehe die analytische
Geometrie so weit ausgebildet worden wäre. dass wir die eigentliche
Bedeutung jener Gebilde verstanden hätten. wie wir eine solche
tatsächlich gebraucht haben. um die Bedeutung der sphärischen
Flächen einzusehen. Die Definitionen unserer Constructionsbegriffe
sind also ebenfalls empirischer Natur.

Jedoch trotz dieses empirischen Charakters derselben findet
ein ähnlicher Unterschied zwischen ihnen und den fundamentalen
Definitionen der qualitativen Wissenschaften statt. wie er schon
hinsichtlich der Axiome aufgewiesen werden musste. Die ersteren
sind. inhaltlich betrachtet. vollendete. die letzteren werdende Definitionen. Die begriffliche Erkenntnis der chemischen Elemente
z. B. ist erst nach einer Jahrtausende umfassenden. an Irrtümern
reichen Entwicklung der chemischen Untersuchungen möglich geworden, und auch seitdem die Chemie die Principien einer wissenschaftlichen Bearbeitung ihres Gebiets gefunden hat. sind die Ansichten über die Constitution der Elemente mannigfacher. nichts
weniger als abgeschlossener Umbildung unterworfen gewesen. Dementsprechend haben sich die Definitionen derselben d. i. die systematischen Aufzählungen ihrer wesentlichen physikalischen und chemischen Eigenschaften. beständig fliefsend erhalten: einzelne früher
nicht bemerkte Eigenschaften sind neu hinzugekommen, andere,
lange Zeit angenommene sind als unwesentlich oder gar als falsch
abgewiesen worden. Ein nahezu entgegengesetztes Schicksal ist

---

[1] Man vgl. S. 53 dieser Schrift.

den geometrischen Definitionen widerfahren. So oft auch über dieselben, z. B. die der Linie oder der Ebene gestritten worden ist, so handelte es sich doch niemals darum, den Inhalt derselben zu verändern, sondern nur darum, ein anderes der verschiedenen, zur Definition verwendbaren Merkmale als das zweckmäſsigste zu Grunde zu legen. Denn hinsichtlich ihrer so wenig wie hinsichtlich der Axiome hat der umfassende Ausbau, den die Geometrie besonders in diesem Jahrhundert widerfahren hat, jemals dazu geführt, eine jener Erweiterungen, Verkürzungen oder Umbildungen vorzunehmen, zu denen der Fortschritt der qualitativen Wissenschaften um so häufiger und tiefgreifender Anlass giebt, je lebhafter er sich vollzieht.

Nicht weniger bedeutsam ist ein zweiter Unterschied, der die Constructionsbegriffe zugleich von den Axiomen trennt. Die oben charakterisirten Definitionen der übrigen Wissenschaften entwickeln lediglich empirische Gattungsbegriffe, d. h. sie enthalten nichts als diejenigen systematisch geordneten Merkmale, die verschiedenen Gegenständen oder Vorgängen gemeinsam sind. Ihre Bildung vollzieht sich demnach, logisch betrachtet, in dreifacher Abstufung. Es werden erstens die tatsächlich vorhandenen Merkmale durch eine Analyse bestimmt, sodann die gemeinsamen durch Abstraction von den differenten gesondert, endlich die ersteren durch eine Synthese verbunden. Bei den Constructionsbegriffen haben wir erstens die Ausdehnungsverhältnisse von den Maſsbeziehungen zu sondern. Jene kommen wieder in doppelter Weise in Betracht; denn nur das Ausdehnungsmerkmal der geometrischen Körper wird einfach auf dem eben bezeichneten Wege der Analyse und Abstraction gebildet, die einfache Ausdehnung der Linien, sowie die zweifache der Flächen bedarf dagegen zur Conception noch einer zweiten eigenartigen Abstraction. Denn hier sehen wir nicht bloſs ab von den differenten übrigen Merkmalen, sondern auch von der gleichartigen zweiten resp. zweiten und dritten Dimension, die wir tatsächlich bei allen Körpern mit der ersten zusammen finden. Da diese Association eine ungleich intensivere ist, so folgt, dass die Ausdehnungsverhältnisse der Flächen und Linien nicht allein keine beobachtbaren Eigenschaften der wirklichen Körper repräsentiren, sondern sogar, wie schon früher bemerkt wurde [1], nicht einmal in der Vorstellung an-

---

[1] Man vgl. S. 37 u. S. 11 Anm. 2 dieser Schrift.

schaulich vollzogen werden können. Noch mehr unterscheiden sich
die Constructionsbegriffe von den empirischen Gattungsbegriffen
hinsichtlich der Mafsbeziehungen. Hier ist es nicht eine zweite
Abstraction, die zu der Analyse und Abstraction der Merkmale
hinzukommt, sondern eine Veränderung, die mit den gemeinsamen
Merkmalen vorgenommen wird. Es giebt keine Linie in der Natur,
die vollkommen gerade ist, keinen Kreis, dessen Peripherie in jedem
Punkt dasselbe Krümmungsmafs besitzt. Offenbar nun liegt hier
kein einfacher Abstractionsprocess vor, der etwa darin bestände,
dass wir von den Unregelmäfsigkeiten absehen, die den geometrischen Begriff in der Natur tatsächlich entstellen. Denn damit wir
jene Unregelmäfsigkeiten als solche zu erkennen vermöchten, müsste
doch der Begriff, den wir bilden wollen, bereits zu Grunde liegen.
Dazu kommt, dass wir sehr wol im Stande sind, diesen begrifflichen
Forderungen in der anschaulichen Vorstellung streng zu genügen.
In Gedanken können wir mit voller Sicherheit Linien construiren,
die genau gerade, und Kreise, deren Peripherien ganz gleichmäfsig
gekrümmt sind, während wir nie im Stande sein werden, dieselben
nur nach einer Dimension ausgedehnt anzuschauen. Die Mafsbezie-
hungen der Constructionsbegriffe sind deshalb weder tatsächliche
Eigenschaften der Körper, noch aus ihnen schlechtweg abstrahirte
Begriffe, sondern empirische Ideen; sie verändern die beobachtbaren
Eigenschaften der elementaren Körperformen so, dass sie ideale
Musterbilder werden, denen alle Wirklichkeit nur beliebig nahe
gebracht werden kann, die sie aber niemals zu erreichen vermag.
In doppelter Weise also weichen die Constructionsbegriffe der Geometrie von den empirischen Gattungsbegriffen der übrigen Wissenschaften ab; hinsichtlich der Ausdehnungsverhältnisse sind sie im
allgemeinen (mit Ausschluss der Körper) um eine Abstractionsstufe
reicher, hinsichtlich der Mafsbeziehungen besitzen sie eine eigenartige Veränderung der identischen Merkmale mehr. [1]

Da besonders die letztbesprochene Differenz von den Rationalisten nicht selten als ein Beweismittel für ihre Theorie benutzt

---

[1] Die obigen Ausführungen mögen zugleich dazu dienen, die Behauptung
Mills (A System of Logic, 8. Auflage, Bd. II, S. 258 ff.) zu berichtigen,
dass weder in der Natur noch im menschlichen Geist irgend welche Objecte
existiren, die den Definitionen der Geometrie entsprechen.

worden ist, wird es nicht überflüssig sein, auf diejenigen Punkte
hinzuweisen, welche zeigen, dass die Idealität der Constructionsbegriffe ihren empirischen Ursprung nicht ausschliefst. Der Beweis
liegt darin, dass solche empirische Ideen nicht blofs die constructive Grundlage der Geometrie bilden, sondern einen integrirenden
Bestandteil des Fundaments aller mathematischen Wissenschaften
ausmachen, selbst derjenigen, deren empirischer Charakter in Folge
ihrer unmittelbaren Beziehungen auf die Gegenstände der Aufsenwelt nur von jenem Rationalismus geläugnet werden kann, der den
Unterschied zwischen empirischen und rationalen Wissenschaften
überhaupt aufhebt. Dass sie erstens auch in denjenigen Wissenschaften notwendig sind, die sich in den Begriff der reinen Mathematik
zusammenfassen lassen, also neben der Geometrie noch in der Arithmetik und in der Algebra, bedarf keines besonderen Hinweises. Die
Vorstellungen der Gleichheit, des bestimmten Teils u. s. w. sind
ebenfalls empirische Ideen, nach denen wir die Gröfsenbeziehungen
der Aufsenwelt beurteilen. Aber nicht anders ist es auch in den
Wissenschaften, die wie die Mechanik zur angewandten Mathematik
gehören, sofern sie lehren, die Gröfsenbeziehungen der reinen Mathematik auf bestimmte Gruppen wirklicher Gegenstände oder Vorgänge, etwa der Bewegung, zu übertragen. Die Definitionen z. B.
des Gleichgewichts oder der verschiedenen Arten von Bewegungen beziehen sich gleichfalls auf empirische Ideen. Ein Gleich-
gewicht, wie es die Mechanik fordert, ist in der Natur unmöglich;
ebenso kann keine der verschiedenen Arten von Bewegungen rein
existiren, da jede sich in Folge der vielseitigen Wechselwirkungen
mit unzähligen anderen complicirt. Die Idealität der geometrischen Definitionen kann deshalb kein Beweis ihres rationalen Ursprungs sein.

Ueberdies fällt es der empiristischen Theorie nicht schwer,
diese Besonderheit derselben zu erklären.

Es lässt sich erstens beweisen, dass Beobachtung und Experiment dazu geführt haben, die Forderung strenger Definitionen der
elementaren Mafsbegriffe notwendig zu machen. Selbst wenn die
Erfahrung uns viel weniger häufig Gelegenheit bieten würde, nahezu
gerade Linien zu beobachten, als tatsächlich geschieht, so würde
doch jeder Versuch, sich anschaulich in der Aufsenwelt über die
mannigfachen gegebenen Formen zu orientiren, die unabweisliche

Ursache geworden sein, die gerade Linie resp. den Kreis als Grundlagen aller Maßbeziehungen der Linien zu acceptiren. Auch die Rechnung hätte zu eben diesem Ergebnis führen müssen. Entsprechendes würde in einer Körperwelt geschehen sein, die wir unter der Form des sphärischen oder pseudosphärischen Raumes aufzufassen gezwungen gewesen wären. Jedoch diese Wahrnehmungen geben nicht den hinreichenden Grund für die Erzeugung ideeller Definitionen; sie machen nur verständlich, dass gerade die in der euklidischen Geometrie vorhandenen Constructionsbegriffe von uns gewählt wurden. Es bleibt noch immer die Frage, mit welchem Recht die Geometrie ihre ideellen Maßbeziehungen als Musterbilder der tatsächlich beobachtbaren hinstellen kann, statt zuzugestehen, dass ihre Conceptionen vielmehr nur Annäherungen an die Wirklichkeit seien. Denn eben darin liegt der Gegensatz dieser scheinbaren geometrischen Willkühr gegen die unlösbare Gebundenheit der nicht mathematischen Wissenschaften, dass in den letzteren eine entsprechende Veränderung der Grundbegriffe unmöglich ist, weil sie in ihren Consequenzen zu der Ausmalung eines Weltbildes führen würde, das sich in dem Maße, als es folgerichtig im einzelnen ausgeführt werden könnte, von den wirklichen Veränderungen der Körperwelt unterscheiden müsste. Die Systemsversuche des Rationalismus, welche das Weltsystem aus wenigen apriorischen Grundbegriffen ohne Hilfe der Erfahrung abzuleiten versuchten, bieten ein Beispiel; denn hier wurde es notwendig, die noch ungenau concipirten Grundbegriffe als ideelle Musterbilder der Wirklichkeit zu fassen. Eben hierher gehört die von Ramon Lull wie von Leibniz systematisirte Hoffnung, durch eine ars combinatoria die Unzahl der einzelnen empirischen Urteile aus wenigen allgemeinen Vordersätzen rein deductiv, d. h. ohne stets nebenherlaufende Induction aus den Tatsachen der Erfahrung herzuleiten. Der Grund, der die Unmöglichkeit aller solcher Bestrebungen erweist und damit die Eigenartigkeit der mathematischen Entwicklungen erklärt, liegt in dem Gegensatz, der die quantitativen Beziehungen der Dinge von den qualitativen trennt, speziell ausgedrückt, in dem Gegensatz des gleichartigen Anschauungsstoffs der Geometrie zu dem ungleichartigen Material der nicht mathematischen Disciplinen. Die Elemente unserer Raumanschauung, die einzelnen kleinsten Raumteile und die aus ihnen abgeleiteten Flächen- und Linienelemente, sind

in sich gleichartig, ebenso wie die Einheiten des Zahlbegriffs und
der Größenbegriffe überhaupt, da in den letzteren auch da, wo
ursprünglich ungleichartige Elemente vorhanden waren, durch die
Integration d. h. durch die Summirung der ins unendliche verklei-
nerten Elemente eine solche Gleichartigkeit überall hergestellt wird.
Die Elemente dagegen, welche den Stoff der übrigen Wissenschaften
bilden, sind in sich ungleichartig; denn sie bestehen in den qualitativ und modal verschiedenen, auf das verschiedenartigste geordneten sinnlichen Empfindungen, den psychischen Zeichen der Einwirkung der Dinge. Deshalb gelingt es dem Fortschritt der Wissenschaft nur sehr allmählich, die Voraussetzungen zu finden, welche
im Stande sind, jene Einwirkungen für unser gegebenes Erkennen
zu erklären. Noch gegenwärtig fehlt viel, dass wir auch hier gleichartige Stoffe und Kräfte supponiren könnten; wir kennen drei und
sechzig Elemente in unzählbaren Verbindungen und eine Reihe von
Bewegungserscheinungen, deren Zurückführung auf anstofsende und
abstofsende Kräfte nichts weniger als vollendet ist. Weitaus unbestimmter noch sind die Grundlagen unserer Geisteswissenschaften.
Jene tatsächliche Gleichartigkeit der geometrischen Elemente nun,
unter der natürlich nicht blofs die Constanz des Krümmungsmafses
verstanden, sondern die absolute Gleichheit der Ausdehnungs-, Mafs-
und reinen Formverhältnisse begriffen werden soll, macht es möglich, die geometrischen Constructionsbegriffe als Ideale zu fassen,
da alle tatsächlichen Abweichungen von denselben nunmehr nicht
als wesentliche Differenzen, sondern als Abweichungen von dem
reinen Begriff gedacht werden müssen, denen die Anschauung wie
die Rechnung in jedem gegebenen Fall streng gerecht werden kann.
Die Idealität der geometrischen Constructionsbegriffe ist demnach
mit dem empirischen Ursprung derselben sehr wol vereinbar, da
sie nicht durch die Besonderheit des Entstehens, sondern durch die
Gleichartigkeit der Raumelemente bedingt ist. Hieraus wird deutlich, dass auch die Allgemeinheit und Notwendigkeit dieser Constructionsbegriffe lediglich eine tatsächliche ist, nichts anderes besagt, als dass bisher alle Raumbeziehungen der Objecte der äufseren Erfahrung durch dieselben erklärt werden konnten. Ebenso
relativ ist daher auch ihre Unveränderlichkeit: keine Untersuchung
auch der verwickeltsten Raumformen hat eine Veränderung derselben notwendig gemacht. Endlich ist nunmehr auch deutlich ge-

worden, wie es möglich ist, dass die allgemeinsten Grundbegriffe der Geometrie zugleich die einfachsten Vorstellungen sind, während die entsprechenden Voraussetzungen der nicht mathematischen Disciplinen zu den dunkelsten Gebieten derselben gehören. Die Gleichartigkeit des geometrischen oder allgemein des mathematischen Mannigfaltigen macht es notwendig, dass die einfachsten Beziehungen desselben zugleich die allgemeinsten sind, sich in jeder, auch der complicirtesten Raumform wiederfinden; die Ungleichartigkeit des qualitativen Mannigfaltigen dagegen macht es ebenso begreiflich, dass die allgemeinsten Beziehungen desselben erst zuletzt gefunden werden können, die am schwersten verständlichen sind. Im ersten Fall führt der Weg der Wissenschaft vom Allgemeinen zum Besonderen, im letzteren umgekehrt vom Besonderen zum Allgemeinen.

Doch diese Fragen führen bereits in das Gebiet der Methode hinüber, das wir nicht eher betreten dürfen, bis nicht auch angedeutet worden ist, weshalb die Axiome und Definitionen der Größengleichheit, welche aus der allgemeinen Größenlehre in die Geometrie hinüber genommen werden müssen, ebenfalls empirischen Ursprungs sind.

Wir haben oben im Anschluss an eine gelegentliche Bemerkung von Helmholtz als Axiome der Größengleichheit die Sätze hingestellt:

I. Wenn zwei Größen einer dritten gleich sind, so sind sie unter sich gleich.

IIa. Gleiche Größen, zu gleichen Größen addirt, geben Gleiches.

IIb. Gleiche Größen, zu ungleichen Größen addirt, geben Ungleiches.

Zur Rechtfertigung dieser Zustimmung möge zunächst darauf hingewiesen werden, dass in der Algebra[1] und in der Arithmetik ebenso wie in der Geometrie eine Scheidung der Grundlagen in Axiome und Definitionen notwendig ist, und dass die Axiome in den ersteren beiden ebenso die allgemeinen Eigenschaften des Zahlbegriffs und des Größenbegriffs zu entwickeln haben, wie die geometrischen

---

[1] Unter der Algebra ist hier überall die Analysis mitverstanden.

Axiome die Merkmale unseres Raumes angeben. Da es eine eingehendere Untersuchung erfordern würde, diese beiden Begriffe
näher zu bestimmen, so müssen wir uns hier begnügen, anzumerken,
dass die obigen beiden Axiome den Größenbegriff bereits in Verbindung mit den grundlegenden Operationsbegriffen der Gleichheit und der Addition darstellen, wie dies bei den Axiomen der Ebenheit von der geraden Linie und der Winkelsumme der Fall.[1] Das erste
spricht die allgemeinste Bedingung für die Gleichheit zweier Größen
aus; es behauptet, zwei Größen sind gleich, wenn die Identität derselben mit einer als bekannt vorausgesetzten dritten nachgewiesen
werden kann. Denn die Gleichheit ist die Identität zweier selbständiger Größen.[2] Dasselbe ist damit zugleich der allgemeinste Ausdruck der Maß- und Zahlbeziehungen der Größen, sofern sie als Bedingung der Gleichheit angiebt, dass die verglichenen Größen sich
auf einen gemeinsamen Maßstab, d. i. die dritte, als bekannt vorausgesetzte Größe reduciren lassen. Das zweite Axiom dagegen giebt
die besonderen Gleichheitsbedingungen an, die in der fundamental-
sten Operation der Größenwissenschaft, der Addition, aus der alle
übrigen Operationen sich entwickeln, notwendig sind. Ein Blick
auf die hierher gehörigen Axiome Euklids mag bestätigen, dass
diese Bedingungen zugleich die hinreichenden Grundlagen abgeben. Euklid nimmt außer diesen, bei ihm dem ersten, zweiten
und vierten, bekanntlich noch fünf resp. sechs auf allgemeine Größenverhältnisse bezügliche Axiome an. Dieselben sind jedoch ausnahmslos in den obigen enthalten. Denn das dritte: „Gleiche Größen,
von gleichen Größen subtrahirt, geben Gleiches" und das fünfte:
„Gleiche Größen, von ungleichen substrahirt, geben Ungleiches",
folgen aus dem zweiten, da die Subtraction als die inverse Operation der Addition aus dieser analytisch abgeleitet werden kann.
In entsprechender Weise bezeichnen das sechste und siebente:
„Wenn zwei Größen doppelt (halb) so groß sind, als eine dritte,
so sind sie unter sich gleich", lediglich besondere Fälle des ersten,
oben angeführten Axioms. Das neunte dagegen: „Das Ganze ist

---

[1] Wir haben deshalb an früherer Stelle, S. 12 ff., immer nur kurzweg
von Definitionen, statt von Definitionen und Axiomen der Größengleichheit
gesprochen.

[2] Für die Raumgrößen wird sie zur Congruenz.

größer als jeder seiner Teile" ist ein später Folgesatz aus dem
obigen zweiten. Denn dasselbe ergiebt sich aus der Definition des
Ganzen als der Summe der Teile, die bereits das zweite Axiom
voraussetzt und dem Folgesatz aus den Begriffen der Größe und
der Gleichheit: „Jede Größe ist sich selbst gleich". Das achte
euklidische Axiom endlich: Wenn zwei Größen mit einander congruiren (sich decken), so sind sie einander gleich, gehört, wenn der
Begriff der Congruenz seiner Wortbedeutung nach genommen wird,
in die Reihe der geometrischen Sätze und enthält dann nichts als
eine Definition der geometrischen Gleichheit, der Congruenz: wird
derselbe dagegen in analytischem Sinne gedacht, wo die Congruenz
nichts anderes bedeuten könnte, als die Gleichheit in der Zahl und
Ordnung der Einheiten, so enthält es eine Tautologie. Die obigen
Sätze umfassen demnach in der Tat das notwendige und hinreichende System der algebraischen Axiome. Da in ihnen die elementarsten, den einfachen Constructionsbegriffen der Geometrie entsprechenden Operationsbegriffe der Gleichheit, sowie der Addition
enthalten sind, so werden wir hier die Frage nach dem Ursprung
nicht für beide Klassen getrennt zu behandeln brauchen, wie denn
überhaupt das Wesen der Definitionen durch die Natur der Axiome
eindeutig bestimmt ist.[1]

Dass die Begriffe der Größengleichheit nicht unabhängig von
aller Erfahrung durch eine rein apriorische Synthese entspringen,
lässt sich auf demselben Wege beweisen, den wir bereits oben eingeschlagen haben. Denn auch hier kann gezeigt werden, dass nicht
jede objective Erfahrung, d. i. Art der Einwirkung der von uns verschiedenen Dinge, uns zu der Bildung dieser Begriffe veranlassen
würde. Unser Größenbegriff ist empirisch, sofern er eine Einwirkung der Dinge fordert, welche es uns möglich macht, die Vorstellungen von gleichartigen Objecten zu bilden, d. h. von Objecten,
die ein oder mehrere Merkmale gemeinsam haben; er ist apriorisch,
sofern er voraussetzt, dass unser Geist die Fähigkeit besitze, jene
identischen und differenten Merkmale zu trennen und zu verbinden,

---

[1] Es kann nicht befremden, dass hier die Frage nach dem Ursprung
statt der früheren nach dem Sinn der Notwendigkeit u. s. w. der geometrischen Axiome gewählt wird, da sich gezeigt hat, dass absolute Notwendigkeit und unbedingte Apriorität sowie relative Notwendigkeit und relative
Apriorität d. i. empirischer Ursprung Wechselbegriffe sind.

kurz, abstracte Begriffe zu bilden. Wenn die Einwirkungen der
Dinge so beschaffen wären, dass wir statt der Vorstellungen vieler
gleichartiger einzelner Gegenstände eine unendliche Masse von Ein-
drücken erhielten, deren jeder von jedem anderen spezifisch verschieden wäre — und eine solche Annahme involvirt keinen Widerspruch — so würden wir, selbst wenn wir annehmen, dass unser
Geist trotzdem die Fähigkeit des abstracten Denkens behalten
könnte (da er sie vielmehr auf Grund der tatsächlichen Beschaffenheit der Einwirkungen der Dinge ursprünglich erworben hat), dennoch niemals einen Grund haben, die Begriffe der Gleichheit, der
Ungleichheit, der Größe und andere ähnliche zu bilden. Wenn es
Zweck hätte, eine solche logische Möglichkeit im einzelnen auszu-
malen, könnte man sagen, unser Zahlensystem würde dann lediglich
in der Vorstellung der Einheit bestehen; denn nicht einmal den
Begriff der unbestimmten Vielheit würden wir bilden können, da
kein Anlass wäre, die absolut verschiedenartigen Eindrücke zusammenzufassen. Hieraus aber folgt, dass unsere Größenbegriffe
durch die Beschaffenheit der objectiven Erfahrung wesentlich mit-
bedingt sind.

Allerdings hat dasjenige System des Rationalismus, das die
erkenntnistheoretischen Fragen der gründlichsten Prüfung unterzogen hat, Kants kritischer Idealismus, einen nicht unähnlichen
Gedankengang in seine eigenen Beweisgründe aufzunehmen gewusst.
Derselbe findet sich in der Bearbeitung der Deduction der reinen
Verstandesbegriffe, welche die erste Ausgabe der Kritik der reinen
Vernunft enthält. Kant behandelt daselbst, wie bekannt, in psychologischer Entwicklung die drei Arten der Synthesis, die Synthesis
nämlich der Apprehension in der Anschauung, der Reproduction in
der Einbildung und der Recognition im Begriffe, um auf die Bedingungen a priori hinzuführen, auf welche die Möglichkeit der
Erfahrung ankommt. Er will zeigen, dass die drei subjectiven Quellen, worauf die Möglichkeit der Erfahrung überhaupt und ihrer
Gegenstände beruht, zugleich Elemente oder Grundlagen a priori
sind, welche die Anwendung derselben auf gegebene Erscheinungen,
d. i. den empirischen Gebrauch derselben erst möglich machen. Zu
diesem Zweck führt er bei der Besprechung der Synthesis der Reproduction aus, dass ihr Gesetz, demgemäß Vorstellungen, die häufig
dem Bewusstsein in Verbindung gegeben werden, sich allmählich

associiren und dann eine die andere reproduciren, für sich betrachtet. „blofs empirisch" sei. Dieses Gesetz aber, schliefst er weiter, setzt voraus, dass in dem Mannigfaltigen der Erscheinungen selbst eine gewissen Regeln gemäfse Begleitung oder Folge statt finde. die z. B. den Zinnober nicht bald rot. bald schwarz, bald schwer, bald leicht sein lasse; denn andernfalls würde die empirische Einbildungskraft „niemals etwas ihrem Vermögen Gemäfses zu tun bekommen, also wie ein todtes und uns selbst unbekanntes Vermögen im Innern des Gemüts verborgen bleiben."[1] Hier also ist ein Analogon des oben entwickelten Gedankens. Kant aber folgert aus demselben: „Es muss also etwas sein, was selbst diese Reproduction der Erscheinungen möglich macht. dadurch, dass es der Grund a priori einer notwendigen synthetischen Einheit derselben ist." Der Gedanke wird also idealistisch gewendet. Die Regel der Verknüpfung durch die Einbildungskraft ist auf Principien a priori gegründet, weil die Erscheinungen „das blofse Spiel unserer Vorstellungen sind. die am Ende auf Bestimmungen des inneren Sinnes auslaufen." Durch diese Wendung ist das Verhältnis jenes Gedankens zum Rationalismus zugleich kritisirt. Da Kant trotz aller Anerkennung, dass es notwendig sei, die Formen der Sinnlichkeit und des Verstandes auf mögliche Erfahrung zu beschränken, durch den Rationalismus seiner Kategorienlehre gezwungen ist, jeden bestimmenden Einfluss derselben auf diese Formen zu leugnen, so wird er hier und überhaupt überall da. wo er sich mit diesem tatsächlichen Einfluss auseinander zu setzen hat[2]. zu einer idealistischen Wendung seines Empirismus genötigt. welche die Berechtigung seiner Fassung des A priori aufhebt. da sie die objective Erfahrung eliminirt. gleich nichts setzt. Kant konnte jenes Argument, das einen positiv bestimmenden Einfluss der Erfahrung auf die psychischen Formen zugesteht, daher in seinen Gedankenkreis nicht aufnehmen, ohne in einen unlösbaren Widerspruch mit seinen rationalistischen Voraussetzungen zu geraten, da diese den Idealismus ausschliefsen, der die Begriffsbestimmung des A priori illusorisch machen würde. Für unseren gegenwärtigen Zweck geht daraus hervor, dass jenes Argument durch keine rationalistische Umdeu-

---

[1] Kant's *Werke, herausg. von Hartenstein.* Bd. III. S. 568 ff.
[2] Man vgl. S. 101 dieser Schrift.

tung, die immer im wesentlichen denselben Weg einschlagen müsste,
den Kant genommen hat, um seine Beweiskraft für den Empirismus
gebracht werden kann, dass also auch die Begriffe der Größengleichheit empirischen Ursprungs sind, und somit auch die reine
Mathematik ähnlich wie die Geometrie eine empirische Wissenschaft ist.

Dass aber diese Gleichartigkeit des Ursprungs der Grundbegriffe aller Wissenschaften die Geometrie nicht in eben dem
Sinne zu einer empirischen Disciplin macht, wie die Wissenschaften
der Qualität, bestätigt sich auch, sobald wir das Verhältnis der
geometrischen Methode zu den methodologischen Principien jener
Disciplinen untersuchen. Durch zwei Momente wird dieses Verhältnis, wie oben schon angedeutet [1], näher bestimmt. Der Aufbau
der Geometrie bedarf selbst in seinen verwickeltsten und entlegen-
sten Teilen keiner anderen Materialien als einesteils der Definitionen und Axiome, anderenteils der reinen d. h. unbestimmt erfüllten
Raumvorstellung; von den Fortschritten der Erfahrungserkenntnis
ist er sachlich unabhängig. Dazu kommt, dass die Geometrie im
Stande ist, auch die fernliegendsten Ergebnisse auf streng deduc-
tivem Wege zu erhalten, und deshalb jedem ihrer Sätze dieselbe
Allgemeinheit, Notwendigkeit und Unveränderlichkeit zu gewähren,
die sie für ihre Grundlagen beansprucht.

Die erste dieser Differenzen ist nicht selten von empiristischer
Seite wie von rationalistischer falsch aufgefasst worden. Man hat
behauptet, die Geometrie sei eine analytische Wissenschaft, die in
den wenigen allgemeinen Voraussetzungen jeden besonderen Lehrsatz dunkel enthalte. Jeder Fortschritt der Entwicklung sei eine
genauere Analyse ihres Inhalts. Es gehört nicht zu den geringsten
Verdiensten Kants, dieses Vorurteil vernichtet zu haben, indem er
zeigte, dass die Geometrie wie jeder Zweig der Mathematik den
Erfahrungswissenschaften insofern gleiche, als sie ebenfalls synthetisch sei. In folgendem Sinne ist dies zweifellos der Fall. Jeder
einzelne geometrische Lehrsatz bedarf zu seiner Auffindung wie zu
seinem Beweise nicht blofs der Axiome und Definitionen, sondern
auch der Combination von Raumbegriffen. Aus dem Begriff der geraden Linie und dem Axiom, dass zwischen zwei Punkten nur eine

---

[1] Man vgl. S. 139 dieser Schrift.

gerade Linie möglich sei. lässt sich gar nichts folgern, als eine Reihe
von Sätzen. die alle mit diesen Voraussetzungen identisch sind, wie
die Behauptung, dass die willkührlichen Grenzpunkte der geraden
Linie einem Linearelement angehören, dessen Krümmung gleich
Null ist. Erst die Anschauung der anderen möglichen Verbin-
dungslinien zweier Punkte im Raume und die Vergleichung ihrer
Gröfsenbeziehungen führt zu dem Satz, dass die gerade Linie der
kürzeste Weg zwischen zwei Punkten sei. In diesem Satz und
ähnlich in allen geometrischen Lehrsätzen ist sogar eine doppelte
Synthesis enthalten: Erstens eine geometrische, sofern der Begriff
der geraden Linie mit dem Begriff der anderen möglichen Verbin-
bindungslinien, oder genauer ein anschaulicher Vorstellungsreprä-
sentant jenes Begriffs mit den entsprechenden Anschauungen dieser
verglichen wird: zweitens eine analytische, sofern behufs dieser Vergleichung jede dieser Linien unter den Begriff der Gröfse subsumirt, sie demnach auf die Axiome und Definitionen der Gröfsengleichheit bezogen wird. Weder der Begriff der gebrochenen oder
krummen Linie, noch also auch die Vorstellung irgend eines Gröfsen-
verhältnisses zwischen ihnen und der Geraden ist in der Definition
oder dem Axiom der letzteren vorhanden. Kant hat sich selbst um
eine schnellere Anerkennung seiner Entdeckung gebracht, weil er
seine richtige Wahrnehmung, wie die von ihm gebrauchten Beispiele
lehren, falsch anwendete. Denn ein unglücklicheres Beispiel, als die
Bemerkung, dass die Behauptung $7 + 5 = 12$ ein synthetischer
Satz sei, hätte er kaum finden können. Sobald der Begriff der
Summe und damit die Operation der Addition als bekannt vorausgesetzt wird, kann nur jene Befangenheit der Auffassung, die allein
bei dem Entdecker neuer Wahrheiten verzeihlich ist, den analy-
lytischen Charakter dieses Satzes übersehen. Alle sachlichen Einwendungen, die dem Schöpfer der wissenschaftlichen Erkenntnistheorie wegen seiner Eintheilung der Urteile in synthetische und
analytische gemacht worden sind, beruhen auf einem Verkennen
des Gesichtspunktes, der derselben zu Grunde liegt. Nur um die
erkenntnistheoretische Frage handelt es sich, ob eine Erweiterung
unserer Erkenntnis möglich ist, die nicht dadurch vollzogen würde,
dass irgend ein neues Prädicat, das in dem vorherigen Wissen nicht
enthalten war, einer Begriffsreihe eingefügt wird. Der Unterschied
ist deshalb, psychologisch betrachtet, allerdings ein flüssiger. Der-

selbe bezieht sich eben lediglich auf das Verhältnis eines Prädicats
zu dem ganzen Wissensstand. War es in dem letzteren bereits enthalten, kann es also denselben blofs erläutern, so ist das Urteil
analytisch; war es demselben dagegen noch fremd, so erweitert es
ihn und das Urteil wird synthetisch.

Wenn wir dies auf das Verhältnis eines geometrischen Lehrsatzes zu den ihm vorhergehenden übertragen, so wird der Grund
ihrer Aufeinanderfolge ersichtlich. Der synthetische Charakter der
geometrischen Sätze liegt darin, dass in jedem einzelnen eine Uebertragung der Axiome auf neue Complicationen der Constructionsbegriffe stattfindet. Jeder Beweis zielt deshalb, wie schon früher
erwähnt, darauf ab, die in dem Lehrsatz angegebenen Mafsbeziehungen auf die einfachsten Mafsbeziehungen, wie sie in den (auf die
elementaren Definitionen schon bezogenen) Axiomen enthalten sind,
zu übertragen. Aufgabe der geometrischen Entwicklung ist es demnach, das System ihrer Lehrsätze so zu ordnen, dass jeder folgende
eine complicirtere Darstellung möglicher Mafsbeziehungen wird, und
ihre Beweise so zu führen, dass jeder folgende an die Stelle keines
früheren gebracht werden kann, ohne die gegenseitigen Bezugnah-
men zu verwirren. Eine strenge Darstellung der Geometrie wird
demnach z. B. zuerst diejenigen Lehrsätze behandeln, die lediglich
von dem Axiom der Congruenz abhängen, und deshalb allen drei
Geometrien der constanten gekrümmten Räume gemeinsam sind.
Sie wird dann diejenigen nehmen, die wie die acht und zwanzig
ersten Sätze Euklids, sowie einzelne bereits von Bolyai bestimmte
andere[1] lediglich aus dem Axiom der geraden Linie herleitbar sind,
also unserem ebenen Raum und dem pseudosphärischen zugleich
zukommen. Darauf erst dürfen diejenigen folgen, welche auch das
Axiom von der Winkelsumme in Anspruch nehmen. Auch die Geometrie allerdings kennt identische Lehrsätze, sofern jeder einzelne
sich umkehren lässt. Durch diese aber findet auch keine Erweiterung der Erkenntnis statt. Selbst dann ist dies nicht der Fall,
wenn etwa die Umkehrung sich elementar nur auf indirektem Wege
erweisen lässt. Denn der indirekte Beweis gewährleistet die Not-

---

[1] Hoüel a. a. O. S. 75 führt mehrere derselben auf, z. B. die Constructionen des regelmäfsigen Vier-, Acht-, Sechzehnecks u. s. w., sowie die den
acht und zwanzig ersten Sätzen Euklids correspondirenden Kreissätze.

wendigkeit, der direkte die Allgemeinheit der Behauptung. Notwendigkeit und Allgemeinheit aber sind für die Geometrie Wechselbegriffe.

Neben dieser Gleichartigkeit der synthetischen Erweiterung in
der Geometrie und den übrigen Wissenschaften von Tatsachen bleibt
jedoch der oben skizzirte Gegensatz bestehen, dass die geometrische
Entwicklung unabhängig ist von jeder besonderen Erfahrung. Nicht
selten hat man hieraus voreilig den Schluss gezogen, dass dies den
rationalistischen Charakter der Geometrie beweist, und selbst bei
Kant tritt der Gegensatz zwischen dem empirischen Mannigfaltigen
und der reinen Raumform in diesen Gedankengang ein. Offenbar
jedoch folgt daraus nichts weiter, als dass die Anschauung, welche
den synthetischen Fortgang der Geometrie bedingt, nicht durch das
mannigfache, verschiedenartige Material der qualitativ bestimmten
Sinneswahrnehmungen, sondern durch das allen besonderen Erfahrungen gleicherweise zu Grunde liegende Mannigfaltige unserer
Raumvorstellung bedingt wird. Die Geometrie ist also in allen
ihren Entwicklungen unabhängig von der Erfahrung, weil sie voraussetzt, dass die Raumvorstellung, deren Constructionsbeziehungen
sie untersucht, für jede Erfahrung in derselben Weise giltig ist.
Nur das Urteil über die Grenzen dieser tatsächlichen Unabhängigkeit wird durch die psychologische Auffassung des Raumbegriffs afficirt. Der Rationalist muss sie für eine absolute halten,
wenn er voraussetzen darf, dass die Congruenz und die Ebenheit unseres Raumes für alle Größenbeziehungen, die messbaren
wie die unmessbaren, in gleicher Weise gilt [1]: wir dagegen werden
sie nur für eine relative halten können, da sich gezeigt hat, dass
die genaue Untersuchung der Grenzfälle unserer Maßbestimmungen sowol eine Abweichung von der Constanz als von dem Nullwert des Krümmungsmaßes ergeben kann. Denn sobald eine solche
Abweichung gesichert wäre, würde diese berichtigte Raumvorstellung den Inhalt der geometrischen Untersuchung bilden, bis
etwa, falls auch 'dieses neue Ergebnis nicht ganz zureichend sein
würde, der weitere Fortschritt dazu drängte, eine nochmalige Re-
vision der Bestimmungen der Congruenz und der Ebenheit vorzunehmen.

---

[1] Man vgl. S 66 f. dieser Schrift.

Diese Erörterungen machen jedoch bloß den negativen Charakter des oben besprochenen Unterschiedes, die Unabhängigkeit derselben von der Erfahrung auch für die empiristische Auffassung begreiflich, sie zeigen dagegen nicht, woraus die Sicherheit und Allgemeinheit jenes geometrischen Fortschritts unter dieser Voraussetzung abzuleiten ist. Diese positive Differenz ist es, welche der Rationalismus immer als eines seiner gewichtigsten Argumente in die Wagschale geworfen hat, da sie allein erklärt werden könne, wenn der Raum etwa als eine reine Form der Sinnlichkeit, eine absolut apriorische Anschauung anzusehen sei; nur dann werde jener selbständige Aufbau, jener notwendige Zusammenhang aller seiner Teile begreiflich. Aber auch hier ist der Empirismus in der glücklichen Lage, mit einfacheren Voraussetzungen mehr erklären zu können. Denn er beansprucht zu seiner Erklärung nur eine Eigenschaft unserer Raumanschauung, die auch der Rationalist in derselben Weise zugeben muss, jene Gleichartigkeit seiner Elemente, die uns schon bei der Ableitung der Constructionsbegriffe wichtig geworden ist.[1] Wie dieselbe uns das Recht giebt, diese Begriffe als Ideale zu fassen, denen alle Maßbeziehungen der Körper nur angenähert werden können, so erklärt sie auch, dass keine Complication oder Erweiterung der elementaren Definitionen einen besonderen Recurs auf etwaige analoge Erfahrungsverhältnisse gebraucht, um bestätigt zu werden. Soweit jene elementaren Begriffe und die ihren Inhalt bedingenden Axiome anwendbar sind, soweit ist auch jede Combination derselben giltig. Denn kein besonderer Lehrsatz, sei er einfach oder beziehe er sich auf die complicirtesten Maßverhältnisse etwa sehr verwickelter Curven, kann den allgemeinen Inhalt der Raumvorstellung, den die Axiome angeben, um ein Merkmal vermehren. Eben jene Eigenschaften des Raumes also, die Kant benutzt hat, darzutun, dass seine Vorstellung eine anschauliche, keine begriffliche sei, sind in etwas anderer Betonung zugleich beweiskräftig für die eigenartige, freie Entwicklung der Geometrie selbst unter der Voraussetzung, dass die Raumvorstellung empirischen Ursprungs sei. Die Geometrie bedarf keiner besonderen Erfahrung, sie begnügt sich mit der Raumvorstellung als solcher, weil „man sich nur einen einigen Raum vorstellen kann, und man,

---

[1] Man vgl. S. 160 dieser Schrift.

wenn man von vielen Räumen redet, darunter nur Teile (Einschränkungen) eines und desselben alleinigen Raumes verstehen kann.“ [1]

Nunmehr kann auch deutlich werden, weshalb die Geometrie eine wesentlich deductive Wissenschaft ist, die allen ihren Lehrsätzen gleicherweise Notwendigkeit und Allgemeinheit giebt. Es bedarf kaum der Andeutung, dass hier der Begriff der Deduction lediglich formalistisch als die rein syllogistische Methode der Beweisführung gedacht wird: die Frage, ob die Geometrie inhaltlich betrachtet, eine inductive Wissenschaft sei, wird dadurch gar nicht berührt. Dieselbe ist, wie mir scheint, durch die englischen Logiker in bejahendem Sinne entschieden. Jener formal deductive Charakter nun ist die Folge einerseits der Idealität der Constructionsbegriffe, andrerseits der Gleichartigkeit der Raumelemente. Denn durch diese wird es möglich, jeden einzelnen Lehrsatz mit aller Strenge auf die elementaren Maßbeziehungen zurückzuführen, und ihm so dieselbe Allgemeinheit und Notwendigkeit zu geben, die diesen allgemeinsten Inductionen zukommt.

Auch in dieser Ableitung der eigenartigen Giltigkeit der geometrischen Sätze liegt übrigens kein Specificum der empiristischen Theorie. Diejenigen, welche der Raumvorstellung absolute Apriorität zuschreiben, müssen dieselbe, wie gegen Schopenhauers bizarre Auffassung der kantischen Lehre von der Mathematik erinnert werden mag, ebenfalls anerkennen. Nur die Notwendigkeit der Grundbegriffe und Axiome ist unmittelbar abhängig von der Natur der Raumvorstellung selbst. Nicht mehr behauptet auch Kant, da er ausdrücklich bemerkt: „Auf diese Notwendigkeit a priori gründet sich die apodiktische Gewissheit aller geometrischen Grundsätze und die Möglichkeit ihrer Constructionen a priori.“ Die Giltigkeit der Lehrsätze dagegen kann unmittelbar nur davon abhängig sein, dass sich jene Elemente der Construction in ihnen auffinden lassen. Je strenger daher die Subsumation derselben unter diese Voraussetzungen vollzogen werden kann, desto deutlicher tritt ihre Evidenz zu Tage: diese Strenge aber wird verbürgt durch die syllogistischen Formen. Es ist deshalb ein Irrtum Schopenhauers, dass der demonstrative Beweis der Geometrie nur den Erkenntnisgrund d. i. die logische Wahrheit des Satzes gebe, nicht auch die

[1] Kants Werke a. a. O. S. 59.

transcendentale, die im Seinsgrund liege und nur mittels der Anschauung einleuchte[1], dass derselbe daher nur zeige, dass, aber nicht, warum es so sei, wie es ist. Jeder richtig geführte geometrische Beweis muss zuletzt auf die elementarsten Daten der Anschauung zurückgehen, und erhält daher auch seine Ueberzeugungskraft von diesen; die Frage nach dem „warum" kann derselbe deshalb nur durch diese Subsumtion beantworten, wie auch Schopenhauer zugeben muss, da er selbst erklärt, dass die Notwendigkeit des Seinsgrundes, d. h. also die Evidenz der Axiome sich nicht weiter demonstriren, sondern nur anschauen lasse. —

Wir können das Resultat unserer Erörterungen in einige kurze Bemerkungen über das Verhältnis der Mathematik zu den übrigen Wissenschaften zusammenfassen. Dieselbe gleicht allen anderen Wissenschaften darin, dass sie empirischen Ursprungs ist, dass also ihren Untersuchungen allgemeine Inductionen aus der Erfahrung zu Grunde liegen, einer Erfahrung, die in jedem ihrer Elemente sowol von der Beschaffenheit der Dinge als dem Wesen der psychischen Tätigkeiten bedingt ist, jede Vorstellung deshalb sowol als aposteriorisch wie auch als apriorisch fassen lässt. Sie unterscheidet sich von allen anderen Wissenschaften dadurch, dass das Mannigfaltige, welches den Gegenstand ihrer Untersuchung ausmacht, ein gleichartiges ist, während der Stoff, den jene behandeln, in sich verschiedenartige Elemente birgt. Sofern es möglich ist, die äußeren Reize der psychischen Qualitäten durch die formalen und materialen Naturwissenschaften auf gleichartige Bewegungsvorgänge zurückzuführen, werden jene Disciplinen zu Teilen der angewandten Mathematik. Nicht möglich ist eine solche Subsumtion für die geschichtlichen Geisteswissenschaften und die Psychologie, da sich hier gleichartige Mafsbestimmungen innerhalb der psychischen Tätigkeiten selbst nicht auffinden lassen. Möglich jedoch ist, dass die Fortschritte der Mechanik der organischen Körper uns dahin führen, mittelbar eine solche Uebertragung zu vollziehen, falls es sich bewährt, dass jeder Act der psychischen Tätigkeiten an Bewegungsvorgänge gebunden ist, also überall eine functionelle Beziehung zwischen ihnen besteht, die es erlaubt, jeden geistigen

---

[1] Schopenhauer, *Ueber die vierfache Wurzel des Satzes vom zureichenden Grunde.* Abschnitt III. *Welt als Wille.* Bd. I. § 15; II. Cap. 13.

Vorgang als eindeutig durch molekulare Bewegungen bestimmt anzusehen. Diese Analogie hört auf bei den normativen Geisteswissenschaften, welche in Folge der Besonderheit der Bewusstseinsvorgänge aus der allgemeinen formalen Geisteswissenschaft, der Psychologie, entstehen. Die Probleme der Logik, der Erkenntnistheorie,
der Ethik und Aesthetik, vertragen als solche, d. h. abgesehen von
ihren tatsächlichen Grundlagen, keine mathematische Behandlung.
Nur das Sein, nicht das Sollen bildet einen Gegenstand der Mathematik.